맛있는 식품법 혁명

저자_ 송기호

1판 1쇄 발행_ 2010. 11. 4.
1판 3쇄 발행_ 2011. 3. 27.

발행처_ 김영사
발행인_ 박은주

등록번호_ 제406-2003-036호
등록일자_ 1979. 5. 17.

경기도 파주시 교하읍 문발리 출판단지 515-1 우편번호 413-756
마케팅부 031)955-3100, 편집부 031)955-3250, 팩시밀리 031)955-3111

값은 뒤표지에 있습니다.
ISBN 978-89-349-4192-7   03360

독자의견 전화_ 031)955-3200
홈페이지_ http://www.gimmyoung.com
이메일_ bestbook@gimmyoung.com

좋은 독자가 좋은 책을 만듭니다.
김영사는 독자 여러분의 의견에 항상 귀 기울이고 있습니다.

식품법 100년이 숨겨온 밥상 위의 비밀과 진실

맛있는
식품법 혁명

송기호
지음

김영사

아이들의 밥을 짓는 학교급식 조리사에게

　백화점과 마트의 식품매장에 가면, 사람들은 영업장을 가득 채운 먹을거리 사이에서 조금이라도 더 싸고 더 좋은 식품을 고르느라 여념이 없다. 그 모습만 보면, 먹을거리는 마트에서 소비자들을 언제나 기다리고, 사람들은 자신과 그의 자녀들이 먹을 최상의 식품을 결정하는 것처럼 보인다.

　그러나 그것은 어느 한 쪽에서 바라본 일면이다. 소비자는 지갑에서 현금이나 카드를 꺼내 계산할 자유가 있을 뿐이다. 자신이 선택한 식품에 어떤 식품첨가물이 들어 있는지조차 제대로 알 수 없다.

　우리는 식품체계가 승인하고 공급하는 것을 먹는다. 식품이 땅과 바다에서 생산되어 소비자의 식탁에 오르기까지의 흐름과 관계를 결정하는 것은 소비자가 아니라 식품법이다.

　이 책은 학교급식 식기세척제 사건에서 비롯되었다. 2005년 1월에 발암 가능물질이 학교급식 식기세척제 원료 목록에 있는 것을 알았다. 그래서 보건복지부에 그 물질을 목록에서 빼달라고 요청했다. 그러지 않을 경우 장관을 제소하겠다고 했다. 그로부터 스물한 달이 지난 2006년 11월, 보건복지부는 호흡기 화상 유발물질을 급식 식기세척제 원료에서 빼는 순간에서도 발암 가능물질은 제외하지 않았다.

이 사건 후 나는 생수 발암 가능물질 검출 및 미국산 쇠고기 광우병 검역 문제 등 우리 모두의 하루하루 삶에 큰 영향을 미치는 자리에서 식품법과 계속 조우했다. 이 책은 그렇게 만난 법의 맨얼굴을 기록한 것이다.

지금 우리 눈앞의 밥상은 풍요롭고, 먹을거리는 참으로 다양하다. 그러나 눈에 보이는 것이 전부일까? 석유와 원자력, 유전자조작 식품과 미국산 밀이 지금 우리가 하루 세 끼 마주하는 밥상의 턱밑에 있다.

식량자급률 26.7퍼센트는 한국인이 얼마나 개방적인 삶을 살고 있는지를 세계인들 앞에서 자랑하는 숫자가 아니다. 밀과 옥수수를 지금처럼 수입할 수 없게 되면, 이 땅에 살고 있는 1억 3천만 마리의 소와 돼지와 닭은 굶주려야 한다. 그리고 그 다음 차례는, 사람이다.

갈수록 더 많은 소비자가 밥상의 풍요가 곧 밥상의 안전은 아닌 현실을 실감하고 있다. 독자들은 이 책에서, 공무원들이 생수에 포함될 위험이 있는 발암 가능물질에 대한 규제를 12년이나 방치한 실상을 목격할 것이다.

안전한 식품은 누구에게나, 언제나 필요하다. 좋은 밥을 먹을 권리는 사람의 가장 기본적인 요구이며 인권이다. 좋은 사회는 구성원들에게 안전한 먹을거리를 지속적으로 공급해야 한다. 그러려면 지역의 자연과 사람들에게 터 잡은 식품체계가 필요하다. 그것을 북돋는 것이 바른 식품법이다. 이 책은 이런 '상식'을 추구한다.

그러나 독자들은 이런 상식을 배반하는 식품법을 볼 것이다. 그리고 그 뿌리가 얼마나 깊은지 1장과 2장에서 알게 될 것이다. 그것은 조선총독부 식품법에서 시작해 100년에 걸쳐 뿌리를 내렸다.

변화의 출발점은 식품의 개념을 바르게 세우는 데 있다. 자연식품과 조리식품의 자리를 회복해야 한다. 독자들은 3장부터 5장까지에서, 우리 사회가 식품을 바르게 정의하는 길을 찾게 될 것이다. 특히 4장에서는 개고기를 회피하지 않고 다루었다. 식품체계를 지탱하는 두 개의 기둥이 식품 규격과 식품 표시인데 전자를 6장에서 8장까지, 후자를 9장에서 12장까지에서 다루었다. 여기에서 소비자 주권과 환경식품안전을 함께 실현하는 식품체계의 틀을 제시했다. 이어 13장과 14장에서, 식품체계의 모태인 생태계를 돌보는 식품법을 서술했다. 마지막으로 15장과 16장에서는 식품체계의 지붕 밑에서 식품을 만드는 사람들을 공평하게 섬기는 식품법을 보여주었다. 식품-생태계-사람의 순서로 식품법의 대안을 제시한 셈이다.

이 책의 주된 근거 자료는 지난 5년간 내 이름으로 직접 진행한 것만 해도 모두 124차례인 행정정보 공개 청구를 통해 얻은 정부 문서다. 나는 법률을 하는 사람일 뿐, 식품학이나 위생학 또는 독성학 전문가가 아니다. 따라서 이 책은 특정 식품의 안전성에 대한 결론을 제공하지 못한다. 이를테면 타르 색소 식품 또는 유전자조작 식품이 안전한가를 결론짓지 않는다. 대신 어린이들이 식품을 통해 더 이상 타르 색소를 먹지 않도록 하겠다던 식품의약품안전청의 입법 예고가 왜 2010년 10월 현재, 18개월 동안이나 아직도 마냥 입법 예고 상태인지를 묻는다. 그리고 유전자조작 식품이 안전하다고 결론을 내린 위원회가 과연 어떤 사람들로 이루어져 있는지를 따진다.

해당 부분에서도 강조했지만, 이 책은 특정인이나 특정 식품을 감정적으로 비난할 목적이 없다. 개인이나 식품 또는 회사의 이름이 나오는 경우가 있지만, 독자들은 그 자체를 주목하기보다는 그것을 통해 밝히려고 하는 식품체계 전체의 성격을 봐주기 바란다. 그리고 소농을 배제하는 식품체계가 들어서는 데 일부 영양학자의 잘못이 컸다고 지적한 부분을 영양학적 지식 또는 영양학 전문가가 쓸모없다는 뜻으로 읽지 않았으면 좋겠다.

모든 사회는 그 사회에 필요한 식품을 스스로 마련하는 것이 현실이며 상식이다. 그 과정에서 일부 부족한 것은 외부에서 조달하고, 남는 것은 바깥으로 팔기도 한다. 식품무역은 이런 범위 안에서만 작동한다. 2004년에 쓴 《WTO시대의 농업통상법》(개마고원)이 그렇게 움직이는 식품무역의 국제질서를 주제로 한 반면, 이번에는 한국 식품체계 내부의 짜임새를 촘촘하고도 단단하게 구성하고자 했다. 이 책의 출간으로 비로소 짝을 맞추어 하나의 체계를 이루었다. 다행히 변호사 개업 생활 10년간의 연구작업도 매듭을 지을 수 있게 되었다.

이 책의 초고를 읽고 귀중한 지적을 해준 분들께, 뭐라고 감사해야 할지 모를 만큼 고맙다. 특히 식품체계 연구의 권위자인 황수철 농정연구센터 소장은 초고의 오류를 일일이 지적해주었다. 또한 '국민건강을 위한 수의사연대'의 박상표 수의사도 초고를 읽고 가축 항생제에 관한 식견을 주었다. 수륜법률사무소의 식구들도 영업보다 연구에 몰두하는 사람을 구박하지 않고 도와주었다. 겸임교수로 연구하고 있는 조선대 법과대학도 많은 도움을 주었다. 참으로 여러 사람의 도움을 입었는데도 이 책에 오류가 있다면, 오롯이 저자 잘못이다.

지난 5년 동안 귀중한 시간을 책쓰기에 양보해준 아내와 두 딸에게 감사한다.

저자의 말

우리 아이들을 위해 물어야만 한다!

2005년 1월의 어느 겨울이었다. 서울 서초동에 있는 사무실에서 학부모들을 만나기 전에는, 아이들의 학교급식 식판을 무엇으로 닦는지 몰랐다. 학부모들은 급식 식기세척제 원료에 발암 가능물질과 호흡기에 화상을 일으킬 수 있는 물질이 있다고 했다. 믿기 어려웠다. 초등학생들이 사용하는 식판을 암과 화상을 유발할 위험이 있는 물질로 세척한다는 것은 상상조차 할 수 없는 일이었다.

학부모들이 돌아간 뒤 유엔 세계보건기구(WHO) 국제암연구소의 발암성 물질 분류 목록을 찾았다. 학부모들의 말은 거짓이 아니었다.

학부모들이 알려준 원료 성분인 '니트릴로 트리아세트산 트리나트륨'이라는 물질은 유엔기구가 정한 '발암 가능물질'이었다. 이는 유엔 암연구소가 '2B그룹'으로 분류한 것으로, 인체 발암 증거는 제한적으로 있고, 동물 실험 결과는 충분하지는 않지만 발암 증거를 발견한 물질을 의미한다.

그 발암 위험성을 우리나라 정부 자료에서도 확인할 수 있었다. 노동부 한국산업안전공단이 만든 《물질안전 보건자료》에, 이 물질의 경고 표지 항목에는 "암을 일으킬 것으로 의심됨"이라고 되어 있다. 학부모들이 알려준 또 하나의 물질인 '메탄술폰산'의 위험 유해성 항목에는 "삼키면 유해, 호흡기도 화상"이라고 되어 있었다.

믿을 수 없는 현실이었다. 물론 모든 학교의 급식 식기세척제가 실제로 이 발암 가능물질과 호흡기 화상 유발물질을 원료로 만들어진 것이라고 단정할 수는 없다. 얼마나 많은 학교에서 이 발암 가능물질 등이 들어간 세척제를 사용하는지도 알 수 없다. 그러나 법이 그것을 허용한 이상, 자유롭게 발암 가능물질 등을 원료로 학교급식 식기세척제를 만들 수 있다.

그 법은, 변호사인 나도 처음 보는 '위생용품의 규격 및 기준'이라는 것으로, 보건복지부 장관의 고시였다. 여기에 앞의 발암 가능물질 등을 급식 세척제에 사용할 수 있는 원료로 올렸다.

이 법이 바뀌지 않는 한, 언제든지 우리 아이들의 식판을 발암 가능물질 등으로 닦을 수 있다. 만일 식판을 충분히 행구지 않으면 발암 위험물질 등은 그대로 남아 아이들의 입으로 들어갈 것이다. 식판을 아무리 잘 행군다고 해도 안심할 수 없다. 근본적으로 발암 가능물질을 급식 식기세척에 투입하지 말아야 한다. 원천적으로 급식에 진입하지 못하도록 차단해야 한다.

발암 가능물질로 우리 아이들의 그릇을 닦다니!

—

나는 그대로 앉아 있을 수 없었다. 2005년 2월 3일, 보건복지부 장관에게 발암 가능물질과 호흡기 화상 물질을 학교급식 식기세척제 원료에서 빼달라는 민원을 학부모들을 대리해 제출했다.

한 달이 지났을 무렵, 보건복지부로부터 나를 '민원인'으로 표시한 공문을 받았다. 고시 개정을 요구한 민원을 처리하는 회의를 할 테니 참석하라는 내용이었다. 회의장인 노량진 한국보건산업진흥원에 가보니, 그 자리에는 공무원 말고도 자동식기세척기업체 사람들이 와 있었다.

그로부터 다시 한 달 정도가 지나서, 고시 개정을 검토 중이라는 공문을 받았다. 하지만 여름이 되고, 가을겨울이 지나고, 결국 그해가 다 지날 때까지 보건복지부 장관은 고시를 바꾸지 않았다. 나는 보건복지부 공무원들에게 고시 개정을 마냥 미루면 장관을 제소하겠다고 말했다. 이길 자신이 있었다.

마침내 2006년 11월 21일, 고시 개정을 신청한 지 스물한 달이 지나서야, 보건복지부 장관은 고시를 고쳤다. '메탄술폰산'이라는 호흡기 화상 물질을 학교급식 식기세척제 원료 목록에서 삭제한 것이다. 이 사실을 확인하는 순간, 아이들을 위해 뭔가 해냈다는 성취감에 가슴이 두근거렸다.

그러나 절반의 승리였다. 나머지 발암 가능물질 원료는 살아남았다. 보건복지부는 '니트릴로 트리아세트산 트리나트륨'은 원료 목록에서 빼지 않았다. 가정용 식기세척제의 원료로는 사용할 수 없게 하면서도, 자동식기세척기의 세척제 원료로는 사용할 수 있게 남겨두었다.

학교급식에서 자동식기세척기를 사용하지 않는 경우는 거의 없다. 따라서 이 발암 가능물질은 학교급식 식기세척제의 적법한 원료로 살아남은 것이다. 이 물질은 지금도 학교급식에 자유로이 투입될 수 있다.

독자들도 이런 사실을 쉽게 확인할 수 있다. 보건복지부의 인터넷 누리집(www.mw.go.kr)에서 '위생용품의 규격 및 기준'이라는 제목의 고시를 찾아, 자동식기세척기 식기세척제 원료 목록을 보시라.

왜 보건복지부 장관은 이 발암 가능물질을 학교급식 식기세척제 원료에서 제외시키지 않고 구제해주었을까? 단서는 자동식기세척기에 있다.

자동식기세척기는 짧은 시간에 많은 식기를 닦아야 한다. 그래서 맨손으로 만지면 화상을 입을 정도로 독한 세척제를 쓴다. 하지만 그것으로도 충분하지 않다. '금속이온 봉쇄제'라는 물질이 필요하다.

자동식기세척기에 공급하는 물에는 칼슘이나 마그네슘 같은 여러 가지 금속 성분이 들어 있다. 만일 이 성분이 세척작업 중에 세척제와 자유로이 결합해버리면 세척력이 크게 떨어진다. 그래서 자동식기세척기에는 물 속 금속이온의 활동을 봉쇄하는 금속이온 봉쇄제가 필요하다. 보건복지부 장관이 구제해준 니트릴로 트리아세트산 트리나트륨이 바로 금속이온 봉쇄제다.

나는 호흡기 화상 물질을 학교급식 식기세척에서 제외시키는 데는 성공했지만, 발암 가능물질과의 싸움에서는 졌다. 나는 아이들의 건강보다 자동식기세척기 쪽을 향해 미소짓는 법의 맨얼굴을 보았다.

15

환경부 물산업지원팀이라는 조직

—

2009년 6월 초여름, 나는 나의 아이들에게 흔히 '생수'라고 부르는 물을 사먹지 말라고 말해야 했다. 환경부 장관이 생수 제품에서 '브롬산염'이 나왔다고 발표했기 때문이다. 처음 들어보는 낯선 이 물질 또한 유엔 국제암연구소가 지정한 발암 가능물질(2B그룹)이다.

브롬산염은 자연의 물에는 존재하지 않는다. 생수를 '오존'이라는 물질로 소독처리할 때 오존이 물과 반응하여 생긴다. 그러니까 이 발암 가능물질은 인공적으로 만든 것이다.

물론 모든 생수에서 발암 가능물질이 나왔다는 것은 아니었다. 그러나 아이들은 자신도 모르는 사이에 생수를 통해 발암 가능물질을 먹을 위험에 노출된 셈이고, 그래서 아이들에게 그 생수 제품의 이름을 꼭 알려주고 싶었다.

그런데 불가능했다. 환경부에서 문제가 있는 제품의 이름을 공개하지 않은 것이다. 그래서 나는 환경부 장관에게 그 제품의 이름을 공개하라고 요구했다. 하지만 환경부는 2009년 7월 16일, 제품 이름을 공개하지 않겠다는 공문(물산업지원팀-881호)을 보내왔다. 생수 회사들의 영업비밀이라는 이유였다. 다만 위험 제품을 모두 회수하라고 해당 회사에 지시했다는 내용을 덧붙였다.

그런데 생수 회사는 환경부 장관의 지시에도 불구하고 위험 제품 중 35퍼센트가량을 회수하지 않았다. 이 사실이 드러났을 때, 나는 거듭 환경부 장관에게 위험 제품을 완전히 회수하지 않은 생수 회사를 밝혀달라고 요구했다. 그러나 환경부 장관은 이마저 공개하지 않겠다는 통지서(물산업지원팀-1467호)를 보내왔다.

왜 환경부 장관은 이렇게 끝까지 생수 회사를 감싸는 걸까? 나는 그 단서를 환경부 장관 명의의 정보 공개 거부 통지문을 작성한 담당부서의 이름에서 찾았다. 물산업지원팀. 환경부에 이런 이름의 조직이 있다니!

물이란 본디 상품이라기보다는 누구나 접근할 수 있는 공공재였다. 그래서 오랫동안 수돗물이 아닌 생수를 만들어 파는 것 자체가 불법이었다. 그러다가 1994년 '먹는 물 관리법'을 제정해 생수를 합법적인 식품으로 만들었다. 수돗물을 꺼리는 사람에게 생수를 선택할 행복추구권을 보장한다는 명목이었다.

그런데 이때까지만 해도 생수 오존처리는 불법이었다. 생수는 자연상태의 물을 '물리적으로' 처리하여 만들 수 있을 뿐이었다. 오존 소독과 같은 '화학적' 처리를 해서는 안 되었다.

그러나 1997년 이후 생수 오존처리는 더 이상 불법이 아니게 되었다. 어떻게? 아예 법률을 바꿔버렸다. 물을 '물리적으로' 처리한다는 조문에 '등'이라는 글자를 하나 집어넣었다. '물리적 처리 등'을 할 수 있다고 바꿨다. 이런 방법으로 생수 회사들은 '등'이라는 글자 하나에 숨어 화학적 처리를 합법화하는 데 성공했다.

환경부는 생수의 오존처리를 합법화하면서도 오존처리 과정에서 생길 수 있는 발암 가능물질인 브롬산염의 위험을 외면했다. 아무런 대비도 하지 않은 것이다. 정녕 그들은 오존처리 과정에서 발생할 수 있는 브롬산염의 위험을 몰랐을까?

아니다. 그들은 알고 있었거나 충분히 알 수 있었다. 이미 1년 전인

17

1996년 4월 26일, 보건복지부 장관은 브롬산염을 발암성 때문에 식품 첨가물 목록에서 삭제한다고 관보에 공고했다. 게다가 훨씬 전인 1993년, 세계보건기구는 물 오존처리에서 브롬산염이 합성될 수 있다고 경고했다.

그러나 환경부는 그 위험을 외면했다. 대신 신속하게 해치운 것이 있다. 오존처리 합법화로부터 불과 7개월이 지난 1998년 3월, 생수 회사들이 오존처리 생수병 겉면에 '화학적 처리'라는 표시를 더 이상 하지 않아도 되도록 해주었다.[1] 대신 '오존처리'라고 표시하도록 했다.

환경부는 오존처리 합법화로부터 12년이 지난 2009년 9월 4일에야 오존처리 발암 가능물질을 규제했다. 그 순간까지도 브롬산염 위험 생수가 어느 제품인지를 끝까지 밝히지 않았다. 그들의 이름은 환경부 물산업지원팀이었다.

나는 거듭 벽에 부딪혔다. 내 아이의 입에 위험한 것들이 들어가지 못하게 하겠다는 소박한 희망은 시궁창에 처박혔다. 나는 몸을 일으켜 묻지 않을 수 없었다. 도대체 언제부터 이렇게 되었나?

<u>1부</u>

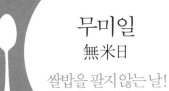

무미일
無米日
쌀밥을 팔지않는 날!

1. 사카린
소주

서른여섯 마리의 쥐 실험

—

1968년 《한국영양학회지》 창간호에 쥐 서른여섯 마리를 대상으로 실험을 한 논문 한 편이 실렸다. 실험의 결론은 쌀만 먹인 쥐가 성장이 불량하고 지방간이 가장 높다는 것이었다. 논문은 쌀을 주로 먹는 마을에서 심장질환 발생률이 높고 수명이 짧다는 일본의 연구를 소개했다. 그리고 우리나라가 쌀을 주식으로 하기 때문에 체지방 및 간장지방의 축적이 나타나지 않나 우려된다고 했다.[1] 이 논문은 쌀 중심의 자작농에 터 잡은 식품체계의 몰락을 예고했다.

식품체계란 무엇인가? 한 사회가 먹을거리 문제를 해결하는 데는 땅과 바다에서 시작해 밥상에 이르는 수많은 과정이 필요하다. 농어민이 식품을 생산하는 활동이 순조로워야 하며, 흙과 햇빛과 바다의 힘도 차질 없이 작용해야 한다. 이들 요소는 따로따로 고립되어 있지 않다. 사람과 사람, 그리고 사람과 자연이 같은 목적을 향해 나아가면서 서로 밀접한 영향을 주고받는, 살아 움직이는 연관체다. 그래서 이를 식품체계라 부른다.[2]

우리의 주식은 쌀로서, 여름의 집중 호우를 이용한 쌀농사 중심의 자작농이 식품체계의 중심이다. 1949년 농지개혁으로 자작농이 사회의 중심으로 자리 잡았고, 소수의 대지주가 지배하는 낡은 사회는 막을 내렸다. 자작농의 평등과 자유에 기반한 새로운 사회가 열린 것이다. 대한민국은 농지개혁에서 탄생했다고 할 수 있다.

독립적이며 근면하고 평등하며 협동적인 자작농은 새로운 사회를 정신적·물질적으로 이끌었다. 근대화의 계기는 일제 식민지 총독부에 있는 것이 아니라, 농지개혁에 있었다.

농지개혁 이후 시대적인 과제는, 어떻게 하면 새로 등장한 자작 소농이 중심이 되어 안전한 식품을 지속적으로 공급하는 식품체계를 이룰 것인가였다.

영양학의 쌀 공격

—

그러나 박정희 정부는 1969년 '국민영양개선령'을 만들어, '영양 지도 사업'이라는 것을 대대적으로 추진했다. 초대 한국영양학회 회장이 서른여섯 마리의 쥐 실험 결과를 들어 쌀을 주식으로 한 식생활을 공격한 다음 해였다.

영양 지도 사업이란 무엇인가? 그것은 혼·분식 장려였다. 쌀밥 중심 식생활을 청산하자는 것이었다. 이는 쌀 중심의 식품체계에 대한 부정이었다.

적지 않은 영양 전문가라는 사람들이 권력자의 권좌 옆에서, 쌀 중심의 전통 식생활이 영양학적으로 열등하며 개조 대상이라는 논리를 끊임없이 제공했다. 한국영양학회가 만드는 《한국영양학회지》가 대표적으로, 여기에는 쌀 중심의 식생활을 공격하는 논문이 끊이지 않고 실렸다.

1970년 이 학회지에는 "쌀은 3세 이전의 어린이에게는 단일한 단백 급원으로는 부족한 식품이며, 쌀을 주식으로 섭취하는 나라에는 성장 장해, 'kwashiokor', 'marasmus', 비타민A 결핍증이 영양장해로 되고 있다"는 내용의 논문이 실렸다.[3]

그런데 이 논문에서 말한 '콰시오커(kwashiokor)'와 '마라스무스(marasmus)'란 무엇일까? 영양학자의 설명을 빌리면, 전자는 어린이가 어머니의 젖을 먹지 못할 때 나타나는 성장발달 지체, 근육쇠약, 정신운동기능 장애 증세다. 후자는 체지방은 거의 완전히 소실되고 발육은 극심하게 지연된 장애를 의미한다.[4] 그러니까, 쌀을 주로 먹으면 이렇게 된다는 것이다! 쌀을 주식으로 하면 정신운동기능 장애가 발생하고 발육이 극심하게 지연된다는 것이다! 이는 쌀 중심의 식생활을 근본적으로 부인하는 영양학이다.

이듬해 《한국영양학회지》에 게재된 논문은 쌀밥 중심의 식생활을 저단백, 저지방, 저비타민 식이라고 규정했다.[5] 쌀을 주식으로 하는 식품체계를 공격하는 논문은 여기서 그치지 않았다.

"쌀에만 의존하다 보면 영양학적 불균형 상태를 벗지 못하게 되어, 하루속히 쌀 위주 식생활에서 탈피하거나 쌀에 부족한 점을 보충하는 방법을 강구할 필요를 느끼게 된다."[6]

"우리 국민은 백미를 주식으로 하고 있으므로 백미에 부족되는 필수 아미노산 때문에 단백질 영양 면에서 불균형된 식사를 하고 있는 형편이며, 따라서 국민의 체위 향상에 막대한 지장을 초래한다고 보겠다."[7]

"우리나라 식생활 구조의 특이성은 당질의 과잉 섭취 및 단백질의 질적 부족인 식사로 알려져 있다."[8]

"우리나라 국민은 백미식에 의존하고 있는 실정이므로, 이러한 백미 편중 식이를 먹을 때 섭취 단백질의 아미노산 구성이 불균형된 식이를 섭취하게 되므로 영양실조가 매우 우려된다. 이러한 현상은 유소아 및 소아 등 성장기 어린이들의 경우 성장의 장해, 행동발달의 저조 등 그 영향이 매우 큼이 강조되고 있다."[9]

그러나 쌀을 주식으로 하는 것이 영양학적으로 해롭고 열등하다는 것은 과학이 아니다. 조작된 이데올로기다. 2001년《대한 지역사회 영양학회지》에는 전통적인 밥 중심의 식사는 면 혹은 빵 중심의 식사보다 영양적인 균형식이며 성인병을 예방하는 효과가 있다는 논문이 실렸다.[10] 이 연구에 따르면, 우리나라 사람들의 당질 : 지방 : 단백질 섭취 에너지 구성비가 이상적인 수치인 65 : 20 : 15에 근접한 것은 밥 중심 식사의 결과다.

오늘날의 영양학 교과서는 우리의 전통 식단을 현대의 영양학적 지식으로 판단해도 손색이 없는 균형 식단이라고 평가하고 있다.[11] 보건복지부는 2003년 2월, 한국인을 위한 식생활 지침을 발표했는데, 그 일곱 가지 지침 중 하나로 "밥을 주식으로 하는 우리 식생활을 즐기자"가 있다.

쌀 중심의 전통 식생활을 그토록 끊임없이 영양학적으로 열등한 불균형 식단으로 비판했던 우리나라 영양학계가 지금은 한식 세계화 추진단의 단장을 맡고 있다.

그러나 쌀 중심 식생활을 끊임없이 매도한 일부 영양학자들은 여태 사과하지 않았다. 《한국영양학회지》를 보면, 김숙희 교수가 1987년에 짤막하게 언급한 내용이 있다.[12] 김 교수는, "쌀만 섭취할 때의 영양 불균형 강조, 보리나 밀의 단백질 함량이 높다고 강조하면서 쌀보다 영양이 더 좋은 곡류로 강조하였으며, 극단의 예로서는 3백색의 해(三白色의 害ㅡ지은이)라는 주제 하에 흰 밥, 소금, 설탕의 해가 일부 인에 의해 강조되기도 하였다"고 썼다. 그런데 막상 김 교수는 쌀을 앞장서 공격한 학자가 아니다.

박정희 정부의 혼·분식 장려를 연구했던 한 연구자는 이러한 영양학의 사례가 과학이 얼마나 허구적인지를 보여준다고 썼다.[13]

허구의 영양학은 누구를 위한 것이었나? 국민영양개선령을 제정한 1969년 미국에서 들여온 잉여 밀과 밀가루는 모두 1,359,185톤에 이르렀다.[14] 이 규모는 그해 우리나라가 생산한 쌀 생산량의 33퍼센트, 보리 생산량 기준으로는 81퍼센트나 되는 엄청난 양이었다. 이렇게 과잉 공급된 미국 밀을 처리해야 했다.

영양학의 쌀 공격은 미국산 밀의 소비를 위한 것이었다. 미국산 수입 밀을 기반으로 한 식품체계가 등장하는 데 봉사했다. 그리고 그 과정은 동시에 영양학자들이 단체급식에서 강고한 기득권을 움켜쥐는 시기였다.

1970년 《한국영양학회지》에는 '정부의 협조 하에' 영양사가 사회로 좀더 많이 진출하자는 글이 실렸다.[15] 1973년에는 당시 한국영양학회 회장이었던 주진순 고려대학교 의과대학 교수가 〈식생활 구조 개선의 시안〉이라는 글에서, 식량 영양 심의기구 설립을 제안하면서 그 기구가 진행할 일의 하나로 영양사 채용 방안을 제시했다.[16]

1988년 당시 한국영양학회 이양자 부회장은 〈지역사회의 영양과 건강〉이라는 글에서, 약국에서 약사가 맡아오던 비타민제 등 영양 관계 상품은 영양 전문가가 다룰 수 있게 되어야 한다고 주장했다.[17] 그리고 당시 김병구 대한영양사회 회장은 보건소의 영양사 배치, 학교에서의 영양교사직을 요구했다.[18]

권력은 영양학자들의 요구사항을 적극 수용했다. 1966년, 식품위생법 시행령을 바꿔 50명 이상의 집단급식소에 반드시 영양사를 두도록 했다. 1981년, 학교급식법과 그 시행령을 만들어 영양사 면허를 받은 자만 '학교급식 전담 직원'이 되도록 했다. 그리고 영양사를 교육청 공무원으로 채용하도록 했다. 그 결과 1964년에 57명이던 영양사가 1988년 31,932명이 되었다.[19] 그리고 1995년 국민영양개선령을 폐지하는 순간에조차 '영양 개선', '영양 지도', '영양 관리' 등 영양학자들이 확보한 영역은 국민건강증진법에 그대로 담아 유지시켰다.

2010년에는 국민영양관리법을 만들면서, 영양사들에게 학교급식의 식재료 검수권이 있다고 법률에 규정했다. 초중고 학교급식의 연간 식품비가 약 2조 5천억 원인 현실에서, 그 검수권을 독점하는 것은 커다란 기득권이다. 반면 학교급식 조리사들은 식재료 검수를 할 법적 권리조차 없다.

공업화와 도시화에 따라 등장한 단체급식을 영양학적으로 잘 관리하는 데 영양사의 역할은 중요하다. 그러나 그것이 영양사들이 단체급식에서 조리사의 역할을 억누르고 단단한 기득권의 성을 쌓는 것을 정당화할 수는 없다.

두말할 나위 없이, 영양학적 지식은 우리 사회에 필요하고 유익하다. 실제로 그것을 증명한 훌륭한 영양학 연구도 많다. 《한국영양학회지》에 쌀 중심 식생활을 비판하는 글만 있는 것은 아니다. 식품체계의 발전에 중요한 의미가 있는 논문이 많다.

예를 들어, 1977년의 〈식품 중 유해 중금속에 관한 연구〉는 콩나물의 수은오염 문제를 제기해서 중금속 허용 기준 설정을 요구한 중요한 선구적인 논문이다.[20] 1980년에는 김치의 농약오염을 경고하는 논문이 나왔다.[21] 식품의약품안전청의 《식품공전》에 식품의 농약 잔류 허용 기준이 설정된 때가 1988년임을 감안할 때 이는 매우 앞선 연구였다.

그러나 적지 않은 영양학 전문가가 《한국영양학회지》의 창간호에서부터 시작해 참으로 오랜 시간 동안 집요하게 쌀 주식 식품체계의 뿌리에 도끼질을 했다. 그들은 쌀농사를 짓는 자작 소농이 공업화와 도시화라는 시대 변화에 적응하면서 성장해야 할 시대적 과제를 좌절시켰다. 쌀농사 소농을 식품체계의 문 밖으로 쫓아내는 데 이바지했다.

쌀만 먹으면 정신장애가 오는가?

—

국가는 영양학자들이 꾸민 거짓 과학의 지원을 받아, 국가기구를 총동원한 강력한 억압 체제를 가동했다. 국가는 영양학자들이 제공한 허구적 논리를 교과서에 실어 학생들에게 대대적으로 가르쳤다.

1975년 문교부 초등학교 실과 과목 교사용 지도서에는 쌀밥 중심의 식생활이 체질의 산성화, 심리적으로 끈기와 침착성 결여, 소극적인 성격, 대뇌변질증을 일으키고 판단력을 흐리고 지능이 저하될 우려가 많다고 씌어 있다.[22] 그러니까 쌀을 주식으로 하면 대뇌변질증이 우려된다는 것이다! 국가가 선생님에게 쌀을 많이 먹으면 지능이 저하될 수 있다고 학생들에게 가르치라고 지시했다!

1970년대에 나온 잡지 《새마을》에는 쌀밥만 먹어 '발육 장애, 골격 부전, 노화 촉진, 각기병'에 걸려 고통받는 불행한 사람들의 그림이 실렸다. 이들 옆에서는 쌀밥을 적게 먹어 행복하고 건강한 사람들이 웃고 있다.

농지개혁 이후 도시화와 공업화가 밀려왔다. 사람들이 외식과 가공식품에 더 많이 의존하는 새로운 식생활은 쌀과 보리에 터 잡은 식품체계를 새로운 조리법과 가공법을 통해 발전시킬 기회였다. 그러나 국가는 그 발전을 억압하고 미국산 밀 중심의 식품체계를 강요했다.

국가는 1971년 '전국의 음식 판매업자 준수사항'을 고시하여, 모든 음식점에서 즉석에서 솥에 쌀밥을 짓는 행위를 불법화했다(농림부 고시 제2,377호). 그리고 매주 수요일과 토요일 11~17시에는 아예 쌀밥을 파는 행위 자체를 불법화했다. 국가의 고시는 다음과 같은 문장으로 끝을 맺고 있다. "이 명령을 위반하는 자는 3월 이상 6월 이하의 영업정지를 하거나 허가를 취소한다."

1973년에는 쌀로 과자나 엿을 만들지 못하도록 했다. 1976년에는 식품위생법 시행규칙에서 '무미일(無米日)', 그러니까 쌀밥을 팔지 않는 날을 만들었다. 수요일과 토요일이었다.

누구를 위한 무미일이었나? 그것은 미국산 밀을 위한 것이었다. 국가의 억압은 수입 밀에 기초한 먹을거리 체계가 단단히 뿌리를 내리도록 했다. 국가가 밀 중심의 식품체계를 강요하는 동안, 쌀은 이 땅의 식품체계와의 연계점을 잃었다.

사람들이 먹는 쌀의 양은 1970~2007년에 43.6퍼센트나 감소했다. 반면 밀 수입량은 2007년 한 해에만 338만 톤에 달했다. 이는 그해 쌀 생산량 440만 톤의 76.8퍼센트나 되는 양이다.[23] 독자들은 국민영양개선령을 제정한 1969년 미국에서 들어온 잉여 밀과 밀가루의 양이 그해 쌀 생산량의 33퍼센트였던 것을 기억할 것이다.

불과 40년이 되지 않는 짧은 기간에 밀은 우리의 주식이 되었다. 세계의 식품체계에서 자연조건의 급격한 변화가 없었는데도 이렇게 짧은 기간에 한 사회의 주식이 바뀐 사례는 찾기 어렵다. 영양학자들은 꿈을 이뤘다. 그러나 자작농의 쌀은 도시화와 공업화라는 새로운 환경에 적응해서 다양하고 새로운 식품으로 성장할 기회를 빼앗겼다.

무미일 無米日

한국의 곡식을 담은 세계적인 술이 없는 이유

—

쌀 중심의 자작 소농에 대한 공격은 여기서 그치지 않는다. 국가는 단지 쌀밥을 먹지 못하게 한 데서 멈추지 않았다. 가장 격렬한 공격을 받은 식품은 술이었다.

술은 지역에서 원료와 기술을 얻고, 지역사회를 부양한다. 술지게미는 가축의 먹이가 된다. 그리고 이 순환 가운데서 사람들의 문화가 전승된다.

중국 쓰촨성의 곡주인 '우량예(五糧液)'는 쓰촨성 이빈(宜賓)의 넓은 평원에서 생산되는 수수, 멥쌀, 찹쌀, 밀, 옥수수 등 다섯 가지 곡식을 증류해 만든다. 이 고장은 양쯔강의 물줄기가 시작되는 첫 고을이라 불릴 만큼 물이 풍부하다. 술의 알코올 도수는 52도지만 뒤끝이 없고 깊은 맛과 향을 자랑한다.

이 술은 중국인이 가장 즐겨 찾는 중국 백주의 하나다. 이빈에 있는 술 공장의 근로자 수는 2만 명이 넘는다. 이빈시 시민 가운데 이 공장의 직원이 아닌 사람이 거의 없을 정도다. 우량예는 술과 지역의 밀접한 연계를 보여준다. 2010년 5월, 서울 가락동의 한 중국음식점 메뉴판에서 이 술 500밀리리터 한 병 값이 28만 원이었다.

일본 니가타현의 생태계와 쌀은 동양 최고의 쌀와인으로 칭송받는 '구보타(久保田)'에 담겨 있다. 서울의 유명 호텔에서는 일본 술 특선 주간을 마련하는데, 남산 하얏트호텔의 일식집 아카사카에서 '구보타 만슈(萬壽)' 720밀리리터를 28만 원에 제공한다. 특급 호텔에서만 그런 것이 아니다. 2010년 4월, 서울 서초동의 한 평범한 일식집 메뉴판에서 이 술 한 병의 가격은 22만 원이었다.

이처럼 중국과 일본의 곡식이 술로 바뀌어 세계인의 사랑을 받는 반면, 우리나라의 곡식은 자신을 대표할 술을 갖지 못했다. 누가 이렇게 만들었는가? 왜 우리의 쌀 옆에는 우량예나 구보타와 같은 술이 없는 것인가?

1965년 2월 24일 내무부 장관 양찬우, 재무부 장관 홍승희, 농림부 장관 차균희, 보건사회부 장관 오원선은 합동으로 소주 생산에서 일체의 곡류 사용을 금지하는 고시를 공고했다(관보 제3973호). 이를 어기는 농가나 양조장 주인은 3년 이하의 징역으로 처벌하겠다고 으름장을 놓았다.

이 고시는 이 땅의 술 그리고 술에 쓰이는 곡물의 지위를 전면적으로 부인했다. 더 이상 이 땅의 곡물로 술을 빚지 못하도록 함으로써 술과 자연의 연계를 끊어버렸다. 이 단절은 무려 1991년까지 계속되었다. 이 오랜 기간의 억압은 사람들의 혀가 술 본래의 맛과 향을 잊어버리기에 충분했다.

지역 생태계, 지역사회와 함께 나누었던 유대를 빼앗긴 소주 대신 들이닥친 것이 있었다. 바로 첨가물 희석주다. 이는 알코올 주정을 탄 물에 첨가물을 섞은 것이다. 고유한 향과 맛을 지닌 본래의 '소주'가 아니다.

본디 소주란 무엇인가? 17세기 후반, 안동 장씨는 《음식디미방》에서 소주를 만드는 한 방법을 이렇게 전했다.

쌀 한 말을 깨끗이 씻어 익도록 쪄, 끓인 물 두 말에 조합하라. 묵은 누룩

다섯 되를 섞어 엿새 만에 고되, 물 두 사발을 먼저 솥에 부어 끓이고, 술 세 사발을 그 물에 부어 고루 저으라. 뽕나무나 밤나무로 불을 알맞게 때 윗물이 따뜻하거든 자주 갈되, 한 솥에 새 물을 떠놓았다가 푸면서 즉시 새 물을 부으면 소주가 가장 많이 나고 좋다. _ 백두현,《음식디미방 주해》

이것이 소주다. 그 자체의 고유한 향과 맛을 지닌 소주다. 첨가물을 섞을 필요가 없다. 그러나 희석주는 알코올 주정을 물에 탄 것으로 고유한 향과 맛이 없다. 그래서 첨가물을 따로 넣지 않으면 술로 마실 수 없는 물질이다. 본래의 소주가 아니다.

사카린 소주의 합법화

—

1965년의 소주 불법화 조치가 세상을 뒤덮고 있는 사이, 식품체계에 엄청난 충격을 주는 사건이 일어났다. 1971년 12월 주세법을 개정해, "주정을 물로써 희석한 것에 대통령령이 정하는 물료를 첨가한 것"을 희석식 소주의 법률적 정의에 포함했다. 그리고 주세법 시행령에서 희석식 소주에 첨가할 수 있는 물질의 하나로 "새커린"을 규정했다. 이렇게 사카린 소주가 합법화되어, 1989년까지 약 20년 동안 식품체계를 지배했다.

사카린 소주가 합법화되면서, 우리 사회는 역사상 처음으로 술이 끊임없이 구조적으로 과잉 공급되는 극단적 체계로 내몰렸다. 사회가 감당할 수 있는 한계 이상으로 술이 공급되는 체계가 뿌리를 내린 것이다.

본디 소주는 실로 오랜 기간, 지역사회의 쌀과 수수 등 양곡에 의존하여, 생태계의 공급 능력 안에서 제한된 알코올을 공급했다. 그러나 사카린 소주는 이 땅의 생태계 순환과 조절의 질서를 거부한다. 그 주정은 대부분 베트남, 인도네시아, 브라질 등 열대지방에서 나는 '카사바' 녹말인 '타피오카'로 만든다. 그러니 사실상 무한정 주정을 만들 수 있고, 여기에 물을 타 사카린을 섞으면 되니, 얼마든지 대량으로 공급할 수 있다. 우리 사회가 건강하게 수용할 수 있는 알코올 이상으로 과잉 공급된다.

희석식 소주처럼 새로운 식품이 등장해 짧은 기간에 식품체계를 지배하고 사회적 해악이 된 경우는 찾기 어렵다. 우리 민족은 술을 귀한 음식으로 인식했고, 술을 대접하고 대접받는 일은 성인으로 성숙했음을 공인하는 사회적 의미가 있었다.

그러나 사카린 소주에 이르러 우리 사회는 알코올 무한 공급 사회로 변했다. 사카린 소주가 등장한 지 채 40년도 안 된 2008년 한 해에 사람들이 마신 소주를 모두 병에 담으려면 360밀리리터 소주병이 34억 5천만 개가 필요한 나라로 변했다. 알코올중독자가 넘쳐났고, 술로 인한 범죄가 폭발했다. 1회 평균 음주량이, 남자 소주 1병 이상, 여자 소주 5잔 이상인 '고도 위험 음주자' 비율이 2005년에 전체 인구의 26.1 퍼센트나 되었다.[24]

2006년 현재 179만 명 이상이 알코올중독자다.[25] 음주 관련 질환으로 연평균 8만 명 정도가 사망한다.[26] 2005년 10월 청소년위원회의 조사 결과 실업계 고등학생의 57.4퍼센트, 인문계 고등학생의 38.4퍼센

트가 조사한 때를 기준으로 과거 한 달간 술을 마신 적이 있다 했다.[27]

희석식 소주에는 자연과 사람의 연계와 순환이 존재하지 않는다. 비극이다. 자작 소농이 생산한 곡물이 술로 소비되는 출구가 사라졌다. 지역사회의 한 축을 이루던 술산업이 무너졌다.

1965년의 소주 불법화와 1969년의 혼·분식 장려는 쌀을 아끼려는 어쩔 수 없는 조치였나? 아니다. 이 땅의 식품체계는 1964~1966년 3년 연속 쌀을 수출했다. 1969년에는 사상 최초로 쌀 생산량 400만 톤을 넘어섰고, 쌀이 남았다. 1976년에는 식량자급 달성을 선언했다. 그러나 소주 불법화를 1991년까지 유지했고, 국민영양개선령을 1995년에야 폐지했다.

그것은 쌀을 절약하기 위한 조치가 아니었다. 쌀을 기반으로 하는 자작농의 식품체계에 대한 격렬하고도 지속적인 억압이었다.

소금은 광물인가, 식품인가?

—

지역 소농의 식품체계가 도시화와 공업화에 적응하면서 성장하는 길이 가로막힌 또 하나의 영역이 소금이다. 염전에서 바닷물을 자연 증발시켜 얻은 염전소금인 천일염은 이 땅의 식품체계의 핵심 요소였다. 그러나 식품법은 천일염에 오랫동안 식품으로서의 법적 지위를 허락하지 않았다.

1962년 '염 관리 임시조치법'을 제정해 소금의 유통과 판매를 민간에게 맡기는 소금산업 민영화를 시작했다. 그러나 천일염은 이 법에서

'광물'이었다. 식품으로 인정받지 못한 것이다. 독자들에게는 믿기지 않겠지만, 2008년까지도 식품이 아니었다.

보건복지부 장관은 1996년 6월 29일,《식품공전》에 '식염'이라는 이름으로 소금의 식품 규격을 정하면서도 천일염은 포함시키지 않았다. 대신 인공적인 방법으로 만든 제조소금이나 첨가물을 넣어 만든 가공소금에 식품으로서의 법적 지위를 주었다. 그리고 2002년 11월 29일, 이번에는 바닷물을 기계적인 방법으로 여과한 정제소금조차 '식품'의 지위를 인정받았지만 천일염은 식품의 지위를 부인당했다.

천일염은 2008년 3월 28일에야《식품공전》의 식염의 식품 유형에 이름을 올릴 수 있었다. 소금산업이 민영화된 때로부터 46년이 지난 뒤였다. 이 오랜 기간 동안 천일염은 법적으로 식품이 아니었다. '규격 외'였기 때문에 식품의약품안전청장의 승인을 받지 않고 식품에 사용하는 것은 처벌 대상이었다. 천일염은 공업화와 도시화 환경을 맞아 식품법을 기반으로 꽃을 피우기는커녕, 다름아닌 식품법의 이름으로 축출당했다.

식품의약품안전청은 어민이 염전에서 만든 천일염은 그 위생을 신뢰할 수 없다는 이유로 식품체계 밖으로 내쫓았다. 그러나 천일염은 실로 오랫동안, 그 어떤 식품보다도 충분히 이 땅에 사는 사람들의 식생활을 통해 그 안전을 검증받았다.

식품의약품안전청은 2006년 12월 천일염 합법화를 입법 예고하면서, 1년 정도에 걸쳐 천일염의 위생을 검토했기 때문에 합법화한다고 발표했다. 그러나 천일염은 처음부터 늘 그대로였다. 그 위생상태가 특별히 달라지거나 새로워진 것이 없다. 달라진 것이라곤 식품의약품

안전청이 2006년에야 비로소 천일염의 위생을 검토하기로 결심했다
는 것뿐이다.

커피가 독점한 기호식품의 자리

—

지역의 감초, 계피, 대추, 오미자, 인삼, 결명자, 당귀 등은 공업화와
도시화 속에서 기호식품으로 성장할 잠재력을 가지고 있었다. 그러나
약사법은 이들을 '의약품'으로 분류하고 규제했다. 그래서 지역의 여
러 기호식품을 원료로 사용해 자유롭게 다양한 모습과 용도의 차나 식
품으로 만들기가 어려웠다.

1973년에는 식품위생법에 '의약품과 혼동할 우려가 있는 표시'를 허
위 표시로 단죄하는 규정이 들어서면서 감초차나 계피차, 대추차 등의
건강에 좋은 효능과 효과를 자유롭게 알릴 수 없었다. 그래서 건강에
이로운 차 식품으로 성장할 길이 막혔다.

반면 박정희 정부는 1969년 9월 29일, 커피를 판매 금지 특정 외래
품에서 제외하는 대통령령을 공포해, 커피 판매를 합법화했다(특정 외
래품 판매금지법 시행령). 그리고 같은 해 10월, 보건사회부 장관은 '식
품의 제조 가공 등의 기준 및 규격에 관한 규정'에서 차의 규격을 최초
로 정하는 자리에서 '인스턴트 커피'의 규격을 정해주었다. 홍차를 제
외한 다른 광범위한 차류는 그 규격에 초대받지 못했다. 그리고 커피
를 위한 합법적 틀이 갖추어지자마자, 동서식품은 1970년 미국 제너
럴푸드사의 커피 제조 기술을 도입해 커피를 생산했다.

커피 원료 수입은 1986년까지 자유화되지 않았다. 상공부 장관으로부터 별도의 수입 승인을 받은 회사만 수입할 수 있었다. 그 결과 동서식품은 약 15년 동안 커피 원료 수입을 사실상 독점했다. 그리고 이런 독점적 이익을 기반으로, 커피는 우리나라 사람들의 입맛에 익숙해질 시간을 안정적으로 확보할 수 있었다.

한의학과 한약재 생산이 쇠퇴하는 이유

—

지역의 소농은 오랫동안 우리 사회가 필요로 하는 한약재를 공급하는 역할을 담당했다. 그러나 오늘날 한의학은 존폐의 위기에 빠졌으며, 약재를 생산하는 소농의 역할은 과거의 역사가 되었다. 이는 '비아그라'라는 양약이 나와, 주부들이 더 이상 남편에게 보약을 권할 필요가 없어져서인가? 아니다. 소비자가 신뢰할 수 있는 한약재를 지속적으로 공급할 체계를 갖추지 못하게 만든 내부 구조가 원인이다.

서양의학에 기초한 약사법은 '한약재'라는 낱말 자체를 모른다. 그리고 한약재의 생산과 유통에서 농민의 지위와 역할을 인정하지 않는다. 그러니 농민이 주도하는 지속적 공급체계를 알지 못한다.

보건복지부 장관은 1995년 '한약재 품질 및 유통 관리 규정'을 만들어, 제약 회사와 의약품 무역 회사들이 만든 한국의약품수출입협회라는 이익단체가 한약재수급조절위원회를 설치할 수 있도록 했다. 그리고 그곳에서 '수입할 필요가 있는 한약재'와 '수입할 필요가 없는 한약재'를 결정하도록 했다. 이 위원회가 더 많은 한약재의 수입이 필요하다고 결정하리라는 것은 쉽게 예상할 수 있다.

뿐만 아니라, 보건복지부 장관은 1998년 8월 앞의 규정을 개정하면서, 국산 한약재 이력 추적제를 폐지했다(34조 4항 삭제). 이 제도를 도입한 지 넉 달 만의 일이었다.

좀더 설명하면, 애당초 같은 해 4월에 한약재 제조업 허가가 없는 한약재 도매상은 농민이 생산한 지역산 한약재를 제외하고는 한약재를 판매할 수 없는 제도를 도입했다. 한약 도매상들은 한약재를 생산한 지역 농민의 이름과 주소, 매입 일자, 매입량을 일지로 만들어 2년간 보존해야 했다.

그러나 장관은 이 국산 한약재 이력 추적제를 시행한 지 불과 넉 달 만에 없앴다. 이는 한약재 원산지 둔갑을 재촉한 것이었다. 한약재 규격에 미달하는 중국산 한약재가 식품으로 대량 수입된 후, 국산 한약재로 팔리는 구조를 제도적으로 조장한 것이었다. 그 결과 검증되지 않은 중국산 한약재가 대량 밀려와 한약재에 대한 소비자의 신뢰를 땅에 떨어뜨렸다.

한의학이 설 자리를 잃으면서 국내의 한약재 생산은 쇠퇴하고, 그 결과 한의학이 몰락하는 악순환이 되풀이되고 있다.

누가 소농을 내쫓는가?
—
도시화와 공업화의 흐름에서, 커피 독점체와 희석식 소주 산업이 식품체계를 재편하는 동안, 소농은 손발이 묶였다.

쿠테타 세력은 1961년, 소농의 협동조직체인 농업협동조합의 자주적 의사결정권을 박탈했다. 농협 총회가 한 의사결정에 대해서도 국가는 그것이 단지 '부당'하다는 이유로 전부 취소시킬 수 있는 법을 만들었다. 그리고 마침내 1962년 '농업협동조합 임원 임면에 관한 임시조치법'을 만들어, 농업협동조합의 구성권을 농민에게서 빼앗았다. 소농은 조합의 대표를 뽑을 수조차 없었다.

소농이 공업화와 도시화라는 환경 변화에 대응할 유일한 길은 협동을 통한 생산과 가공, 유통, 조리에 있다. 그러나 자주적 협동조합 구성권을 빼앗긴 농민은 그저 죽어라 일만 하는 증산의 도구가 될 것을 강요받았다.

1962년의 식품위생법이 더 많은 식품의 규격을 세련되게 만들면 만들수록, 그리고 식품 제조 신고제와 허가제를 정비하면 할수록, 고추장·된장·메주·두부·묵·국수·미숫가루·식혜·술·한과와 같이 고장의 농업과 생태계를 모태로 지역 먹을거리를 공급하던 소농의 지역 식품체계는 시설 기준 미달로 더 불법화되었다. 소농이 법이 요구하는 시설 기준을 갖추기란 사실상 불가능했다. 갈수록 많은 자작 소농이 지역 식품체계 밖으로 쫓겨났다.

1999년이 되어서야 농민이 식품첨가물을 사용하지 않고 농산물을 단순히 자르거나 껍질을 벗기거나 말리거나 소금에 절이거나 숙성하거나 가열해서 식품을 만들어 파는 경우에는 식품 제조 신고를 면해주었다(식품위생법 시행령 제13조 제2항 제5호 본문). 그러나 이는 참으로 좁은 문이었으니, 여전히 자신이 기른 콩으로 메주를 쑤어 팔다가 처벌당하는 자작농이 속출했다. 이유는 무신고 메주 제조죄였다. 소농이 메주를 만드는 것은 콩을 '단순히 자르거나 껍질을 벗기거나 말리는 것' 등에 해당되지 않았다.

국가는 소농이 지역 식품체계와 밀접한 연계를 맺어 공업화와 도시화에 적응하면서 발전하는 것을 억압했다. 오히려 소농에게 농지 규모가 영세하다고 손가락질하면서 이른바 구조 개선을 요구했다. 농림수산부의 《1990년도 농업 동향에 관한 연차 보고서》를 보면 "현재와 같은 영농 규모의 영세성으로 인한 농업 구조의 취약성 문제를 해결하지 못하면" 농업이 어렵다고 씌어 있다(p. 64).

그러나 농지 규모가 작으니 안 된다는 주장은 소수 대지주의 대규모 사유지를 다수 자작농에게 분배한 농지개혁을 부인하는 것이다.

농림수산부는 1989년 당시, 1.20헥타르인 농가 호당 영농 규모를 2001년까지는 2.7헥타르로 끌어올려 전업농가를 육성한다는 목표를 제시했다. 그러나 실제로 2001년이 되었을 때, 영농 규모는 1.35헥타르에 머물렀다.

그런데 만일 농림수산부의 주장처럼 구조 개선이 이루어진다면 어떻게 될까? 농지가 소수에게 몰리고 다수는 결국 농촌을 떠날 것이다. 그럴 경우 농촌의 지역사회는 붕괴한다. 농촌은 사람이 살 곳이 되지 못할 것이다.

문제는 자작농의 땅덩어리가 좁은 것이 아니다. 자작농을 문 밖으로 내쫓는 식품체계가 들어선 것이 문제다. 농업과 동떨어진 식품체계가 문제다.

왜 조리사의 역할을 부인하고 억압하는가?

—

도시화와 공업화로 인한 식생활 변화에 따라, 식품체계에 새로이 중요하게 등장한 직업이 조리사다. 1963년 도시 근로자 가구의 식료품비에서 외식비가 차지하는 비중은 2.2퍼센트에 불과했으나, 1997년에는 38.1퍼센트로 크게 늘었다(통계청 가계조사). 과거 가정주부의 가내노동이었던 조리가 독립하여 식품체계에서 중요한 역할을 맡게 되었다.

조리사는 메뉴를 개발하며, 무엇을 요리할지 구상하고, 그에 가장 적합한 식재료를 취사선택하며, 공동으로 조리하고, 조리된 식품을 평가하며, 조리를 교육하는 과정을 통해 한 사회의 식품체계에서 농장과 식탁을 이어준다.

그러나 이런 조리사들의 연결고리는 철저히 차단당했다. 조리사들은 단체급식에서 법적으로 급식의 원료 식품을 검수할 권한조차 없다. 보건사회부 장관은 1989년에, 식품위생법 시행규칙에서 식재료 검수를 영양사의 직무로 규정해버렸다(44조). 조리 전문가가 아닌 영양사로 하여금 식재료를 선정하고 검수하도록 한 것이다. 심지어 영양사가 조리사에게 '조리 지도'까지 할 수 있도록 했다. 이는 조리사의 조리권을 침해하는 것이다.

영양사의 조리 지도권은 2007년에 폐지되었으나, 조리실 종사자에 대한 지도감독권은 지금도 남아 있다. 단체급식에서 영양사들의 지배는 더욱 강해졌다. 독자들은 2010년에 국민영양관리법이라는 것을 만들어 아예 식재료 검수권이 영양사에게 있다고 정한 사실을 기억할 것이다. 반면, 식품체계에서 조리사가 담당하는 직무에 대한 규정은 그 어떤 법에도 존재하지 않는다.

보건복지가족부는 2010년 9월 20일, 식품위생법 역사상 처음으로 조리사 직무를 정해주는 법률 개정안을 입법 예고했다. 그러나 이곳에서도 조리사의 권한은 '식품의 검수 지원'으로 못박혀 있다. 조리의 책임자인 조리사가 원료 식품 검수의 주체가 아니라, 영양사가 하는 검수를 지원하는 역할만 하도록 한 것이다.

왜 이렇게 조리사의 역할을 부인하고 억압하는가? 그 이유는 조리사들이야말로 원료 식품의 신선도와 품질에 가장 민감한 전문가들이기 때문이다. 그들이 이 땅의 자연과 지역사회가 생산해내는 신선한 원료 식품의 가치를 발견하고 활용할 잠재력을 가지고 있기 때문이다. 국가가 조리사의 지위와 역할을 부인하는 것은 이 땅의 자연에 터 잡은 식품체계를 인정하지 않는 일관된 흐름 위에 있다.

유전자조작 식품체계의 형성
—

국가는 이 땅의 소농과 양립하기 어려운 식품체계를 도입하는 데는 앞장을 서왔다. 미국산 밀이 주식이 된 것은 예고편에 불과했다.

식품의약품안전청은 1999년 8월 20일, '유전자재조합 식품·식품 첨가물 안전성 평가자료 심사지침'이라는 긴 이름의 고시를 고시했다.* 그런데 당시는 1998년 12월에 환경농업육성법을 시행해 생태계를 돌보는 농업으로의 전환을 모색하던 때였다. 법률에서 최초로 농민에게 농사로 인한 생태계 오염을 줄일 것을 법적 의무로 부과한 시기였다. 이처럼 서로 양립할 수 없는 두 흐름이 동시에 터져나왔다.

앞의 고시는 유전자조작 식품을 합법화하는 절차를 정한 것이었다. 그리고 고시를 기다렸다는 듯이, 그해 11월 12일 몬산토코리아라는 회사가 식품의약품안전청장에게 '제초제 내성 유전자조작 콩(GTS 40-3-2)'의 안전성 심사를 요청했다. 2000년 6월, 식품의약품안전청의 '유전자재조합 식품 등 안전성 평가자료 심사위원회'는 유전자조작 콩이 식품으로서 적합하다는 결론을 내렸다.

그리고 마침내 2001년 7월, 유전자조작 식품이 사상 최초로 식품체계에 진입했다. 그리고 바로 그해인 2001년 한 해에만 식용유용 유전자조작 콩 54만 톤과 동물 식품용 옥수수 100만 톤이 합법적으로 들어왔다. 그 신속함이 실로 한 편의 상륙작전과 같았다.

식품의약품안전청은 무엇을 근거로 유전자조작 식품을 합법화했는가? 독자들은 식품의약품안전청의 인터넷 누리집에서 '유전자재조합 콩(GTS 40-3-2) 안전성 평가자료 심사 결과'라는 이름의 최초의 합법화 보고서를 쉽게 구할 수 있다(http://gmo.kfda.go.kr).

이 보고서를 보면, 식품의약품안전청이 별도로 해당 유전자조작 식품에 대하여 생체 투여 실험을 하지 않는다는 사실을 확인할 수 있다. 식품의약품안전청이 하는 일은, 신청 회사가 제출한 자료를 중심으로, 신청 회사가 유전자조작 식품의 안전성을 잘 평가했는지를 심사하는 것에 지나지 않는다. 이 보고서의 결론은 다음과 같다.

---

* 이 고시는 현재 그 이름이 '유전자재조합 식품의 안전성 평가심사 등에 관한 규정'이다.

무미일 無米日

신청인으로부터 접수된 자료를 포함한 다수의 이용 가능한 문헌과 지식을 동원한 심의의 결과, 다음과 같이 심사지침에 따라 안전성 평가가 이루어졌음을 확인함.

심사를 신청한 몬산토코리아는 유전자조작 콩의 투여 독성 실험을 해서 그 자료를 식품의약품안전청에 제출했을까? 그렇지 않다. 위 보고서의 15쪽은 이렇다.

현재의 자료 이외의 단회 투여 독성, 반복 투여 독성, 생식·발생 독성, 유전 독성, 발암성, 기타 필요한 독성(소화기계 독성 등) 등의 in vivo(생체 내─지은이) 독성 자료의 필요성은 없을 것으로 생각됨.

식품의약품안전청도 몬산토코리아도 유전자조작 콩의 투여 독성 실험을 한 사실이 없다. 그렇다면 무엇을 근거로 2000년에 유전자조작 콩이 안전하다고 결론을 내린 것인가?

그것은 다음과 같은 논리학 위에 서 있다. '사람들이 오랜 세월 먹어온 보통의 콩은 안전하다. 심사 대상 유전자조작 콩은 보통 콩과 실질적으로 다르지 않다. 그러므로 유전자조작 콩은 안전하다.' 이러한 접근법을 '실질적 동등성'이라고 부른다. 이 비교 개념에 의지해서, 유전자조작 식품의 안전성을 평가한 것이다.

그렇다면 가장 중요한 전제인 유전자조작 콩이 보통의 콩과 실질적으로 동등하다는 명제는 어디에서 온 것일까? 그것은 우리나라의 식품의약품안전청과 국내 과학자들의 오랜 연구와 실험의 결과인가?

그 기원은 1992년 5월 29일의 미국 부시 행정부다. 이날 미국 식품 의약품안전청은 유전자조작 식품을 자연상태의 비유전자조작 식품과 동일하게 취급하겠다는 내용의 정책 성명을 미 연방 관보 57권 22984쪽에 고시했다. 중요한 문장이므로 영문을 그대로 소개한다.

In most cases the substances expected to become components of food as a result of genetic modification will the same as or substantially similar to substances commonly found in food such as proteins, fats and oils, and carbohydrates

대개 유전자조작의 결과로서 식품의 성분이 될 것으로 기대되는 물질들은 식품에서 통상 발견되는 단백질, 지방, 유지, 탄수화물과 같은 물질들과 동일하거나 실질적으로 유사할 것이다.

유전자조작 식품에서 보통의 식품과는 다른, 어떤 의도하지 않은 결과가 나타났는지를 정확하게 평가하기란 매우 어려울 것이다. 그런데도 부시는 투여 독성 실험 없이 유전자조작 식품의 시판을 허용하겠다고 결정했다. 부시의 이 선언을 우리나라 식품법에 반영한 것이 바로 앞에서 본 식품의약품안전청의 고시이며 심사보고서다.

농림수산식품부 장관은 유전자조작 콩이 식품체계에 이미 진입한 2002년에야 '유전자변형 농산물의 환경 위해성 평가 심사지침'이라는 것을 만들었다. 콩이나 옥수수 같은 유전자조작 생물체가 한반도 생태계에 방출될 경우의 위험도를 평가하는 규정이다. 그러나 식품의약품안전청의 안전성 평가를 통과한 유전자조작 식품 중에 환경 위해성을 이유로 승인이 거부된 것은 한 건도 없다.

  마치 미국산 밀 수입이 그러했듯이, 유전자조작 식품의 수입은 급증하여 2008년에는 동물 식품용 옥수수 704만 톤을 수입하기에 이르렀다. 이중 680만 톤이 미국산 옥수수였다. 이 규모는 같은 해 한국에서 생산한 쌀, 보리, 밀, 콩, 고구마, 옥수수 등 식량작물을 모두 합한 545만 톤보다 더 많다. 이토록 단기간에 유전자조작 식품체계로 변했다.

  2008년에는 그 성격을 분명히 하는 새로운 사태가 발생했다. 미국산 유전자조작 옥수수 71만 톤을 동물이 아닌 사람이 직접 먹는 용도로 수입한 것이다.[28] 그런데 이것은 2008년의 유기농 생산량 115,000톤과 무농약 생산량 554,000톤을 모두 합한 것보다 더 많다. 지난 1998년의 환경농업육성법 이래 10년에 걸쳐 키워온 유기농과 무농약 농업이 생산한 것보다 더 많은 유전자조작 식품을 사람이 먹는 식품체계가 되었다. 그 배경에는 해방되지 않은 식품법이 있다.

2. 해방되지 않은 식품법

〈레위기〉라는 기독교 경전은 유대인들이 먹어도 되는 동물을 판별하는 기준을 정해놓고 있다. 발굽이 갈라지고 되새김질을 하는 가축만 식용하도록 했다. 이 기준을 적용해서, 토끼는 발굽이 갈라지지 않았다는 이유로, 돼지는 되새김질을 하지 않는다는 이유로 잡아먹지 못하게 했다.

〈레위기〉를 통해 확인하려는 것은 신학이 아니다. 식품체계에는 언제나 고유한 규범이 있다는 사실이다. 조선시대의 《영조실록》을 보면, 영조는 1733년 자신의 병든 몸을 씻은 더러운 물을 마을 우물에 붓고 더러운 고기를 푸줏간에 판 사람을 강제 이주형에 처하면서 그의 행위가 '독을 옮기는 것(移毒)'이라고 했다.[29]

오늘날의 식품체계에 적용하는 규범은 〈레위기〉와 같은 종교 경전도 임금의 명령도 아니다. 그것은 법이다. 사회 구성원들을 대표하는 대표자가 식품체계에 적용하기 위해 만들어서, 누구나 그 내용을 알 수 있게끔 관보에 공고하는 식품법이다.

식품법이 허용하는 식품만이 식품체계에 진입할 수 있다(식품 규격). 식품법에서 정한 식품 정보가 식품체계를 유통한다(식품 표시). 식품체계는 더 이상 사제나 왕에 복종하지 않으며 오로지 법의 지배를 받을 뿐이다. 사회 구성원의 대표자들이 다수결로 만든 법을 따를 뿐이다.

그러므로 이제 식품체계의 문제는 언제나 식품법의 문제가 된다. 이 장에서는 식량자급률 26.7퍼센트의 식품체계를 만든 식품법의 성격을 묻는다.

식품법은 아직 해방되지 않았다

—

국가재건최고회의는 1962년 1월에 '식품위생법'이라는 이름의 법을 만들었다. 이것이 현재 식품위생법의 시작이다. 그런데 1962년의 식품위생법은 사회 구성원의 대표자들이 만든 법이 아니다. 국가재건최고회의라는 기구는 군사반란의 주모자들과 동조자들이 제 손으로 구성한 것에 지나지 않는다. 그러므로 그것이 만든 최초의 식품위생법은 진정한 식품법이라 할 수 없다. 그렇다면 그것은 무엇인가?

국가재건최고회의가 식품위생법이라는 것을 만들 당시, 식품체계가 법의 공백 상태에 있었던 것은 아니다. 식품체계에는 언제나 규범이 있다. 그렇다면 당시 식품체계를 지배한 법은 무엇이었을까? 그것은 1911년의 조선총독부 식품법이었다.

조선 초대 총독 데라우치 마사타케(寺內正毅)는 1911년 10월 28일, 조선총독부 관보에 '위생상 유해음식물 및 유해물품 단속 규칙'을 공고했다. 이것은 일왕 메이지가 1900년에 공포한 '음식물 기타 물품 단속에 관한 법률'이라는 일제의 법률을 식민지 조선에서 시행하기 위한 것이었다. 따로 설명할 필요 없이, 조선총독부는 조선 사람들의 대표 기구가 아닌 식민지배 기구였다. 그러므로 총독부의 식품법은 식품법이라 할 수 없는 것이었다.

데라우치의 식품법은 식품 표시제와 규격제의 기본 틀을 갖추었다. 식품의 이름과 제조자를 식품에 표시하도록 했다. 비소, 카드뮴 등 스물다섯 가지에 이르는 사용 금지 물질을 공포했다. 식용 얼음과 탄산음료 등의 식품 규격도 만들어 고시했다. 총독부의 식품 규격제는 유명무실한 것이 아니었다. 데라우치는 1911년 식품 규격제를 뒷받침하는 과학적 시험 방법을 조선총독부 관보에 고시했다.

데라우치 식품법은 1962년까지 이 땅의 식품체계를 규율하다가 국가재건최고회의가 1962년 식품위생법 부칙 2조에 이를 폐지한다는 조항을 둠에 따라 비로소 자신의 법적 운명을 다했다.

독자들은 1945년 8·15해방에 따라 총독부 식품법이 운명을 다했을 것이라고 생각해서는 안 된다. 총독부 식품법은 1911~1962년, 무려 52년간 한국을 법적으로 지배했다. 믿지 못하겠거든 법제처의 국가법령정보센터(www.law.go.kr)에 가서 위 부칙 2조에 열거된 총독부 식품법의 이름을 확인하기 바란다. 지금까지 그 어떤 식품법도 이보다 오래 우리 식품체계를 다스리지 못했다.

국가재건최고회의가 1962년에 만든 식품위생법은 일본이 1947년에 제정한 같은 이름의 법을 그대로 이곳에 이식한 것이었다. 그리고 일본의 1947년 식품위생법은 '음식물 기타 물품 단속에 관한 법률'을 폐지하고 식품 행정 담당을 경찰에서 전문 관료의 손으로 옮긴 것이었다.

식품법에서 해방은 존재하지 않았다. 총독부의 식품법은 대한민국에서 1962년까지 실정법이었다. 그리고 그 뒤를 이어 일본의 1947년 식품위생법이 이곳을 지배했다. 이곳에 사는 사람들의 대표자라 할 수 있는 국회가 1967년에 처음으로 식품위생법을 개정했지만, 그것은 1962년 식품위생법의 골격을 고스란히 유지한 것이었다. 오히려 '영양 지도원'을 새로 법제화하는 등 퇴보적이었다. 이후 식품위생법 체제는 지금으로 이어지고 있다.

국가재건최고회의가 만든 최초의 식품위생법은 일본에서 1947년에 진행되었던 법률 교체를 시간과 장소를 바꾸어 이곳에서 진행한 도구였다. 일본의 식품법을 차질 없이 승계하기 위한 통과의례였다.

우리가 지금 사용하는 많은 용어가 일제의 1900년 '음식물 기타 물품 단속에 관한 법률', '청량음료수 영업 단속 규칙', '음식물 방부제 단속 규칙', 1901년의 '인공감미료 단속 규칙' 등 약 110년 전 일제의 식품법에서 비롯되었다.

단지 법이나 용어에서만 총독부 식품법에서 해방되지 못한 것이 아니다. 식품법의 정신세계와 이념이 총독부의 그것이다.

조선인 비위생론, 일제 식민지 지배의 핵심 논리

—

데라우치의 식품법은 단지 메이지 식품법의 적용 범위를 한반도 지역으로 넓힌 수단에 그치지 않았다. 총독부는 조선의 식품체계는 비위생적이고 저급하며, 조선의 식품산업은 영세하고 졸렬하므로 이를 개조해야 한다는 논리를 끊임없이 만들어 전파했다. 총독부 식품법은 그 도구였다.

일제는 조선인을 비위생적이고 불결하고 저급한 집단으로 규정하고 자신을 그 개조자로 합리화했다. 조선인 비위생론은 일제가 식민지 지배를 정당화하는 가장 큰 논리의 하나였다.

이질균을 최초로 발견한 저명한 세균학자 시가 기요시(志賀潔)는 1923년 〈조선인의 위생사상과 조선의 위생 문제〉라는 글에서 조선에는 위생이라고 일컬을 사상이 없었다고 단언했다. 그는 조선인에게는 '위생'이라는 낱말의 뜻부터 열심히 가르치지 않으면 안 된다고 주장했다.[30]

일제가 조선 지배를 정당화하기 위해 조선인 비위생론에 어느 정도로 집착했냐 하면, 일제 식민주의자들은 1919년의 3·1운동에 대해서조차, 그 발생 원인을 "조선인은 위생상태가 유치했기 때문에 총독부가 그들의 불결함에 간섭한 것인데, 조선인들은 이에 대해 굉장한 반감을 가졌고, 이것이 3·1운동의 중대 원인의 하나"라고 주장할 정도였다.[31]

총독부 경무국장 아사리 사부로(淺利三朗)는 1929년에 발표한 〈조선의 경찰과 위생〉이라는 글에서, 상해 임시정부를 비롯한 조선 독립운동을 광포한 것으로 매도하면서, 이와 대비하여 조선의 위생을 개선시키기 위한 총독부의 노력을 대대적으로 강조했다. 그는 조선인의 위생 상태는 '극히 불량'하다면서, 조선총독부 덕분에 조선인 사이에 위생 사상이 보급되고 있다고 강변했다.[32] 조선인 비위생론은 일제 식민지 지배 정당화의 핵심 논리였다.

조선 식품체계의 잠재력에 대한 억압

—

총독부 식품법은 서양과학에 기초한 최초의 규정이었지만, 조선인을 섬기기 위해 조선의 생태계와 농업과 식품체계에 터 잡은 것이 아니었다. 오히려 조선 식품체계의 잠재력에 대한 강력한 억압이었다.

식민지 식품법은 단지 조선인을 비위생적인 집단으로 매도하는 데 그치지 않고, 조선의 자연에 터 잡은 식품체계가 성장할 잠재력을 직접 무너뜨렸다. 식민지가 되기 전, 조선에는 고을마다 그 고장의 술이 있어서 지역 식품체계의 축 노릇을 했다. 총독부의 통계에 따르더라도, 1916년 조선 전역에서 술 제조 면허를 받은 양조장은 122,000개가 넘었다.[33]

그러나 총독부는 1916년 주세령 체제를 만들어, 지역 식품체계로서 술의 잠재력을 파괴했다. 그 방법은 치밀했다. 첫째, 양조장 면허를 받을 수 있는 최저 생산 규모 기준이란 것을 만들어, 그에 미달하는 중소 규모 양조장을 모조리 불법화했다. 일제는 양조장 면허를 받을 수 있는 생산 규모 기준을 계속 높였다. 이런 식으로 조선 각지의 중소 규모 양조장을 결국 폐쇄했다. 이렇게 해서 1916년에 122,000여 개였던 면허 양조장이 1932년에는 4,400여 곳으로 줄었다. 이 과정에서 일제 본국의 대규모 술산업이 조선에 진출했다.

둘째, 조선인 가정에서 빚는 소주·막걸리·약주 면허 제도에서도 생산 허용량이라는 것을 정하고, 그 이상 술을 빚는 것을 처벌했다. 집에서 마시려고 술을 빚는 경우라도 면허가 없거나 허용량 이상으로 빚을 경우 처벌했다.

셋째, 조선주를 '조선 재래의 방법으로 빚는 술'이라고 법에 못박아, 개량 누룩의 활용과 같은 새로운 기술 개발을 불가능하게 만들었다.

총독부 주세령은 술 면허증이 찢어진 것을 그대로 두거나, 사망한 사람의 술 면허증을 즉시 반납하지 않는 행위도 처벌 대상으로 만들었다. 술 면허를 받은 사람이 이사할 경우 즉시 면허증 수정을 신청하지 않으면 처벌 대상이 되었다. 일제 경찰은 조선의 집집마다 부엌과 방을 뒤지면서 '밀주 단속'이라는 술 생산량 조사를 벌였다.

이것이 얼마나 가혹했는지 조선인들은 더 이상 집에서 술을 담글 엄두를 내지 못했다. 1916년 주세령 체제 도입 당시 306,000여 명의 조선인이 집에서 술을 빚을 수 있는 면허를 받았다. 그러나 이 수는 1930년에 11명으로 줄었다. 그리고 1932년에는 단 한 명뿐이었다. 1932년 이후 조선에서는 단 한 사람만이 집에서 술을 빚을 수 있었다.

일제는 1918년 본국에서 쌀 폭동이 발생하자 1920년 조선에서 '산미증식계획'이라는 것을 실시해 조선을 일본의 쌀 생산기지로 바꾸었다. 1938년 조선에서 일본으로 수출된 쌀 1,099만 석은 그해 쌀 생산량 2,413만 석의 45.5퍼센트였다.[34] 이는 지주에게는 유익했으나, 대다수 조선 사람들에게는 커다란 고통이었다. 조선인들은 먹을 쌀이 없어 굶주려야 했다. 그러나 조선총독부는 쌀 수출 금지령을 내리지 않았다.

게다가 조선총독부의 조선 임야 조사와 임야 사유화 결과, 가난한 사람들은 산에서 먹을거리를 구할 자치법상의 전통적 권리를 박탈당했다.[35] 식민지 시대에 발생한 기아는 가난한 사람들에게 매우 가혹한 것이었다. 조선의 자연과 지역에 근거하여 안전하고 지속적인 식품체계를 만드는 식품법의 기본 가치는 뿌리 뽑혔다.

데라우치 식품법의 계속된 지배

—

총독부 식품법은 1962년에 법적 운명을 다했지만, 여전히 우리 식품법의 정신을 지배하고 있다.

첫째, 52년간 식민지 식품법의 지배를 받으면서, 우리의 식품체계를 위해 필요한 식품법을 우리 힘으로 만드는 법을 알지 못하게 되었다. 일본의 식민주의자들은 물러갔지만, 우리는 아직 이 땅의 자연과 지역에 근거한 식품법을 만들지 못한다. 국가재건최고회의가 1962년 일제가 1947년에 만든 똑같은 이름의 법을 베낀 것은 우연이 아니다.

식품법을 만드는 내부 역량이 얼마나 취약한가는 2008년 미국산 쇠고기에 대한 광우병 검역 기준을 만든 과정을 보면 알 수 있다. 당시 정부는 미국 현지 조사와 전문가 회의를 거쳐 30개월 미만의 미국산 쇠고기만을 수입한다는 기준을 만들었다. 그러나 2008년 4월, 이를 포기했다. 그 이유는 정부가 설정한 기준의 과학적 정당성을 미국에 납득시킬 수 없다는 것이었다.

둘째, 이 땅의 식품체계를 비위생적이고 영양학적으로 열등한 것으로 단정하고 개조의 대상으로 삼는 사고방식을 사람들의 살 속 깊이 심어놓았다. 신생 대한민국의 영양학자들이 쌀을 주식으로 하는 식생활이 영양학적으로 얼마나 열등한지를 집요하게 발표하고, 국가가 모든 기구를 총동원해 식생활 개선 운동을 벌인 것의 정신적 모태가 총독부 식품법이다.

셋째, 총독부는 끊임없이 조선 지역사회의 식품체계가 소규모라 비위생적이고 졸렬하다고 비난했다. 그리고 그런 논리로 조선 방방곡곡에 있던 양조장을 제거했다. 이것이 소규모 공급자는 비위생적이고 대규모 공급자는 위생적이라는 규모론의 뿌리다. 이런 눈을 가진 식품법으로 보면, 국내의 영세한 자작농과 식품 생산자들은 모두 청산되어야 할 대상이다.

넷째, 데라우치의 식품법은 이 땅의 식품체계를 억압하고, 식품법의 역할을 이 땅의 생태계와 지역을 아우르는 것이 아니라 실험실에서 식품의 미생물 위생검사를 하는 것으로 왜소화했다. 식품법을 조선의 자연과 농어업으로부터 떼어냈다. 1965~1991년, 술의 원료로 곡물을 일절 사용하지 못하도록 하여 조선 술의 전통을 끊어버린 것도 데라우치 식품법의 정신세계다. 식품의약품안전청이 지역 식품체계의 바탕인 소금이 비위생적이라면서 무려 2008년까지 아예 식품으로 인정하지 않은 것의 뿌리 또한 데라우치 식품법이다.

다섯째, 총독부 식품법은 경찰력이 식품법을 폭력적으로 집행하는 체제였다. 미국의 경우는 그 출발부터 경찰이 아닌 농무부 화학국이 식품 행정을 담당했다. 미 농무부 화학국의 초대 국장 윌리는 의학박사 학위를 받은 화학 교수였다.

그러나 총독부 식품법은 경찰 체제였다. 음식점 영업 허가를 경찰서에서 받아야 했다. 경찰서장은 '공안'을 해칠 우려가 있다는 이유만으로 음식점 영업을 정지시킬 수 있었다. 경찰의 지시에 순응하지 않는 영업자는 구금 대상이었다. 식품법 위반을 단속하는 것은 총독부 조선 지배의 주요 활동이었다. 1929년부터 5년간, 일제 경찰이 이른바 주세령 위반으로 검거한 조선인의 수는 74,712명 이상이었다.[33] 이 과정에서 식품법은 사회 구성원의 대표자가 명확한 법으로 위임한 권한을 적법한 절차를 지켜 집행하는 본래의 모습을 잃었다.

조선의 식품체계는 정말 비위생적이었나?

—

8·15해방 이후, 우리 식품법은 식민지 식품법을 청산하는 데 실패했다. 오히려 철저히 계승했다. 쌀을 주식으로 한 식생활을 영양학적으로 열등하다고 스스로 매도했다. 총독부의 조선인 비위생론은 우리 식품체계의 독소다.

조선인 비위생론은 식민주의자들의 이데올로기에 지나지 않는다. 조선에도 사회 구성원에게 안전한 먹을거리를 지속적으로 공급하기 위한 규범이 존재해왔다. 조선의 기록을 보면, 태종은 1415년 임금이 마실 물은 전용 우물에서만 길러야 한다는 규정을 어긴 내시를 처벌하

고 깨끗한 궁궐 우물을 따로 파라고 지시했다.[36]

조선 사람들은 식품 안전을 경험적 관습에 의존했다. 17세기 중엽, 경북 안동 지역에서 살았던 안동 장씨는 《음식디미방》이라는 책에서, 고기에 연기를 쐬면 벌레가 생기지 않으며, 섣달에 말린 술지게미에 물을 약간 뿌려 불에 따뜻하게 해서 그 안에 고기를 묻어두면 고기가 썩지 않는다고 했다.[37]

유중림은 1766년에 편찬한 《증보 산림경제》에서 가축은 저절로 죽은 것이나 역병에 걸려 죽은 것이나 모두 먹어서는 안 된다고 했다.[38]

물론 조선의 관습적 지식만으로 식품의 자연 독소 물질이나 오염된 물에 대처할 수는 없었다. 영조 46년(1770)에는 거제 지역에서 서른일곱 명의 여성이 물고기·게·전복·조개 등을 먹고 집단 사망한 사건이 발생했다. 그러나 그곳의 지방관이 그 원인을 규명하고 해로운 해산물의 유통을 차단하기 위한 법령을 포고했다는 기록은 없다. 그는 왕에게 전복을 더 이상 진상할 수 없게 되었다는 장계를 올렸을 뿐이다.[39] 왕과 관료들이 백성들의 생명을 앗아간 독소의 정체가 무엇인지에 대해 논의했다는 기록도 없다.

조선의 식품체계가 관습적 지식에 의존한 것은 식생활의 실정을 반영한 것이었다. 조선 사람들은 식생활을 자신의 집과 고장에서 자급자족했다. 그래서 광범위하게 유통되는 해로운 식품 때문에 사람들이 생명과 건강을 잃을 위험이 전국적으로 확산되는 사회 문제는 존재하지 않았다. 태종 16년(1416)에 동두천의 소요산 일대에서 왕의 가마를 메던 여섯 사람이 '대조채(大鳥菜)'라는 독초를 잘못 먹어 즉사한 사건이 있었지만, 이런 일은 그 독초가 자생하는 지역에 국한된 일이었다.[40]

조선은 근대 식품법의 핵심 요소인 식품 표시제에 대한 인식을 가지고 있었다. 조선의 세조는 어의 전순의에게 '식료찬요'라는 책 이름을 내리면서, 곡식·고기·채소·과일이 그 이름과 실제가 서로 어긋나 잘못 전해질까 염려되므로, 한자로 된 식품 명칭 아래 한글을 달아 백성들이 그것을 보고 분명하게 이용할 수 있도록 하라고 했다.[41]

석유와 원자력 에너지를 이용해 식품체계를 가동하는 지금의 관점에서 볼 때 조선의 식품체계는 자연재해에 취약한 것이었다. 그러나 이러한 약점은 당시 식품체계의 보편적 현상이었다. 애덤 스미스는 1776년의 《국부론》에서, 유럽 전역이 식량 부족과 기근으로 고통받고 있다고 썼다.[42] 조선의 식품체계는 열등하지 않았다.

관료들에 의한, 관료들을 위한, 관료들의 식품안전 체계

—

이 땅의 지역과 사람들을 억누르는 총독부 식품법의 계속된 지배는 식품체계에서 관료주의가 뿌리내리는 밑거름이 되었다. 관료주의가 어느 정도로 강고한지는 식품안전 체계마저 그것이 장악하고 있는 모습을 보면 알 수 있다.

1994년, 영국의 인간광우병 발생과 그 확산에 대한 세계적 반성은 세계 식품법에서 식품안전 체계의 정립으로 이어졌다. 영국의 젊은이들이 비극적으로 인간광우병에 희생되고 나서야, 영국 정부가 뒤늦게 쇠고기가 인간광우병의 원인이라는 점을 소비자에게 밝힌 배경에는 영국 축산업의 이익과 관료주의가 있었다.

그래서 산업계와 관료조직으로부터 독립한 기구에서 식품안전 기준을 정하고, 그 과정을 투명하게 공개하며, 소비자에게 정보를 신속히 제공하는 식품안전 체계가 유럽과 일본에서 등장했다. 산업계와 관료조직으로부터 독립된 식품안전 조직, 그리고 투명하고도 신속한 정보 소통을 통해 사람들의 건강과 생명을 보호하려는 것이다.

아래는 2010년 현재 일본 식품안전위원회의 위원 명단이다. 이들의 임기와 신분은 법으로 보장된다.

> 고이즈미 나오코(고베대 의대 교수, 효고대 의대 교수, 공중위생학, 위원장), 나가오 다쿠(도쿄대 약대 교수, 국립의약품식품위생연구소 소장, 화학물질 유기화학, 상근 위원), 히로세 마사오(나고야 시립대 의대 교수, 국립의약품식품위생연구소 병리부장, 독성학, 상근 위원), 미카미 다케시(도쿄대 수의학과 교수, 니혼대 수의공중위생학 교수, 미생물학, 상근 위원), 노무라 가즈마사(《농림경제》 편집장, 정보 유통, 비상근 위원), 하타에 게이코(와요 여자대학교 가정학부 교수, 소비자 의식, 비상근 위원), 무라타 마사쓰네(오차노미즈 여자대학교 생활과학부 교수, 생산 유통 시스템, 비상근 위원)

그러나 우리나라의 식품안전기본법은 오히려 관료주의의 아성이 되었다. 식품안전정책위원회의 위원장은 국무총리다. 기획재정부·교육과학기술부·법무부·농림수산식품부·보건복지가족부·환경부의 장관과 식품의약품안전청장 및 국무총리실장이 당연직 위원이다. 2010년 6월 현재의 위원 명단은 다음과 같다. 이 이름들은 언제든지 대통령이나 국무총리가 바꿀 수 있다.

정운찬(국무총리, 위원장), 윤증현(기획재정부 장관), 안병만(교육과학기술부 장관), 이귀남(법무부 장관), 장태평(농림수산식품부 장관), 전재희(보건복지가족부 장관), 이만의(환경부 장관), 권태신(국무총리실장), 윤여표(식품의약품안전청장), 이철호(고려대 생명공학부 교수), 이형주(서울대 식품생명공학과 교수), 이규승(충남대 농화학과 교수), 곽동경(연세대 식품영양학과 교수), 박용호(서울대 수의대 학장), 최승환(경희대 법과대학 교수), 김영신(한국소비자원 원장), 이덕승(녹색소비자연대 상임 대표), 박태균(〈중앙일보〉 식품 전문 기자), 남승우(풀무원 사장) _ 자료 : 국무총리실 인터넷 누리집

정운찬 국무총리는 경제학자지 의학이나 약학 혹은 수의학 전문가가 아니다. 2010년 10월, 김황식 감사원장이 국무총리로 임명되면서 자동으로 식품안전정책위원회 위원장을 맡게 되었다. 그는 인생의 대부분을 식품체계 속에서가 아니라 법정에서 보낸 법관이었다.

식품안전정책위원회를 지배하는 관료들은 회의록을 공개하지 않는다. 공개를 요청했더니 거부했다. '회의 결과 : 원안 의결'이라는 회의 결론만을 짤막하게 알려왔다.[43] 어떤 위원이 어떤 견해를 표명했는지 알 길이 없다. 어디에도 식품안전정책위원회의 투명한 운영을 구체화한 조항은 없다. 관료들에 의한, 관료들을 위한, 관료들의 체제다. 관료들은 식품안전 체계조차 관료조직으로 만들 만큼 유능하다.

관료들의 땅따먹기

—

관료들이 그저 식품안전 체계만을 지배하고 있는 것은 아니다. 그들은 식품체계를 쪼개 자신의 영역을 만든다. 1998년에 식품의약품안전청을 설립하면서, 축산물가공처리법을 개정해 농림부 장관이 축산물의 가공 기준과 성분 규격을 고시할 수 있다는 근거를 만들어주었다. 이를 근거로 농림부 장관은 같은 해에 축산물에 대한 공통 기준 및 규격, 축산물 가공품별 기준 및 규격, 축산물 시험 방법을 그 내용으로 하는 '축산물의 가공 기준 및 성분 규격'을 고시했다.

본디 축산물가공처리법은 가축의 도축 검사를 위한 법이었지만, 농림부 장관은 이것을 축산식품 영역에서의 독자적인 식품법으로 변질시켰다. 법의 이름도 2010년 11월 26일부터는 축산물위생관리법이다.

그 결과 우리나라의 식품법은 식품의약품안전청이 관장하는 식품과 농림부가 관장하는 축산식품으로 완전히 분리되었다. 이것은 관료들을 위한 것이지, 식품체계의 발전을 위한 것이 아니다.

데라우치의 식품법을 극복해 보편적인 식품법을 정립할 역량을 키우지 못한 채, 식품마다 제각기 자기 멋대로 만든 식품법이 나뒹굴고 있다. 하나의 물을 놓고, 생수라는 이유로 환경부가, 해양심층수라는 구실로 국토해양관리부가 제각기 그 규격과 표시를 정한다. 식품체계는 관료들의 땅따먹기 놀이터가 되었다. 식품법은 관료들이 각자 꿰찬 호주머니에 갇혔다.

우리 식품체계의 약점을 치고 들어오는 미국 식품법

—

데라우치 식품법에 지배당해 이 땅의 자연과 지역에 뿌리내린 식품법을 만들지 못한 약점을 치고 들어오는 것이 미국의 식품법이다.

우리의 식품체계는 미국이 주도하는 세계무역기구(WTO)와 국제식품규격위원회(CODEX) 체제에 노출되어 있다. 이 체제는 미국, 유럽연합, 일본과 같이 식품법 제정의 오랜 역사와 역량을 가진 나라가 타협해서 만들었다. 그러나 독자적으로 식품법을 제정할 역량이 취약한 우리는 독자적인 과학적 자료를 충분히 가지고 있지 않다. 대부분을 미국 같은 나라의 연구에 의존한다. 결국 미국 식품체계의 요구가 관철된다. 2008년에 우리나라의 소 해면상 뇌증(광우병) 검역 법령을 바꿔 미국에서 광우병이 발생하더라도 우리나라 정부가 즉시 미국산 쇠고기 수입을 중단할 수 없도록 한 것이 그 예다. 그리고 미국 도축장은 이제 더 이상 우리나라 정부로부터 수출 작업장 승인이라는 것을 받지 않는다.

절정은 2008년의 식품안전기본법이다. 아예 이곳에, 식품안전 기준과 규격을 정할 때 '세계무역기구와 국제식품규격위원회의 국제적 기준에 맞게' 제정 또는 개정하고 시행하도록 노력해야 한다고 규정되어 있다(4조 3항). 스스로 식품안전 주권을 제약하는 법조문을 만든 것이다. 관료들은 이미 2004년의 이른바 '쌀 협상'에서, 쌀 수입 자유화를 미룬다면서, 2015년부터는 국내 쌀 소비량의 12퍼센트를 해마다 수입해야만 할 처지에 놓일 수 있는 구조를 만들었다. 해방되지 않은 식품법 앞에서 식량자급률은 더 떨어질 것이다.

풍요의 뒤편

—

농업과 동떨어진 식품체계가 뿌리내린 것을 감추기라도 하듯, 우리의 밥상은 풍요롭다. 일본에서 1963년에 처음 개발한 라면이 상륙하더니, 봉지라면 생산량이 1997년에 38만 톤을 넘을 정도로 식생활은 다양해졌다.[44] 한 사람이 하루에 공급받을 수 있는 영양량은 1962년의 2,218칼로리에서 1997년 2,956칼로리로 증가했다.[45] 같은 기간 사람들이 하루에 먹는 동물성 식품 섭취량은 32그램에서 119그램으로 크게 늘어났다. 삼겹살 파티는 그 풍요의 절정이다.

그러나 풍요의 뒤편은 아름답지 않다. 식품체계의 외형적 성장은 먹을거리의 모태인 생태계를 약탈한 것이었다.

1970~1997년의 28년간, 논 1헥타르에 뿌린 농약은 1.6킬로그램에서 11.8킬로그램으로 637퍼센트 늘었다.[46] 환경농업육성법을 시행한 1998년부터 현재에 이르는 12년 동안, 농지의 평당 농약 사용량은 오히려 32.6퍼센트 증가했다. 화학비료 사용도 거의 줄지 않았다. 농지 1헥타르에 투입한 질소와 인산의 양을 보면, 1995년에 273.7킬로그램이었으나 2005년에는 268.6킬로그램으로 큰 차이가 없다.[47]

화학비료와 농약이 땅, 강, 지하수, 바다에 얼마나 축적되었는지에 대한 정확한 연구조차 없다. 2008년의 한 연구에 따르면, 2005년 한 해에 땅에 뿌린 화학비료 성분은 52만 톤인데 농작물이 양분으로 흡수한 화학비료는 34만 톤에 지나지 않았다. 나머지 18만 톤은 생태계에 버린 셈이다.[47]

풍요의 상징인 삼겹살 파티를 제공하는 축산은 어떠한가? 사람들이 더 많은 고기를 먹게 된 식탁의 뒤편에서는 더 많은 가축의 똥을 바다에 버려야 했다. 국가는 1977년, 가축분뇨를 '육지에서 처리가 곤란한 폐기물'로 규정하고 이를 바다에 버릴 수 있도록 합법화했는데, 그 법률의 이름이 '해양오염방지법'이다. 이 법의 시행규칙에는 가축 똥의 중금속 성분을 검사해 기준이 넘을 경우 버리지 못하도록 한 조문이 있었지만, 사람들은 이를 지키지 않았고 감독하지도 않았다. 2006년에 이르러, 똥에서 털을 골라낸 다음 바다에 버리도록 했을 뿐이다.

상한 것은 자연만이 아니다. 가축과 사람의 생명과 건강을 위협하는 새로운 위험물질이 식품체계 내부에 등장했다.

가축에 투여하는 항생제는 1963년에 11킬로그램에 지나지 않았으나, 1981년에는 92,788킬로그램에 이르렀다. 이미 1984년에 당시 우유, 유제품, 돼지고기, 닭고기에서 유엔 세계보건기구가 정한 최대 잔류 허용치보다 훨씬 많은 양의 항생제가 검출된다는 연구가 있었다.[48] 그 전인 1980년 《한국영양학회지》에는, 경북 안동시 일대에서 배추·무·마늘·고추 등의 농약 잔류량을 검사한 결과가 실렸다. 이 논문은 농약 사용량이 많은 여름철 채소를 섭취하면 잔류 농약을 섭취하게 된다고 경고했다.[49]

비명은 생태계 오염이 최종적으로 모이고 쌓이는 바다에서부터 터져 나왔다. 어패류 생산량은 1986년 약 316만 톤을 기록한 후 더 이상 증가하지 않았을 뿐 아니라, 2002년에는 193만 톤까지 감소했다.[50] 동물용 의약품을 사용하는 양식어업이 새로 등장해 크게 성장했는데도 전체 생산량은 오히려 줄고 있다. 논 평당 벼 생산량은 1997년을 고비로 장기간 늘지 않았다.

식량자급률 26.7퍼센트가 의미하는 것

—

풍요로운 밥상 아래에는 근본적인 위기가 웅크리고 있다. 338만 톤의 미국산 밀, 700만 톤의 유전자조작 옥수수, 석유, 원자력이라는 네 다리가 우리나라의 밥상을 떠받치고 있다. 이중 어느 하나라도 끊임없이 조달하지 못하면 풍요로운 밥상은 넘어진다. 미국에서 밀과 옥수수를 수입할 수 없다면, 1억 3천만 마리(2008년 기준)가 넘는 우리나라의 소와 돼지와 닭은 굶주릴 것이다. 사람과 가축이 먹는 곡물의 자급률은 1974년 67.4퍼센트에서 1997년에는 31.7퍼센트로 떨어졌다. 그리고 2009년에는 26.7퍼센트가 되었다.

자유무역 시대라고 하더라도 변하지 않는 현실은, 식량을 파는 나라들은 자기 나라의 사람들을 먹이고 남은 식량을 다른 나라에 판다는 사실이다. 쌀을 예로 들면 태국, 베트남, 중국, 미국 등 쌀 수출국들이 국제시장에 팔려고 내놓는 쌀은 그들 생산량의 6.7퍼센트에 지나지 않는다.[51] 이와 달리 자동차는 세계 생산량의 45.7퍼센트가 국제간에 거래된다(2007년 기준). 식품무역은 유익하고 필요하지만 어디까지나 보완적인 수단이다. 식품 문제를 무역으로 해결할 수는 없다. 한반도는 홍콩이나 싱가포르와 같은 작은 도시국가가 아니다. 먹을거리를 늘 외부에 의존하기에는 인구가 많다.

한국은행에서 돈을 마구 찍어내듯이 생태계에서 끝없이 쌀을 뽑아낼 수는 없다. 지구온난화가 생태계를 어떻게 위협할지 인간의 능력으로는 예측조차 할 수 없는 상황에서, 역설적으로 물이 가장 많이 필요한 산업이 농업이다.

우리는 지금 눈앞에 차려진 밥상의 풍요에 도취해도 좋은가? 2008년 현재 전국의 농가 수는 121만 가구다. 그런데 65세가 넘은 농민의 수가 106만 명이다. 지금 정의로운 식품체계의 틀을 만들지 못한다면, 우리의 자연 조건을 이용하는 지혜를 가진 소농들은 그 지혜를 물려줄 후계자를 만나지 못한 채 죽을 것이다. 소농을 문 밖으로 내쫓는 식품체계를 바꿔야 한다. 그렇지 않으면 좋은 밥을 먹을 권리는 없다.

2부

개고기와
유전자조작 식품

3. 식품이란 무엇인가?

100년의 관습에서 벗어나 정의로운 식품체계로 가는 식품법 혁명은 하나의 간단한 물음에 바르게 대답하는 데서 시작한다.

식품이란 무엇인가? 영양이나 맛과 향이 있어 날것으로 또는 조리·가공을 해서 먹을 수 있는 것이다. 그러나 이것으로는 충분한 대답이 되지 않는다. 〈레위기〉에서 토끼가 식품이 아닌 것은 그것이 영양이 없거나 혹은 조리해 먹을 방법이 없어서가 아니다.

식품은 사회적인 개념이다. 사회의 관습이나 법규가 관여하고 승인하는 규범적 개념이다. '식품이란 무엇인가?'라는 물음은 그 본질이 '무엇을 식품으로 승인할 것인가?'라는 질문이다. 그리고 한 사회에서 식품을 어떻게 대우할 것인가의 문제다.

이 책의 2부는 집의 주춧돌에 해당한다. 식품을 바르게 인식하며 바르게 구분하는 것이 출발점이다.

개고기와 유전자조작 식품

고아미 때문에 법정에 선 쌀가게 주인

—

2007년 가을, 수원의 어느 쌀가게 주인이 다급하게 법적 도움을 요청했다. 그는 검사에 의해 기소되어 형사법정에 서야 했다. 그가 법정의 피고인이 된 까닭은 농촌진흥청이 품종 개발한 쌀 때문이었다.

농촌진흥청은 2002년 '고아미'라는 품종의 쌀을 개발하는 데 성공했다. 일반 쌀에 비해 섬유소 성분이 월등하게 많은 고섬유소 쌀이었다. 일반 쌀 100그램에 들어 있는 조섬유가 0.1그램인 데 비해 고아미에는 0.8그램이나 들어 있다.

농촌진흥청은 2003년에 아주대학교 의과대학에 이 쌀의 효능에 대한 임상실험을 의뢰했다. 의사들은 이 쌀을 꾸준히 먹으면 체중이 크게 줄고, 비만한 사람의 중성지방이 감소하는 실험 결과를 얻었다. 그리고 심혈관 질환의 위험인자를 감소시킬 수 있다는 결론을 내렸다.[1]

농촌진흥청은 이런 과학적 증거를 근거로 고아미 품종의 효능 효과를 널리 알리고 전국의 농민에게 보급했다. 고아미를 널리 판매하려면 소비자에게 그 효능 효과를 제대로 알리는 것이 중요했다. 쌀 주산지인 전라남도 도청은 2004년에 '전남도, 당뇨병과 고혈압 등 국내 최초 기능성 쌀 상품화 성공'이라는 제목의 보도자료를 전국의 언론사에 배포했다.

그런데 어떻게 이 쌀 때문에 수원의 쌀가게 주인이 형사법정에 서게 되었을까? 그는 이 쌀을 팔면서 농촌진흥청과 전남도청의 자료를 인용해 고아미가 체중 감량, 당뇨·변비·고혈압 환자에게 월등한 효과가 있다고 광고했다.

바로 이것이 검사가 그를 형사법정에 세운 이유의 전부였다. 검사는 그를, 쌀을 의약품으로 혼동할 우려가 있는 광고를 했다는 이유로 기소했다. 그리고 1심과 2심의 판사들은 유죄를 선고했다. 그런데 다행스럽게도, 대법원은 1심과 2심의 유죄 선고가 잘못되었다고 파기했다.[2] 그리고 마침내 2008년에 그는 무죄를 얻었다.

의약품이 되지 못한 나머지가 식품인가?

—

고아미 사건은 의약품 중심주의가 지배하는 식품법의 현실을 보여준다. 이곳에서는 식품을 사람의 생명과 건강에 이바지하는 독립적 실체로 인정하지 않는다. 고아미가 사람의 건강에 기여한다는 과학적 연구 결과보다도 더 중요한 것은 의약품의 이익이다. 식품이 질병을 치료하거나 예방한다는 것은 인정할 수 없다.

식품위생법은 식품을 "모든 음식물(의약으로 섭취하는 것은 제외한다)을 말한다"고 정의한다(2조). 이 조항을 문자 그대로 해석하면, 어떤 물건이 식품이려면 의약으로 섭취하는 것, 곧 의약품이어서는 안 된다. 그러나 이런 방식의 정의로는 식품을 하나의 독립적인 개념으로 정립할 수 없다. 식품인지 아닌지를 독자적 기준에 따라 판단할 수 없고, 먼저 의약품인지 아닌지를 묻지 않으면 안 된다. 의약품이 아니어야 비로소 식품이다. 식품은 의약품에 종속적인 부차적 개념에 지나지 않는다.

의약품이란 무엇인가? 약사법상 의약품이란 그저 약국에서 파는 약

혹은 《대한약전》에 수록한 약으로 한정되지 않는다. "병의 예방 목적이나 사람의 구조와 기능에 약리학적 영향을 주기 위한 목적으로 사용하는 것"은 모두 의약품에 해당된다(약사법 2조 4호).

예를 들면, 비타민C가 풍부해 감기 예방에 좋은 유자, 항암물질로 알려진 리코펜이 많이 함유된 토마토, 그리고 한국식품연구원의 연구 결과 안토시아닌 적색 색소가 많아 혈액 중 저밀도 콜레스테롤을 감소시킨다는 순무는 모두 약리학적 영향을 준다. 그러므로 그런 약리학적 목적을 위해 판매하고 섭취하는 유자나 토마토, 순무는 약사법에서 말하는 "병의 예방 목적이나 사람의 구조와 기능에 약리학적 영향을 주기 위한 목적으로 사용하는 것", 곧 의약품에 해당된다. 따라서 식품위생법에 따르면 이들은 식품이 아니라는 모순에 빠진다.

왜 이렇게 일그러진 식품 개념이 식품위생법에 자리를 잡았을까? 식품위생법이 식품의 독자적 가치를 인정하지 않기 때문이다. 이곳에서 식품이란 약리학적 영향, 곧 건강을 위해 이바지하는 역할을 하는 것이어선 안 된다. 그것은 의약품이 담당하는 것이지 식품 따위는 그런 구실을 할 수 없다. 식품은 그저 허기를 면하기 위해, 영양소를 얻기 위해 먹는 것일 뿐이다. 이와 같은 의약품 중심주의는 식품의 독자적 개념 정립을 불가능하게 할 뿐 아니라, 현실의 식품체계에서 식품의 잠재력을 억압한다.

식품법 혁명은 식품의 개념을 바로세우는 데서 출발한다. 식품은 의약품이 되지 못한 잔여물이 아니다. 식품은 영양, 맛 혹은 향을 가지고 있어 사람들이 신체의 정상적인 기능을 위해 섭취하는 것으로 사회적으로 승인된 물질이다. 식품에 해당하는 한, 사람들이 그것을 병의 치

료나 예방이나 건강 유지를 위해 먹더라도 식품이다. 식품법 혁명은
식품위생법의 식품 정의 조항을 바꾸는 데서 출발한다. 제2조의 "의약
으로 섭취하는 것은 제외한다"는 문장을 삭제해야 한다. 그래서 식품
이 사람의 생명과 건강에 이바지하는 독자적 역할을 인정해야 한다.

고아미에 대한 과학적 연구 결과에서 알 수 있듯이, 식품은 질병을
치료하거나 예방하는 데 도움을 줄 수 있다. 이는 우리나라에서 일관
된 지적 전통이었다. 세조의 어의 전순의는 1460년 저서 《식료찬요》에
서 "먼저 바른 먹을거리로 병을 치료하는 것을 으뜸으로 삼아야 한다
(必以食療爲先)"는 견해를 명확하게 밝혔다.[3]

물론 서양의 과학지식에 근거한 서양 의학과 약학은 사람들의 생명
과 건강을 지키고 질병을 치료하는 데 획기적인 역할을 했다. 그러나
이것이 과학적 근거가 있는 식품의 효과를 부인하고 억압하는 것을 정
당화할 수는 없다.

식품의 독자적 가치를 인정하지 않는 모순을 더 이상 그대로 두어서
는 안 된다. '유전자변형 생물체의 국가간 이동 등에 관한 통합 고시'
라는 긴 제목의 고시를 보자. 여기서는 유전자조작 식품을 "국민의 건
강을 보호·증진하기 위한 용도로 사용되는 유전자변형 생물체"라고
정의한다(1-2조).

아직 그 안전성조차 완전히 검증되지 않은 유전자조작 식품에 대해
서는 국민의 건강을 보호·증진하기 위한 것이라고 일부러 규정해주는
반면, 사람들이 오랫동안 안전하게 먹어온 일반 식품이 사람의 건강과
생명에 이바지하는 독자적 역할을 인정하지 않고 있다. 이것은 정의롭
지 않다.

식품의 분류

—

식품은 섭취하는 방법에 따라 자연식품, 조리식품, 가공식품으로 나눌 수 있다.

자연식품은 추가적인 조리나 가공 없이 섭취하는 식품이다. 자연 형태의 것을 날로 먹는다. 야채와 과일, 물, 벌꿀 등이 자연식품이다.

조리식품이란 날것으로 섭취하지 않고 열을 이용해 조리해서 섭취하는 식품이다. 대표적인 것이 밥과 국이다. 이는 자연식품과 함께 식품체계의 대부분을 이룬다.

끝으로 가공식품이란 조리 외의 가공 방법으로 제조한 식품이다. 그 가운데 화학적 합성 첨가물을 사용해 가공한 것을 화학적 가공식품이라고 한다.

식품을 바르게 구분하는 것이 중요하다. 그래야만 식품체계를 주로 구성하는 식품이 무엇인지 알 수 있다. 그리고 식품 공급자들의 역할을 제대로 이해할 수 있다. 자연식품과 조리식품이 사람의 생명과 건강을 유지하기 위한 식생활의 대부분을 차지한다. 이들이 식품체계의 뼈대를 이룬다.

그렇게 본다면, 식품의약품안전청의 《식품공전》은 일차적으로 자연식품과 조리식품을 위해 존재해야 한다. 그리고 자연식품을 생산하는 농어민과 조리식품을 생산하는 조리사를 식품체계의 핵심적 구성원으로 인정해야 한다.

농산물인가, 식품인가?

—

'식용색소'라는 낱말이 《식품첨가물공전》에 있다. 1962년의 식품위생법 시행령에서 217개의 화학적 합성 식품첨가물 목록을 공고한 때부터 지금까지 이 낱말을 계속 사용하고 있다. 그러나 《식품첨가물공전》이 식용색소라고 부르는 것들은 '타르' 색소다. 석탄에서 나오는 타르를 원료로 만든 화학적 합성 색소다.

그런데 그 어떤 인류도 타르 색소 자체를 '식용'하지 않는다. 1962년에 공고한 목록에는 '식용색소 자색 1호'가 버젓이 들어 있었다. 이 물질은 유엔 세계보건기구 국제암연구소가 발암 가능물질(2B그룹)로 판정한 물질이다. 우리는 그동안 이런 것을 식용색소라고 불렀다.

타르 색소에조차 '식용'이라는 이름을 붙여주는 현실에서 식품이면서 식품으로 부르지 않는 것들이 있다. 농산물, 임산물, 축산물, 수산물이다. 이들은 식품법에서 천덕꾸러기다. 통일된 개념조차 없다. 농산물품질관리법 2조에서는 '농산물'을 '가공되지 아니한 상태의 농산물, 임산물 및 축산물'로 정의한다. 그러나 축산물위생관리법에서는 햄이나 조제분유와 같은 가공식품도 축산물로 정의한다.

심지어 농산물과 축산물의 관계도 같은 법에서조차 서로 모순된다. 앞에서 본 농산물품질관리법 2조에서 축산물은 농산물에 포함되지만, 같은 법 4조를 보면 축산물은 농산물이 아닌 것으로 정의한다. 농산물, 임산물, 축산물, 수산물은 식품법에서 자신의 독자적인 개념조차 갖지 못한 불쌍한 것들이다.

그러나 이들은 식품체계에서 가장 큰 비중을 차지한다. 식품체계 안에서 이들은 우리가 먹는 모든 것이라 할 수 있다. 우리가 먹는 것을 그 성분에서 하나하나 분해하면, 이들이 아닌 것으로는 타르 색소와 같은 식품첨가물밖에 없다. 그런데도 《식품공전》은 이들을 '식품 원료'라고 부를지언정 식품이라고 부르지 않는다. 식품체계의 대부분을 구성하는 것들을 식품이라고 부르지 않는다. 《식품공전》이 본격적으로 식품이라고 부르는 것은 대부분 화학적 가공식품이다.

이것은 식품체계의 중심을 논밭과 바다가 아니라 공장에 두는 가공식품 중심주의다. 가공식품의 관점에서 보기 때문에 농산물을 식품으로 보지 않고 그 원료로 본다. 가공식품 중심주의에서는 농업과 어업의 지위와 역할을 정당하게 평가하지 않는다. 농업과 어업은 식품을 생산하는 활동이 아니라 식품 공장에서 쓸 원료를 생산하는 부차적인 것으로 본다. 식품위생법이 농업을 식품의 '채취업'으로 낮춰 부르는 것은 우연이 아니다(2조 9호).

그러나 농업, 어업, 축산업, 임업은 식품의 모든 것을 생산한다. 예를 들어 '햇반'이라고 하는, 《식품공전》이 '즉석조리 식품'이라는 유형을 부여한 질소충전 식품을 보자. 이것은 농민들이 생산한 쌀이라는 식품에 질소를 충전해 포장한 것이다. 이 식품을 생산하는 주된 공간은 쌀을 만든 농장이지 질소를 충전하는 공장이 아니다.

지금의 식품체계가 공장에 터 잡은 것이라면 새로운 식품체계는 그 중심을 농장과 바다에 둔다. 농민을 식품의 채취업자로 부르는 대신 자연식품의 생산자라고 부른다.

가축이 먹는 것도 식품이다

—

정의로운 식품법은 가축을 품에 안는다. 가축에게 무엇을 먹이는지 눈을 돌려 살펴보아야 한다. 13장에서 자세히 설명하겠지만, 전염병에 걸려 죽은 가축의 시체를 처리해서 동물에게 먹이고, 가축 사료에 항생제를 타서 먹이는 것도 허용하고 있다. 사료를 만들 때부터 집어 넣는 항생제의 법적 이름이 '사료첨가제'일 정도다. 사람에 비유하자면 약을 식품첨가제라고 부르는 것과 같다. 가축이 먹는 것에 이르면, 무엇이 먹는 것이고 먹지 않는 것인가라는 기본적인 구분조차 불가능하다.

지금의 법이 가축이 먹는 것과 사람이 먹는 것이 서로 완전히 다른 것인 양 행세하는 것은 위선이다. 법은 '사료'라는 낱말을 만들어 그 위선을 합리화한다. 마치 나치 독일의 법이 유대인과 독일인이 서로 다른 인류인 양 구별한 후, 유대인에 대한 비인도적이고 잔혹한 행위를 정당화한 것과 같다.

그러나 상식을 가진 사람이라면 가축이 먹는 것이 가축의 고기가 되어 다시 사람의 입으로 들어오는 것을 알 수 있다. 사람은 가축이 먹는 것을 먹는다. 그러므로 가축이 먹는 것도 잠재적으로 충분히 식품이다. 이 평범한 상식을 회복하는 것이 정의로운 식품법이다. 여기에서는 가축이 먹는 것도 원칙적으로 식품으로 대우한다. 특별한 사정이 없는 한, 가축이 먹는 것에도 식품법의 보편적 규정을 적용한다. 이것이 단지 가축만을 위한 것이 아니라 궁극적으로는 사람을 위한 것임은 말할 필요조차 없다.

4. 개고기

　개고기는 유령이 먹는 식품인가? 아직도 적지 않은 사람이 이를 먹고 있지만, 그 위생과 안전을 위한 어떤 행정 서비스도 제공하지 않는다. 이는 사람들의 생명과 건강을 보호하기 위해 식품체계에 적용하는 식품법의 기본 원칙에 관한 중대한 문제다. 그리고 무엇을 식품으로 승인할 것인가 하는 물음에 제대로 대답하는 문제다.

　이 책은 개고기 문제에 대해 찬반론을 펴지 않는다. 그런데도 여기서 개고기 문제를 회피하지 않고 정면으로 응시하는 까닭은, 조선총독부와 일부 영양학자들이 그랬던 것처럼 사람들의 전통적 식생활을 함부로 개조의 대상으로 삼는 잘못을 되풀이해서는 안 되기 때문이다.

　개고기는 5장에서 살필 유전자조작 식품과는 다르다. 오랜 식생활을 통한 안전성 검증 없이 식품체계에 새로이 진입하려는 그런 유형의 먹을거리가 아니다. 이 땅의 사람들이 이미 오랫동안 먹어온 것이다.

17세기 후반 안동 장씨가 쓴 《음식디미방》에는 개 순대, 개고기 꼬치 누름적, 개장국 누르미, 개장 찜, 개장국 조리법이 자세히 나온다.[4] 다산 정약용은 흑산도에 귀양 중인 형 정약전의 건강을 염려하여 보낸 편지에서 개고기를 권했다. 다산은 짐승의 고기는 전혀 먹지 못한다고 한 형에게, 그것이 어찌 생명을 연장할 수 있는 길이냐고 물으면서, 흑산도 산 속에 사는 개가 천 마리 백 마리뿐이 아닐 텐데, 개를 잡아먹어 기운을 잃지 말라고 했다. 그리고 형에게 들깨 한 말을 부치면서 개고기 요리법을 자세히 일러주었다.[5]

식품으로서의 개고기

—

지금의 식품법 체계에서 개고기는 식품인가? 법률가로서 나는 그렇다고 답한다. 식품은 사회의 관습이나 법규에 의해 식용으로 승인된 것이다. 서울고등법원이 판단한 바와 같이, 보통의 식품은 국민 대다수가 장기간에 걸쳐 건강상 장애에 위험을 의식함 없이 식용해왔기에 식품으로서의 안전성이 입증된 것이라고 볼 수 있다.[6] 개고기가 식품에 해당함은 부인할 수 없다.

식품위생법상 식품은 모든 음식물이며, 현행 《식품공전》은 개고기를 식품의 원료로 사용할 수 없다고 규정하지 않았다. 개고기는 식품법상 식품 접객업소에서 판매할 수 있는 식품에 해당한다.

2003년에 있었던 사건으로, 개고기로 만든 개소주가 식품인가 하는 문제가 쟁점이 된 재판이 있었다. 이 사건에서, 사법부는 개소주를 건

강 증진 식품으로서 취급되어 사회 전반적으로 음용되고 있는 식품으로 판단했다.[7]

1979년에, 도축 위생검사를 받지 않고 개 20마리를 도축한 사람이 대법원에서 무죄를 선고받은 사건이 있었다. 어떻게 무죄가 나왔을까? 애당초 이 사람은 1심과 2심 재판에서는 유죄 판결을 받았다. 그러나 그 판결 직후인 1978년 6월, 축산물가공처리법 시행규칙이 바뀌면서 개를 이 법의 적용 대상인 가축에서 제외했다. 이에 따라 개고기는 더 이상 축산물가공처리법의 '식육'이나 '축산물'에 해당하지 않게 되었다. 이제 더 이상 개를 도축할 때 법에 따른 도축 검사를 받지 않아도 된다. 대법원의 표현을 빌리면, 단속 대상에서 제외된 것이다.[8]

이처럼 개고기가 축산물가공처리법상의 식육에서 제외되었다고 해서, 개고기를 식품체계에서 불법화한 것으로 해석하지는 않는다.

그런데 개고기는 식품법에서 유령의 고기처럼 취급된다. 국가는 식품법에 따라 개고기에 대한 식품안전 정책을 세우고 수행해야 할 법적 의무가 있고 충분한 권한을 이미 가지고 있다. 그런데도 식품법은 개고기 영역에서는 작동하기를 멈춘다. 그 결과 개고기는 위생검사도 받지 않은 채 도축된다. 농약 잔류 검사나 항생제 검사도 받지 않은 개고기가 유통된다. 현실은 '사람들의 건강과 생명 보호'라는 식품법의 기본 이념을 말하는 것이 사치스러울 정도다.

개고기를 혐오식품으로 고시한 서울시장들

—

1983년 7월 21일, 당시 서울시장 김성배는 '혐오식품 영업행위 금지 대상 및 금지 지역 고시'라는 이름의 고시를 제정했다. 여기에서 개고기를 1984년 4월 30일부터 서울시 전 지역에서 판매할 수 없는 식품으로 지정했다. 이 고시는 1984년 2월 21일 당시 시장 염보현의 같은 이름의 고시로 이어졌다. 오세훈 현 서울시장에 이르기까지 역대 서울시장들은 이 고시를 폐지하지 않았다.[9]

그래서 현재의 서울시 고시에 따르면, 개고기는 서울시에서는 식품이 아니다. 서울시가 2007년에 공고한 '식품 진흥기금 조례 시행규칙'에서도 개고기를 파는 식당에는 식품 진흥기금이라는 것을 융자해주지 못하게 되어 있다.

그런데 김성배 전 시장이 서울시에서 개고기를 판매할 수 없도록 한 것은 법적으로 정당한가? 무엇을 먹을 것인가를 결정하는 권리는 가장 본질적이고 기초적인 자기결정권의 하나다. 그러므로 이에 대한 제한은 사람들의 대표자인 국회에서 정한 법률에 의해서만 가능하다.

당시의 식품위생법에 따르면, 김 전 시장에게는 그럴 권한이 없었다. '혐오식품'이라는 용어 자체가 법률에 존재하지 않았다. 당시의 식품위생법 시행규칙에도 그럴 권한은 없었다. 그저 음식점에서는 '판매 금지된 외래품을 팔지 말 것'이라고만 되어 있었다. 김 전 시장의 고시는 법적 근거 없이 사람들의 기본적 자유를 침해한 불법이다.

그런데 서울시장이 고시를 만든 지 10개월 후인 1984년 6월 8일, 당시 보건사회부 김정례 장관은 식품위생법 시행규칙에 '보건사회부 장관 또는 시·도지사가 국민에게 혐오감을 준다고 인정하는 식품을 조리하거나 판매하지 말 것'이라는 조항을 만들었다. 이 조항은 지금까지 남아 있다.

그렇다고 해서 서울시 조례가 사후적으로나마 적법해지는 것은 아니다. 식품위생법상 개고기를 불법화하는 것은 식품의약품안전청장의 권한이지, 서울시장의 권한이 아니다. 식품의약품안전청의 고시인《식품공전》을 보면 '식품 일반에 대한 공통 기준 및 규격'이라는 항목에서, 조리식품의 원료로 사용할 수 없는 것을 정한다. 개고기를 조리식품의 원료로 사용할 수 없게 하려면, 식품의약품안전청장이 개고기가 식용으로 부적절하다고 인정해야 한다. 서울시장이 결정할 문제가 아니다.

설령 서울시의 개고기 혐오식품 고시가 합법이라고 가정하더라도, 그 효력은 서울시 지역에만 미친다. 서울을 제외하고는 개고기 혐오식품 고시라는 것이 존재하는 지역이 없기 때문이다. 서울을 벗어난 곳에선 개고기는 식품위생법상의 식품이다.

개고기는 식품이다. 식품법의 원칙이 살아 있다면 개고기를 먹는 사람에게도 식품안전 행정 서비스를 제공해야 한다.

식품을 불법화한다는 것

—

개가 다른 동물과 구별될 정도로 사람과 소통하고 감정을 공유하기 때문에 식용 대상이 될 수 없다고 생각하는 사람이 많다. 개고기 식용에 대한 비판은 식용 목적 개고기 도축과 유통 자체를 불법화할 것을 요구하는 커다란 흐름으로까지 성장하고 있다.

갈수록 많은 사람이 요구하는 것처럼, 《식품공전》을 고쳐 개고기를 식품의 원료로 사용할 수 없는 물질로 규정해서 개고기를 불법화하는 것은 가능한가? 법률가로서 나는 가능하지 않다고 답한다. 개고기 식용을 불법화하려면 그렇게 해야 할 만큼 사람들과 사회의 법적 이익을 실제로 해치고 있어야 한다.

동물의 권리에 대한 각성은 좋은 식품체계에 필수적인 요소다. 가축의 밥에 일상적으로 방부제와 항생제를 타 먹이고 가축이 뛰어놀 공간조차 배려하지 않고 밀식하는 동물학대적 요소와 결별해야 한다. 이는 정의로운 식품체계의 기본적 요구다.

그러나 개의 권리를 보호한다는 목적이 개고기 불법화를 바로 정당화하는 것은 아니다. 마치 가정을 보호할 목적만으로는 간통을 처벌할 수 없으며, 건강을 보호할 목적이 있다고 해서 담배 판매를 불법화할 수는 없는 것과 같다.

가정은 우리 사회를 이루는 기초라는 점에서 간통이 가정의 존속과 신뢰를 위협하는 해로운 행위라고 비판하는 사람이 많다. 하지만 간통을 법으로 금지하는 나라는 매우 적다. 누구와 성적 관계를 가질 것인지는 사람이라면 마땅히 갖는 기본적 자기결정권이기 때문이다. 그런데 무엇을 먹을까 하는 문제에는 누구와 잠자리를 같이할까 하는 문제보다 더 일상적이고 기초적인 자기결정권이 있다.

담배는 어떤가? 담배도 이미 많은 사람이 이용하고 있다는 점에서 개고기와 비슷하다. 담배에는 발암성 물질인 '나프틸아민, 니켈, 벤젠,

비닐 크롤라이드, 비소, 카드뮴'이 들어 있다. 담배 상자에 그렇게 씌어 있다! 게다가 흡연의 필연적 결과로서 흡연자가 내뱉을 수밖에 없는 담배연기는 비흡연자에게도 발암성 물질이다.

담배와 개고기 중 어느 것이 사회에 실질적으로 더 해악을 끼치는가? 발암성 물질을 폐에 들이마시고, 주위에 발암성 물질을 뿜어대는 모습과 개고기를 먹는 모습 중 어느 것이 더 혐오스러운가? 만일 개고기를 불법화해야 한다면 그보다 먼저 담배 판매를 불법화해야 한다. 그리고 개고기보다 백배는 더 해로운 희석식 소주를 먼저 불법화해야 한다.

물론 개를 공개된 장소에서 또는 잔인한 방법으로 죽이는 행위는 시급히 종식되어야 한다. 그러나 아직 이런 행위가 뿌리 뽑히지 않고 있고, 그 주된 원인이 개고기 식용에 있다는 사실만으로는 개고기 식용 자체를 불법화할 수 없다. 그것은 마치 공공장소에서 담배를 피우는 행위가 근절되지 않는다는 이유로 담배 판매를 불법화하지 않는 것과 같다.

개고기 불법화는 '무엇을 먹을 것인가'라는, 식품에 대한 자기결정권을 본질적으로 침해한다. 그러므로 언제나 최후적 수단일 수밖에 없으며, 사람들과 사회의 법익 보호를 위해 다른 대안이 없을 때에 가능한 일이다.

개를 잔인하게 죽이는 행위는 이미 법적으로도 금지되어 있다. 이것은 동물보호법상 범죄행위로, 최고 벌금 500만 원을 선고하도록 한 동물보호법의 벌칙 조항을 개정해서, 매우 잔인한 경우에는 징역형을 선고할 수 있도록 해야 한다. 이런 방법으로도 도저히 잔인한 개 도축을 막을 수 없다고 사회적으로 인식될 때, 그 다음 단계인 개고기 불법화를 검토할 수 있다.

개고기 불법화를 요구하는 사람들은, 굳이 개고기까지 먹지 않더라도 쇠고기와 돼지고기, 닭고기, 오리고기 등 다른 육류가 풍요롭다고 말한다. 그러나 지금의 육류 풍년은 미국과 중국의 유전자조작 옥수수가 있기에 가능하다. 식품안전과 생태계 보호를 위해 유전자조작 옥수수에서 해방된 축산으로 나아갈 때, 사람들은 지금의 우리 세대가 얼마나 육류를 생태계의 능력 이상으로 과잉 섭취했는지 깨닫게 될 것이다. 개고기 문제는 그저 개고기만의 문제가 아니다.

헌법은 모든 사람에게 기본권을 부여한다. 그 기본권의 제한은 헌법이 허용한 테두리 안에서만 가능하다. 사람들은 개라는 동물에 대해, 반려동물로 선택할 것인가 아니면 축산의 대상으로 사육할 것인가 중에서 하나를 선택할 권리가 있다.

지금으로서는 사람들에게 개를 오로지 반려동물로만 바라보라고 의무화하고, 축산의 대상으로 파악하는 것을 금지할 수는 없다. 개고기를 먹어왔거나 또는 먹으려는 사람들의 본질적 자유를 박탈할 수는 없다.

반려동물로서의 개를 보호하려면

—

반려동물로 키우는 개가 사람들의 식용 대상이 되어 잔인하게 도축되는 문제를 막을 방법으로 먼저 추진해야 하는 것은 반려동물로서의 개를 목적물로 하는 소유권을 재구성하는 것이다. 현재의 민법 질서에서는 모든 개는 물건으로 취급되며, 소유자의 소유권과 처분권의 대상이다. 이 질서가 반려동물인 개에게도 그대로 적용되는 한, 소유자는 개를 식용 목적으로 죽일 수 있으며, 그렇게 될 것을 알면서도 타인에게 판매할 수 있다.

그러나 반려동물인 개는 물건이 아니다. 주인과의 지속적 소통 속에서 정서적 공유 능력을 갖게 된다. 동등한 것은 동등하게 고려한다는 원칙에 따라, 개를 가축이 아닌 반려동물로 기르고 소유하는 사람의 소유권 내용에 개를 식용 목적으로 처분할 권리가 없다고 구성할 수 있다. 반려동물의 소유자가 갖는 소유권을 본질적으로 제약할 수 있다.

그래서 개의 소유자라 하더라도, 반려동물로 개를 키우기로 선택한 이상, 반려동물인 개를 사람들의 식용 대상으로 제공하기 위해 처분하는 것을 금지할 수 있다. 그러려면 반려동물로 사육되는 개를 사회적으로 판별할 제도가 필요하다.

서울시의 위선

—

동물보호법은 반려동물로서의 개에 대한 등록 제도를 도입하고 시장과 도지사가 그 시행 여부를 결정하도록 했다(동물보호법 5조 1항). 등록 제도의 내용은 동물등록 번호 부여, 동물등록증 발급 등 매우 구체적인 것으로, 동물등록증에는 대상 개의 사진을 부착하고, 개의 이름·성별·품종·털 색깔을 표시한다. 그리고 등록된 동물의 소유자가 바뀌거나 사육지가 달라지는 경우, 등록 동물을 잃어버리거나 죽은 경우에도 모두 신고하도록 되어 있다(동물보호법 시행규칙 2조, 4조).

이런 등록 제도를 방법으로 반려동물인 개를 누구에게나 공시할 수 있으며, 반려동물로서의 개에 대한 소유권 개념을 재구성해서, 반려동물로 등록한 개에 대한 식용 목적 도살 금지를 규정할 법률적 기초를 마련할 수 있다.

누구든 개를 도축하려고 할 때는 반려동물로 등록된 개가 아닌지를 확인하고, 그 경우에만 도축할 수 있다고 규정할 수 있다. 이는 현행 동물보호법에 유기견을 도축하지 못하도록 한 조항을 한 걸음 더 발전시킨 것이다.

개고기를 혐오식품으로 금지하는 유일한 지역인 서울이 반려동물 등록제조차 시행하지 않고 있는 것은 위선이다. 어느 곳보다 먼저 서울이 반려동물 등록제를 실시해야 한다. 오세훈 서울시장이 반려동물 등록제 시행을 앞당길수록, 그리고 개를 반려동물로 등록하는 사람이 많을수록 개고기는 더 일찍 식품체계에서 사라질 것이다.

이런 접근은 하나의 불완전한 절충이다. 개를 반려동물과 축산동물로 억지로 구분하는 한계가 있다. 그러나 법의 존재 의의는 공동체 안에서 더불어 살아가는 사회 구성원들의 권익을 조화롭게 보장하는 데 있다.

식품법이 사람들의 생명과 건강을 보호하기 위해 식품체계에 적용하는 법으로서의 보편적인 신뢰를 얻으려면 개고기를 더 이상 유령 식품으로 외면해서는 안 된다. 이것이 식품법의 원칙이다. 식품을 승인하는 바른 방법이다.

5. 유전자조작 식품

　'식품이란 무엇인가?' 하는 물음에서 개고기와 더불어 피할 수 없는 주제가 있다.

　하나의 물질을 놓고 세계의 식품체계가 이렇게 격렬하게 다툰 적은 없다. 이를 일컫는 법률 용어도 통일되어 있지 않다. 식품위생법은 '유전자재조합 식품'이라고 부르며, 농산물품질관리법은 '유전자변형 농산물'이라는 용어를 사용한다. '유전자변형 생물체의 국가간 이동에 관한 법률'이라는 긴 이름의 법에서는 '유전자변형 생물체'라고 하며, 일반인들은 흔히 '유전자조작 식품'이라고 부른다. 그냥 영어 첫글자를 따 'GMO'라고 부르기도 한다.

　어떤 용어를 사용하든지 이것의 본질적 특징은, 다른 생물체의 유전자를 동식물 유전자에 삽입해 종래 자연적 수정을 통해서는 발생하지 않던 새로운 유전자를 갖는 동식물을 창조하는 것이다. 이를 부르는 기존의 용어들인 유전자 '조작', '변형', '재조합'은 다 외국어를 번역한 것으로, 이해하기 어려운데다가 본질을 충분히 담아내지 못한다. 이 책에서는 새로운 용어를 만드는 대신, 자연상태에서는 형성될 수 없는 유전자를 인위적으로 만든다는 의미에서 '유전자조작 식품' 또는 '유전자조작 생물체'라는 용어를 쓴다. 후자는 전자보다 넓은 개념으로, 증식과 번식이 가능한 생명체 상태를 일컫는다.

누가 승인하나?

—

'한 사회가 어떻게 식품을 승인하는가?' 하는 물음에서 가장 일차적인 답변은 '오랜 섭취 경험이 있기 때문에 이를 근거로 식품으로 승인한다'는 것이다. 그런데 이런 통상적인 승인 규범을 깬 것이 유전자조작 식품이다. 그 섭취 역사는 겨우 10년이 넘었을 뿐이다. 장기간 섭취한 역사를 갖추지 못했는데도, 법의 힘으로 식품으로서의 법적 지위를 움켜쥔 것이다.

유전자조작 식품은 식품위생법에서 정한 '유전자재조합 식품 등 안전성 평가자료 심사위원회'라는 긴 이름의 위원회가 승인했기에 그 범위 안에서만 식품이라 할 수 있다. 이 위원회의 의무적인 심사 승인을 통과한 것만이 식품이고, 이를 통과하지 못한 것은 식품이 아니다. 식품인지 아닌지를 위원회가 결정한다.

위원회는 그 기나긴 이름 그대로, 유전자조작 식품 회사가 제출한 '안전성 평가자료'를 서류심사한다. 1장에서 보았듯이, 위원회가 심사 대상 유전자조작 식품을 놓고 서류심사 외에 직접 독성 및 알레르기 유발 실험 등이 필요하다고 판단해 투여 실험을 한 경우는 없다.[10]

누가 이 위원회의 위원일까? 다음은 식품의약품안전청장이 공개한 유전자재조합 식품 등 안전성 평가자료 심사위원회의 지난 10년간 위원 명단이다(가나다순).

2001년 : 강경선, 경규항, 김해영, 김형진, 남백희, 박종현, 박해경, 손동화, 신용철, 유장렬, 이부영, 이상일, 식품의약품안전청 식품평가부장, 식품미생물과장, 면역독성과장, 안전성평가과장

2002년 : 강경선, 경규항, 김해영, 김형진, 박종현, 백경희, 손동화, 신용철, 이부영, 이상일, 이원종, 최양도, 식품의약품안전청 식품평가부장, 식품미생물과장, 면역독성과장, 안전성평가과장

2003년 : 강경선, 경규항, 김해영, 김형진, 박종현, 백경희, 손동화, 신용철, 이부영, 이상일, 이원종, 최양도, 식품의약품안전청 식품평가부장, 식품미생물과장, 면역독성과장, 안전성평가과장

2004년 : 강경선, 경규항, 김규언, 김유용, 김해영, 김형진, 김태산, 문현경, 민경업, 백경희, 손대열, 신용철, 이원종, 전해경, 지규만, 최양도, 식품의약품안전청 면역독성과장, 생화학약리과장, 식의약품위해성과장, 일반독성과장

2005년 : 강경선, 경규항, 김규언, 김유용, 김해영, 김형진, 김태산, 문현경, 민경업, 백경희, 손대열, 신용철, 이원종, 전해경, 지규만, 최양도, 식품의약품안전청 면역독성과장, 생명공학지원과장, 식의약품위해성과장, 일반독성과장

2006년 : 강종구, 경규항, 김규언, 김해영, 김형진, 김태산, 문현경, 민경업, 백경희, 손대열, 신용철, 이원종, 전해경, 조명행, 지규만, 최양도, 식품의약품안전청 면역독성과장, 생명공학지원과장, 식의약품위해성과장, 일반독성과장

2007년 : 강종구, 경규항, 권오란, 김규언, 김해영, 김형진, 김태산, 문현경, 민경업, 백경희, 손대열, 손동화, 신용철, 안강모, 이석하, 이효민, 장종수, 정일민, 조명행, 최양도

2008년 : 강종구, 경규항, 권오란, 김규언, 김욱, 김해영, 김형진, 문현경, 민경업, 백경희, 손대열, 손동화, 신용철, 안강모, 이석하, 이영재, 이효민, 장종수, 최양도, 황철호

2009년 : 강종구, 권오란, 김규언, 김민균, 김진만, 김해영, 김형진, 김욱, 남진식, 문현경, 손대열, 손동화, 안강모, 이석하, 이선영, 이효민, 장종수, 정윤화, 최양규, 황철호

2010년 : 강종구, 권오란, 김규언, 김민균, 김진만, 김해영, 김형진, 김욱, 남진식, 문현경, 손대열, 손동화, 안강모, 이석하, 이선영, 이효민, 장종수, 정윤화, 최양규, 황철호

위원 한 사람 한 사람은 공정하고 훌륭한 전문가일 것이다. 이 책이 제기하려는 것은 위원 개인에 대한 것이 아니다. 독자들이 주목할 것은 위원회가 어떻게 구성되는가 하는 문제다.

위 명단을 자세히 보면, 처음부터 지금까지 2001~2010년의 10년간 계속해서 위원을 맡은 사람이 두 명 있다. 김해영 교수와 김형진 교수다. 김해영 교수는 경희대 GMO개발연구단 단장이다. 이 연구단은

유전자조작 식품 기술을 개발하는 곳이다. 그리고 김형진 교수는 한국 생명공학연구원에서 일한다. 이 연구원은 생명과학 기술 연구개발을 목적으로 정부가 세운 곳이다. 두 사람 모두 우리 사회가 유전자조작 식품을 수용하고 승인하는 데 직업적 이해관계가 있다고 할 수 있다.

또 2001~2008년 계속 심사위원이었던 신용철 교수가 있다. 신 교수는 그가 안전성 심사위원으로 있던 기간에 '주식회사 아미코젠'의 대표이사를 맡았다. 이 회사의 법인등기부에 따르면, 이 회사의 목적은 '생명공학 기술을 적용한 효소 및 신소재'의 개발·생산 및 판매다. 이 회사는 유전자에 의해 형질 전환된 미생물을 이용한 특허권을 가지고 있다. 만일 유전자조작 식품을 사회적으로 수용하지 않을 경우 이 회사의 특허 기술은 가치가 떨어질 것이다.

유전자조작 식품을 개발하거나 특허를 받는 사람들, 그러니까 유전자조작 식품을 승인하고 수용하는 데 직업적 이해관계가 있는 사람들이 유전자조작 식품의 수용 여부를 결정하는 위원직을 그토록 장기간 맡는 것은 과연 정의로운가?

견제와 균형이 사라질 때

—

더 심각한 구조적 문제는 동일인이 서로 견제해야 할 유전자조작 식품 관련 위원회들의 위원을 동시에 맡고 있는 현실이다.

유전자조작 식품을 검증하는 네 개의 중요한 위원회가 있다. 첫째, 앞에서 본 식품의약품안전청의 '유전자재조합 식품 등 안전성 평가자료 심사위원회'다. 둘째, 2010년 8월까지는 별도의 분과로 활동한 식품의약품안전청 '식품위생심의위원회 GMO분과'다.* 이 분과가 담당한 업무는 유전자조작 식품의 표시와 함께 안전성 심사에 대한 자문이다. 셋째, 유전자조작 식품이 생태계로 무단 방출될 경우의 위험도를 평가하는 농촌진흥청의 '유전자변형 생물체 환경 위해성 전문가 심사위원회'다. 마지막으로 국무총리실 '식품안전정책위원회 신식품분과'다. 이곳은 각 행정부처의 개별 식품 행정을 총괄 조정한다.

이렇게 식품법은 유전자조작 식품에 관한 행정 기능을 네 곳으로 분산했다. 유전자조작 식품의 여러 문제를 다양한 각도에서, 제반 요소를 검토하고, 서로 협력하고 견제하게 하여 사람들의 생명과 건강 그리고 생태계를 보호하기 위해서다. 그런데 누가 이 네 위원회의 위원을 맡아 그런 역할을 감당하고 있을까?

첫 번째 위원회의 명단은 이미 앞에서 보았다. 아래는 두 번째, 즉 식품의약품안전청 식품위생심의위원회의 2010년 3월 현재 GMO분과 명단이다.[11] 식품의약품안전청이 공개한 내용이다.

경규항(세종대학교 교수), 황철호(단국대학교 교수), 김욱(고려대학교 교수), 이광근(동국대학교 조교수), 김해영(경희대학교 교수), 정우석(건국대학교 부교수), 민경업(서울대학교 의과대학 교수), 이현규(한양대학교 교수), 손동화(한국식품연구원 교수), 이석하(서울대학교 교수), 이영재(제주대학교 수의과대

---

* GMO분과는 2010년 8월 위생제도분과로 통합되었다.

학 교수), 식품의약품안전청 위해요인관리단장, 식품평가부장, 영양기능 식품국장

세 번째, 즉 농촌진흥청 유전자변형 생물체 환경 위해성 전문가 심사위원회의 명단은 다음과 같다.

2003년 8월~2004년 8월 : 변종영, 권영근, 이신우, 김태산, 김주곤, 김신제, 박선희, 김해영, 이시혁, 정형진, 이상철, 이동진, 류기현, 박철호, 김홍식

2004년 8월~2005년 8월 : 변종영, 김은진, 이신우, 김태산, 김주곤, 이태근, 박선희, 김해영, 이시혁, 박영철, 이상철, 이동진, 류기현, 정승근, 고희종

2005년 8월~2006년 8월 : 변종영, 김은진, 이신우, 김태산, 임성렬, 이태근, 박선희, 김해영, 이시혁, 박영철, 이상철, 이동진, 류기현, 정승근, 고희종

2006년 8월~2007년 8월 : 현정오, 김은진, 이태근, 김태산, 임성렬, 김용권, 최경화, 박선희, 김해영, 이시혁, 이상철, 이동진, 허두영, 류기현, 고희종

위 명단이 2007년 8월로 끝난 이유는 농촌진흥청장이 현재 위원의 명단 공개를 끝내 거부했기 때문이다. 그가 내세운 공개 거부 이유는, 현직 위원 이름을 공개할 경우 심사 신청자 또는 그 반대측이 심사 진행 과정에서 각 위원들을 회유 또는 압박하여 공정하고 과학적인 기준

에 따른 심사를 저해할 수 있다는 것이다.[12]

농촌진흥청장에게 이의신청을 했지만, 그는 공개를 다시 거부했다. 위원 명단이 공개될 경우 현재 의사결정 과정 중에 있는 위해성 심사의 공정한 수행에 현저한 지장을 초래할 고도의 개연성이 존재한다는 것이다.[13] 그래서 이 책에 2010년 현재 위원 명단을 실을 수 없었다.

마지막으로 네 번째인 국무총리실 식품안전정책위원회의 신식품분과 명단이다.[14]

이철호(고려대 생명공학부 교수, 위원장), 박명희(동국대 가정교육과 교수), 김해영(경희대 식품공학과 교수), 김동헌(농업과학원 신작물개발과), 엄애선(한양대 식품영양학과 교수), 강미영(경북대 식품영양학과 교수), 변명우(원자력연구소 정읍방사선과학연구소장), 이광하(농진청 농자재관리과장), 조홍연(고려대 식품생명공학과 교수), 박용하(영남대 응용미생물학과 교수), 정승희(GEO푸드텍 대표), 이기동(대구테크노파크 바이오산업지원센터장), 김연숙(한국소비생활연구원 이사), 농식품부 식품산업정책실장, 식품의약품안전청 영양정책관

이상 네 위원회의 명단을 보자. 동일인이 유전자조작 식품에 관한 네 위원회의 위원을 모두 겸했던 것을 알 수 있다. 앞에서 본 김해영 교수다. 김 교수는 식품의약품안전청의 안전성 평가자료 심사위원회 위원을 2001년부터 지금까지 맡고 있고, 동시에 농촌진흥청의 유전자변형생물체 환경 위해성 전문가 심사위원회가 생길 때부터 시작해 적어도 4년간 계속 심사위원이었으며, 식품의약품안전청 식품위생심의위원회

의 GMO분과 위원이었고, 국무총리실 식품안전정책위원회 신식품분과가 생길 때부터 그 위원이다.

아무리 훌륭하고 공정한 전문가라고 하더라도, 기능과 역할을 달리하고 서로 견제하는 네 위원회의 위원직을 한 사람이 동시에 맡았던 체제가 과연 정당한가?

동일인이 유전자조작 식품의 승인 여부를 결정하는 위원인 동시에 그에 필요한 자문을 제공하는 위원이었던 것은, 자문기구를 별도로 구성한 취지에 맞지 않다. 또한 같은 사람이 유전자조작 식품의 인체 위해성도 심사하고 그 환경 위해성까지도 심사하는 체제는 전문적이라 하기 어렵다. 또한 식품의약품안전청과 농촌진흥청의 위원을 겸하고 있는 동일인에게 다시 행정부처 업무를 조정하는 국무총리실의 위원을 맡도록 하는 것은, 견제와 균형을 부정한다.

침묵의 위원회

—

그런데 위 네 위원회의 위원들은 어떻게 의사결정을 하는가? 그 회의록을 볼 수 있을까? 위원회 회의에서 누가, 무엇을 근거로 어떤 견해를 제출했는지 알 수 없다. 회의록을 공개하지 않기 때문이다. 그나마 회의 개최 사실과 안건을 인터넷 누리집에 공개한 식품의약품안전청 식품위생심의위원회의 GMO분과조차 위원의 발언 내용을 공개하지 않았다. '위원A', '위원B', '위원C' 식으로 위원의 실명을 감췄다.

국무총리실에 식품안전정책위원회 신식품분과의 회의록을 공개해달라고 요청했더니 발언자와 구체적 발언 내용이 없는 회의 결과만을 공개했다.[15] 그러므로 소비자들은 위원회의 위원이 유전자조작 식품에 대해 무엇을 근거로 어떤 견해를 가지고 있으며, 그것을 위원회 회의에서 어떻게 드러냈고, 이에 대해 다른 위원들은 어떻게 평가했는지 알 수 없다.

미국의 손

미국은 유전자조작 식품을 개발한 나라면서 최대 수출국이다. 미국은 세계 여러 나라의 유전자조작 식품 규제를 없애야 할 장벽으로 여긴다.

내가 2008년에 출간한 《곱창을 위한 변론》에서 썼듯이, 미국은 2007년 4월 한미 자유무역협정(FTA) 협상의 종착역에서 '농업생명공학 양해서(Understanding on Agricultural Biotechnology)'라는 것을 관철시켰다.

미국이 유전자조작 식품에서 차지하는 압도적 비중을 고려할 때, 이 양해서는 유전자조작 식품의 규제에서 대단히 중요하다.[16] 핵심 내용만 보면, 미국은 한국이 식용·사료용·가공용 유전자조작 생물체의 환경영향 평가를 할 때 그 예정된 사용 용도에 관련이 있고 적절한 기준에 따르도록 했다(양해서 1항).

이것은 무슨 의미인가? 당시 한국의 법령에 따르면, 식용이나 사료용으로 유전자조작 생물체를 수입하더라도 원형상태로 국내 환경에

방출될 우려가 있는 경우에는 환경영향 평가를 하도록 되어 있었다.[17]

미국은 바로 이러한 환경영향 평가의 기준에 깊숙이 손을 댔다. 그래서 식용이나 사료용으로 수입한 미국산 유전자조작 생물체를 놓고 우리나라 생태계에 미칠 위험한 영향을 평가할 때 식용이나 사료용 목적과는 무관한 기준을 적용하지 못하게 했다.

또한 미국은 새로운 유전자조작 생물체가 출현하더라도 그것이 기존에 승인한 유전자조작 생물체의 교잡에 의해 생산된 후대 교배종일 경우, 그 새 변형체로 인해 인간과 동식물의 생명과 건강에 추가적 위험이 유입된다고 믿을 만한 이유가 없으면, 한국은 이 생물체에 대한 안전성 평가를 할 수 없도록 규정했다(2항).

이 합의를 단순하게 말하면, 이미 승인을 받은 유전자조작 생물체의 교잡 생물체에 대해선 특별한 이유가 없는 한 추가적 안전성 평가를 하지 말라는 것이다. 이는 매우 민감한 영역에서 한국의 손을 묶은 것이다. 하나의 유전자조작 식품 안에 한 개의 박테리아 유전자만을 삽입한 경우와, 여러 개의 박테리아 유전자를 삽입한 경우 중 어느 것이 더 불확실할까? 서로 이질적인 여러 유전자가 삽입된 교잡 식품일수록 더 엄격하게 관리를 해야 한다. 그러나 양해서는 교잡 식품이라는 이유로 추가적인 점검을 하지 못하도록 한 것이다.

그 밖에 다른 조항들을 자세히 살필 여유는 없다. 미국은 이 양해서에서 한국의 유전자조작 식품 표시제가 미국이 예측할 수 있는 것이어야 한다고 규정했다(3항). 세계적 흐름과 동떨어져 유전자조작 식품 표시제를 거부하고 있는 미국이 한국의 표시제에 영향력을 행사할 근거를 만든 것이다.

미국은 유전자조작 식품에 관한 한국의 법률, 규제, 정책 전반이 미국의 이익에서 벗어나지 않도록 여러 장치를 만들어놓았다. 국무총리실 식품안전정책위원회 신식품분과가 2009년 3월에 유전자조작 표시를 확대하는 방안을 의논하면서 '미국과의 통상마찰'을 걱정해 다시 논의하기로 한 것은 우연이 아니다.

유전자조작 식품에 노출된 아기들

—

손대열 성균관대 의과대학 교수와 이상일 삼성 서울병원 소아과 의사는 2001년에 《소아 알레르기 및 호흡기 학회지》 11권 4호에 〈유전자재조합 식품과 안전성〉이라는 논문을 발표했다. 여기서 유전자조작 식품의 알레르기 유발 가능성에 대한 안전성은 재래 식품처럼 식경험을 통한 충분한 기간이 경과한 후에야 비로소 확신할 수 있을 것이라고 했다. 그래서 "가능하다면 모든 영유아 식품의 제조에 있어서 유전자재조합체의 사용을 금하는 것이 현재로서는 새로운 유전자재조합체로 인한 알레르기의 발생 가능성에서 영유아를 보호하는 최선의 방법이라 생각한다"고 결론을 내렸다.

그러나 현실은 이와 달리 아기들을 유전자조작 식품으로부터 보호하는 법적 조치를 하지 않은 채, 유전자조작 식품을 식품체계에 진입시켰다. 독자들은 2000년 6월, 사상 최초로 유전자조작 콩을 식품으로 승인한 식품의약품안전청 보고서를 기억할 것이다. 이 보고서는 결론에서 이렇게 단서를 달았다.

다만, 영유아는 면역체계 등 신체가 미숙한 상태이어서 예기치 못한 문제를 일으킬 소지가 있으므로, 이들이 섭취하는 데에 대한 지속적인 모니터링을 실시할 필요가 있다고 봄.

그러나 식품의약품안전청은 유전자조작 식품을 먹은 영아나 유아들을 지속적으로 관찰하지 못했다. 지금의 유전자조작 식품 표시 제도로는 누가 유전자조작 식품을 먹은 아기인지를 판단할 수 없다. 유전자조작 식품을 상위 5대 주요 원료로 사용하지 않는 한 유전자조작 식품인 사실을 표시하지 않아도 되는 현실에서 어른들조차 자신이 유전자조작 식품을 먹고 있는지 여부를 정확히 알 수 없다. 아기들이 유전자조작 식품을 섭취하는 데에 대한 지속적인 모니터링이 실질적으로 가능하겠는가?

식품의약품안전청은 콩에 알레르기 반응을 보인 아기들을 상대로 유전자조작 식품 알레르기성 평가를 진행했고, 그 결과 알레르기성이 없다는 결과를 얻었다.

그런데 2004년에 식품의약품안전청이 8천만 원의 연구비를 지원해 진행한 〈유전자재조합 식품의 알레르기 안전성 평가〉는 서론에서 이렇게 설명한다.

현재까지의 연구 결과로는 본 연구기관을 포함하여 국내외적으로 아직 유전자재조합 식품이 알레르기를 발생시킬 것이라는 구체적인 증거는 아직 찾지 못한 상태이며, 이는 국내 연구기관이나 국외 연구기관에서 식품 알레르기 환자의 혈청이 in vitro test(시험관 시험—지은이)에 필요한 만큼 충

분한 양으로 확보되지 못했기 때문이라고 생각된다. _ p. 13

2007년 식품의약품안전청이 1억 5천만 원의 연구비를 지급하고 얻은《유전자재조합 식품 안전성 평가기술 연구—알레르기성 평가기반 구축》이라는 보고서는 "향후 GMO의 post-market surveillance(시판 후 조사—지은이)가 가능하기 위해서 GM작물로 만든 식품의 정확한 파악을 위해 식품의 GMO labeling(유전자조작 식품 표시—지은이)에 대한 더욱더 철저한 관리가 필요함(p.126)"이라고 정부에 제안했다.

이 문장의 의미는 유전자조작 식품 표시제를 확립해야 비로소 그 안전성을 정확하게 감시할 수 있다는 것이다. 이 보고서에 의하면, 유전자조작 식품의 "노출과 건강에 대한 영향력을 정확히 평가하기 힘든 여러 가지 현실적·기술적인 문제점들로 인해 아직은 여러 가지 GMO에 공통적으로 적용할 수 있는 지침이나 실행 계획들은 현 단계에서는 없는 상태(p. 57)"다.

2008년에 식품의약품안전청이 역시 1억 5천만 원의 연구비를 들인《유전자재조합 식품 안전성 평가기술 연구—혈청은행의 지속적 구축 및 유전자재조합 식품의 알레르기성 평가》라는 보고서도 "그동안의 성공적인 연구 수행으로 아직까지는 유전자재조합 식품에 대한 알레르기 위험성이 없다고 추정되지만, ① 알레르기 질환의 발생에는 많은 시간이 소요된다는 점, ② 제한된 수의 환자 혈청만으로 screening(선별검사—지은이)을 시행한 점 등을 고려하면 유전자재조합 식품의 알레르기 위험성에 대한 결론은 아직 이르다고 할 수 있다(p. 12)"고 밝히고 있다.

그런데도 식품의약품안전청 인터넷 누리집의 '멀티미디어 교육' 난에서 주인공 영철이는 이렇게 말한다.

> 영철이 : 유전자재조합 식품은 과학적으로 안전성을 평가해서 생산되는
> 구나! 아하! 이제 궁금증이 풀렸어요. 감사합니다. 박사님!

나는 우리나라 과학자들이 최선을 다해 유전자조작 식품의 안전성을 판단할 것으로 생각한다. 그러나 우리가 직면한 현실은, 앞에서 살펴본 바와 같이 그 안전성에서 최종적 결론이 나지 않은 상태인데도, 유전자조작 식품이 식품으로 대량 승인되었다. 아마도 한 세기가 지난 다음에야 대부분의 사람이 수긍할 결론이 나올 것이다. 나는 유전자조작 식품이 안전하다는 결론이 나오길 바란다. 왜냐하면 나 역시 나도 모르게 많은 유전자조작 식품을 먹었을 것이기 때문이다.

지금 우리는 유전자조작 식품이 안전한지 여부를 집단적으로 실험하고 있다. 2001년에 시작한 실험에서는 애당초 동물들이 이 실험집단의 대부분이었다. 소, 돼지, 닭이 유전자조작 옥수수로 만든 사료를 먹었다. 지난 10년간 우리는 가축에게 유전자조작 식품을 대량 먹였다. 그러나 이제 우리 차례가 되었다.

사람들은 그동안 유전자조작 콩으로 만든 식용유를 대량 먹었으나, 과학자들은 식용유를 만드는 과정에서 유전자조작 물질이 파괴되어 식용유에는 남아 있지 않다고 했다. 그러니 사람을 직접 대상으로 하는 실험은 여태 없었다. 그러나 2008년부터는 사람들이 먹는 과자와 음료수, 빙과류의 제조와 중국음식점 요리 등에 유전자조작 옥수수가

전면 진입했다. 전분이나 전분당을 만드는 원료로 유전자조작 옥수수를 포함해 총 71만 톤을 수입했다. 최종 검증이 끝나지 않은 물질을 뱃속에 넣고 다니는 것이다.

유전자조작 식품을 어떻게 할 것인가?

—

우리의 식생활은 어른 아이 가릴 것 없이 유전자조작 식품에 이미 깊숙이 편입되어 있다. 유전자조작 식품을 먹지 않겠다고 결심한들 그 의지를 실행에 옮길 방법이 없다. 이것이 유전자조작 식품이 개고기와 다른 점이다. 개고기를 먹지 않겠다고 결심한 사람들은 그 결심을 99.9퍼센트 실천할 수 있다. 그러나 유전자조작 식품에서는 불가능하다. 내가 먹은 것이 유전자조작 식품인지 아닌지 제대로 알 수 없기 때문이다.

유전자조작 식품은 '식품'이라는 법적 지위를 획득한 지 10년 만에 우리 밥상의 지배적 구성요소가 되었다. 중국산 식품 없이 우리나라의 식품체계를 유지하기 어렵듯이, 유전자조작 식품 없이 지금의 식품체계를 지탱할 수 없다. 당장 소와 돼지와 닭이 굶주릴 것이다. 동물이 굶게 되면 사람들은 더 이상 고기를 먹지 못한다.

유전자조작 식품 문제는 '식품을 어떻게 승인할 것인가'의 문제이면서 '무엇을 먹을 것인가'의 근본적 문제다. 한반도 생태계에서 사는 사람들이 먹는 문제를 해결하기 위해 그동안 그 오랜 자연사에서 존재하지 않았던 새로운 유전자조작 생물체를 만들 것인가 하는 물음에 대답하지 않으면 안 된다.

작게는 유전자조작 식품을 승인하는 절차와 방법을 전면적으로 바꿔야 한다. 그래서 유전자조작 식품과 이해관계가 없는 독립적인 전문가들로 위원회를 구성해야 한다. 위원회는 유전자조작 식품의 실제적 또는 잠재적인 위험도를 평가할 과학적 능력을 시급히 확보해야 한다. 그리고 유전자조작 식품의 판매를 희망하는 회사로 하여금 그것이 안전한 식품임을 투여 독성 실험을 통해 입증하도록 해야 한다. 이는 식품을 판매하려고 하는 측에서 안전성을 입증할 책임을 지는 정의를 회복하는 것이다. 이것이 식품을 승인하는 원칙이다.

위원회는 소비자와의 소통을 통해 유전자조작 식품에 대한 전면적인 재검토에 나서야 한다. 위원들이 위원회에서 하는 발언은 누구나 알 수 있도록 공개되어야 한다. 그리고 사람들이 유전자조작 식품인지 아닌지를 충분히 알 수 있는 표시제를 도입해야 한다.

그러나 그것으로는 충분하지 않다. 나는 유전자조작 식품 또는 유전자조작 생물체로 오염되지 않은 상태를 유지하는 것이 우리 농업의 잠재력과 특징을 더 살리는 길이라고 생각한다. 현재 유전자조작 기술을 농사에 이용하는 곳은 미국, 남미, 그리고 일부 중국 지역으로, 모두 대규모로 농사를 짓는 곳이다. 우리의 소농적 농업에는 유전자조작 기술이 핵심적이지도 절실하지도 않다. 오히려 유전자조작 생물체로 오염되지 않은 생태공간을 보존하는 것이 더 경쟁력 있을 것이다.

그리고 14장에서 자세히 보겠지만, 유전자조작 생물체가 생태계로 튀어나가 생태계의 오랜 진화와 순환의 질서를 교란시킬 위험을 관리할 방법을 알지 못한다.

열쇠는 소비자가 얼마나 새로운 축산을 뒷받침해줄 것인가에 있다. 지금의 공장형 축산은 값싼 유전자조작 옥수수에 전면적으로 의존하고 있다. 이 구조를 그대로 두고서는 유전자조작 식품에서 벗어날 수 없다. 소농이 미국산과 중국산 유전자조작 옥수수 없이도 가축을 키워 사람들에게 필요한 고기를 공급하는 축산이 성공해야 한다. 그것은 새로운 축산인 동시에 이미 오랫동안 전통적 농사가 성취한 축산이다. 논농사와 서로 순환하고 연계되는 축산이다.

이 축산을 소비자들이 높게 평가해주어야 한다. 소비자의 분명한 행동이 없다면 유전자조작 식품은 한 발자국도 물러서지 않을 것이다.

3부

2,872명의
식중독

2004년 2월 1일, 경산시 사회복지관의 한 보육사는 복지관에서 보호하고 있는 9세 장애아의 입에 아이가 좋아하는 미니컵 젤리를 넣어주었다. 그러나 불행히도 아이는 젤리가 목에 걸려 사망했다.

비극은 여기서 끝나지 않았다. 바로 그 다음 날, 이번에는 부산에 사는 6세 남자아이가 희생자가 되었다. 아이는 저녁식사를 마친 후 냉장고에서 망고 미니컵 젤리를 꺼내 먹다가 젤리가 목에 걸려 기도가 막혔다. 호흡이 곤란해져 병원으로 옮겼으나 도착하기 직전에 기도폐쇄로 사망했다.

미니컵 젤리는 젤리를 입에 대고 빨아 들이켜거나 손으로 미니컵을 눌러서 젤리를 입속에 넣는 방법으로 섭취한다. 젤리가 용기에서 쉽게 빠져나오지 않으면 아이들은 입을 대고 빨아들이려고 한다. 이 경우 젤리가 입안으로 급하게 들어오면서, 후두 덮개가 미처 후두 입구를 닫기 전에 기도로 들어가버릴 수 있다. 그렇게 되면 기도폐쇄를 일으켜 질식사할 위험이 있다.

그런데 앞에서 본 2004년의 비극이 최초의 질식사고가 아니었다. 이미 2001년 4월에 안양시에 사는 9세 남자아이가 미니컵 젤리를 먹다가 기도가 막혀 저산소 뇌손상으로 1급장애가 되는 사고가 발생했다. 그러나 식품의약품안전청은 2001년 10월, '곤약' 또는 '글루코만난'이 함유된 지름 4.5센티미터 이하의 미니컵 젤리 제품에 대한 수입을 금지했을 뿐, 다른 성분의 미니컵 젤리에 대해서는 식품 승인을 그대로 유지했다. 그러다가 2004년에 미니컵 젤리로 어린이가 질식사하는 비극이 발생한 것이다.

위 두 건의 질식사고가 발생하자, 한국소비자보호원은 2004년 2월 4일 식품의약품안전청에 안전사고 방지를 위해 모든 미니컵 젤리에 대한 수입 금지 등의 안전조치가 필요한지 검토하라고 촉구했다.

그러나 식품의약품안전청장은 미니컵 젤리의 규격을 취소하지 않았다. 두 건의 질식사 사건이 미니컵 젤리의 결함에서 발생했다기보다는 섭취자가 장애인이었고, 섭취시 주의 소홀 때문에 일어났을 개연성이 크다는 것이었다. 그리고 떡과 같은 식품의 경우에도 유사 사례가 발생할 수 있다는 이유였다.

그러나 불행히도 2004년 9월 23일, 이번에는 수원에 사는 초등학교 1학년 6세 여자아이가 미니컵 젤리를 먹다가 기도가 막히는 바람에 호흡이 곤란해져 동수원병원으로 옮겼으나 질식상태에서 뇌에 산소가 공급되지 않아 10월 10일 사망했다.

만일 식품의약품안전청이 2001년의 첫 질식사고 후, 지름 4.5센티미터 이하의 모든 미니컵 젤리를 식품 규격에서 제외해 그 생산과 수입을 금지했다면, 2004년 2월의 연속 질식사고는 일어나지 않았을 것이다. 만일 그 후에라도 소비자보호원의 권고를 받아들였다면, 2004년 9월의 사고는 발생하지 않았을 것이다. 그러나 식품의약품안전청은 그렇게 하지 않았다.

왜 그랬을까? 그에 대한 답변이 이 책의 3부다. 독자들은 소비자 주권(6장)과 식품안전 주권(7장)이라는, 식품 규격과 안전의 원칙을 만나게 될 것이다. 그리고 이러한 원칙에서, 환경과 식품의 안전을 통합적으로 추구하는 새로운 식품안전 행정을 알게 될 것이다(8장).

식품 규격이란 무엇인가?

—

비극적인 미니컵 젤리 사건에서 알 수 있듯이, 식품 규격은 사람의 생명을 좌우할 수 있을 만큼 중요하다. 식품 규격이란 식품이 식품으로서의 동일성을 인정받는 요건이다. 예를 들면, 초콜릿의 규격은 코코아 함량이 35퍼센트 이상일 것, 과일잼에는 과일이 40퍼센트 함유될 것 등이다. 만일 어떤 식품에 코코아가 34.9퍼센트밖에 들어 있지 않다면 그것은 초콜릿이 아니다.

한 사회의 식품체계는 식품 규격의 집합이다. 식품 규격에 관한 많은 법령 가운데 대표적인 것으로 식품의약품안전청 고시인 '식품의 기준 및 규격', 국립수의과학검역원 고시인 '축산물의 가공 기준 및 성분 규격' 그리고 환경부 부령인 '먹는 물 수질 기준 및 검사 등에 관한 규칙'이 있다.

식품 규격은 격렬한 전쟁터다. 식품 규격을 어떻게 정하느냐는 식품 회사에게 사활이 걸린 문제다. 식품 규격에 맞지 않는 식품으로 전락하면 식품체계에서 더 이상 식품으로서의 동일성을 인정받지 못한다. 그리고 불법화된다. '보건범죄 단속에 관한 특별조치법'이라는 법은 연간 5천만 원어치 이상의 물건을 식품 규격과 다르게 만들 경우, 무기 또는 3년 이상의 징역형에 처한다는 가혹한 조항을 가지고 있다. 식품 회사들은 식품 규격이 자신이 만든 식품에 유리한 방향에서 정립되는 데에 심각한 이해관계가 있다.

법원의 판결문을 보면, 식품의약품안전청이 질식의 위험이 항상 내포되어 있는 미니컵 젤리를 허용했던 것은, 미니컵 젤리 제품을 규격 취소할 경우, 식품산업 발전에 저해 요인으로 작용할 수 있다는 이유에서였다.[1]

그러나 식품의약품안전청은 2004년 2월 1일과 2일에 미니컵 젤리로 말미암아 질식사가 발생한 후에도 질식사를 유발한 미니컵 젤리 제품을 수거해 성분을 분석하지 않았다. 미니컵 젤리가 실제로 쉽게 부서지거나 씹히는지 등에 관해 검사를 한 적도 없다. 판결문에 따르면, 젤리 수입업자의 미니컵 젤리 성분 신고가 사실인지 여부를 확인할 과학적 기술도 식품의약품안전청에는 없었다. 곧 식품 규격이 취소된 곤약(글루코만난) 제품인지 아닌지를 식별할 능력도 갖추지 못했다.

대법원은 달리 보았지만 1심과 2심의 법원은 모두 식품의약품안전청의 잘못을 인정했다. 일련의 질식사고가 발생하고 있는 상황에서 식품의약품안전청으로서는 미니컵 젤리의 물성에 대한 시험 등을 실시하여 그 물성과 질식사고 유발 가능성의 관계를 파악하는 등 질식사고의 발생을 방지할 의무가 있다고 판단했다. 그래서 이런 조치를 취하지 않고 수입업자의 성분 신고에만 의존해 미니컵 젤리를 유통시킨 식품의약품안전청의 과실이 질식사의 원인을 제공했다고 결론을 내렸다.[2]

식품 규격은 소비자를 섬겨야 한다. 소비자의 생명과 건강을 위해 존재해야 한다. 그러나 미니컵 젤리가 보여주는 현실은 그렇지 않다. 식품 규격이 소비자보다 식품 회사의 이익에 봉사하는 사례는 젤리에 그치지 않는다.

타르 색소 식품과 희석식 소주
—

식품의약품안전청은 2009년 3월 2일, 과자·캔디류·빙과류·빵류·초콜릿류·탄산음료·어육소시지 등 18개 식품에 타르 색소 사용을 금지하는 《식품첨가물공전》 개정안을 입안 예고했다. 이는 어린이 식생활안전관리특별법에 따른 조치였다. 이 법은 어린이들이 올바른 식생활 습관을 갖도록 하기 위해 안전하고 영양을 고루 갖춘 식품을 제공하는 데 필요한 사항을 규정함으로써 어린이 건강 증진에 기여함을 목적으로 한다.

식약청의 입법 예고 자료를 보면, 50여 품목의 천연 색소가 지정되어 있어 대체 수단은 있다고 되어 있다.[3] 합리적 대안이 있다고 한 것이다. 그러나 이 입법 예고된 내용은 끝내 실행되지 않았다. 그래서 아이들은 아직도 캔디, 탄산음료, 코코아, 초콜릿, 과자, 혼합음료, 어육 소시지 등 65개 식품에서 타르 색소가 꾸민 색의 유혹을 받고 있다.

식품 규격의 중요성은 아무리 강조해도 지나치지 않다. 희석식 소주 문제를 보자. 우리 사회를 감당 불가능한 알코올중독의 사회로 계속 방치하지 않으려면 희석식 소주를 소주의 규격에서 제외해야 한다.

술은 식품에 해당한다. 《식품공전》에 '주류'라는 식품군으로 들어 있다. 그런데 《식품공전》에는 탁주, 소주, 맥주 등 술의 '원료 등의 구비 요건', '제조 가공 기준', '식품 유형' 난이 모두 백지상태다. 식품법이 식품체계에 적용하는 보편적 법으로서의 역할을 하지 못한 것이다.

대신 대통령과 국세청장이 술의 규격을 정한다. 사카린 소주를 희석식 소주의 규격으로 승인했고, 지금도 희석식 소주에 스테비오사이드, 아스파탐 같은 감미료를 첨가하는 규격을 허용한다. 소주에 첨가하는 감미료의 양을 제한하지도 않는다. 심지어 막걸리에도 아스파탐 첨가를 허용한다.

그들은 어떤 절차를 거쳐 술의 규격을 정할까? 주류의 규격을 심의하는 위원회와 규정을 공개해달라고 기획재정부에 청구했더니 그런 위원회나 규정은 없다고 했다.[4] 식품의 규격을 정하는 위원회로 식품위생법에서 정한 식품위생심의위원회라는 심의기구가 있다. 그러나 이 권한은 소주에는 미치지 못한다.

더 많은 세금을 걷을 목적으로 소주가 아닌 것을 소주로 정의하면서, 우리 사회는 알코올 과잉 공급으로 커다란 고통과 돌이킬 수 없는 비극을 겪고 있다. 값싼 알코올 주정을 물에 타서 아스파탐 같은 감미료를 섞어 마시는 구조가 지배하는 곳은 우리나라밖에 없다. 그 결과가 바로 179만 명 이상의 알코올중독자다. 이는 국가가 세금을 더 걷을 목적으로 범죄를 조장하는 것이다.

새로운 식품법의 식품 규격은 더 이상 감미료 첨가 희석 주정을 소주 규격으로 인정하지 않을 것이다. 알코올 주정을 물에 타 감미료를 섞은 물질을 '소주'라는 식품 유형으로 승인하지 않을 것이다. 대신 '주정 희석 감미주' 같은 별도의 식품 유형으로 분류한다. 그리고 보편적인 식품법을 적용해 그 원료와 첨가물을 정확하게 표시하도록 한다. 또한 알코올중독자를 양산하지 않도록 과잉 공급량을 조절한다.

새로운 위해 요인을 어떻게 평가할 것인가?

―

비극적인 미니컵 젤리 사건에서 알 수 있듯이, 종래의 식품체계에는 없던 새로운 위험물질이 등장한다. 농약이나 화학적 식품첨가물 또는 방사선도 새로운 위해 요인이다(이를 '위해 요소'라고 부르는 식품법도 있지만, 이 책은 '요소' 대신 일상생활에서 자주 사용하는 '요인'이라는 용어를 사용한다). 이처럼 다양한 위해 요인으로부터 사람들의 생명과 건강을 지키는 식품 규격의 정립이 새로운 식품법의 핵심 과제다.

이를테면 자연식품에 남아 있는 농약이라는 위해 요인을 보자. 그것이 맹독성인지 또는 고독성인지, 그 성분의 종류에 따라 그리고 사람들이 그 식품을 먹는 관습이나 정도에 따라, 사람의 생명과 건강에 끼치는 해로운 영향의 정도가 다르다.

그래서 식품법은 농약이라는 위해 요인의 위험도, 곧 사람의 생명과 건강에 미칠 영향을 평가하는 과정을 마련한다. 이러한 건강영향 평가를 '위험도 평가'라고 한다(법률에 따라서는 '위험도 평가'를 '위해성 평가', '위해도 평가' 또는 '위험 평가'라고 부르기도 하지만, 이 책은 위험한 정도를 평가한다는 의미에서 '위험도 평가'라는 용어를 쓴다).

그 평가 결과를 근거로, 각 농약별로 각 식품별 최대 허용 잔류 기준을 정한다. 예를 들어 《식품공전》에는 '다이아지논'이라는 농약의 최대 허용 잔류치를 감은 0.1ppm/kg, 토마토는 0.3ppm/kg, 자두는 0.5ppm/kg, 복숭아는 0.7ppm/kg으로 한다.

물론 이런 건강영향 평가에는 과학적 지식이 완전하지 않고, 그 과정에서 소비자보다는 식품 회사의 이익을 더 고려할 위험도 있다. 그러나 만일 별도의 위험도 평가 절차 없이, 모든 위해 요인에 대해 곧바로 언제나 식품에서 검출되어서는 안 된다고 규정하면 백화점의 식품 코너는 텅 비게 될 것이다. 예를 들어, 농약은 일절 식품에서 검출되어서는 안 된다는 법을 공포하는 순간 식품 가격은 폭등할 것이다.

위험도 평가의 결과에 따라, 식품에서 일절 검출되어서는 안 되는 위해 요인을 정할 수 있다. 이를테면 '말라카이트 그린'이라는 물질의 위험도를 평가해서, 그것은 일절 식품에서 검출되어서는 안 되는 것으로 정했다.

새로운 식품법의 주요 과제는 어떻게 소비자의 생명과 건강을 가장 중요하게 그리고 우선적으로 추구하는 식품 규격과 안전 기준을 정하는가다.

식품안전 기준을 정하는 위원회는 어떻게 구성되나?

—

누가 식품안전 기준을 정하는가? 식품위생법에서는 식품위생심의위원회가 식품의 규격과 기준을 정한다.

2006년 9월 국내에서 판매하는 조제분유에서 유아에게 치명적인 엔테로박터 사카자키 균이 검출되었다. 신생아들이 먹는 조제분유에서 나온 것은 처음이었다. 이 균은 신생아에게 뇌수막염과 패혈증, 괴사성 장염 등을 일으켜 사망에까지 이르게 한다.

국립수의과학검역원장은 2006년 9월 25일, 생후 6개월 미만의 신생아들이 먹는 조제분유와 기타 조제분유에서 그 불검출 기준을 신설하겠다고 예고했다. 입안 예고 후인 2006년 12월 8일 축산물위생심의위원회에서는 사카자키 불검출 기준을 위한 회의가 열렸다. 그런데 이 자리에서 한 위원이 이렇게 말한다.

> 이해가 되지 않는 것은 미국, 캐나다, 뉴질랜드, 호주 등 선진국에서 아직 만들지도 않은 규제를 우리가 나서서 먼저 만드는 것은 조금 무리일 듯싶은데. _ 회의록 p. 41

신생아용 조제분유에서 사카자키 균이 검출된 상황인데도 식품위생심의위원이 이렇게 말한 것이다.

2010년 7월 현재 다음의 93명이 식품위생심의위원회의 심의위원이다.*

- 위생제도분과 : 이철호, 정기혜, 최수영, 김복희, 강정화, 양지영, 정용희, 김연숙, 최애연, 허석현, 신봉규, 강명희, 곽동경, 이애랑, 식품의약품안전청 식품안전국장, 위해요인관리단장, 식품정책과장, 식품평가부장, 영양기능식품국장

- 유해오염물질분과 : 오상석, 김연제, 이보숙, 박현진, 정덕화, 이혜영, 유미화, 송규혜, 홍연탁, 변명우, 김선옥, 강우석, 진양호, 신한승, 정기화, 위해요인관리단장, 식품평가부장

- 잔류물질분과 : 이문한, 임건재, 정갑수, 이영득, 경기성, 정윤희, 김창민, 박기환, 이희덕, 이형재, 하영환, 황선옥, 노은숙, 임은경, 위해요인관리단장, 식품평가부장

- 미생물분과 : 황한준, 신일식, 하상도, 남인숙, 이복희, 임경애, 이만종, 이정민, 김영전, 이진희, 은종방, 김경주, 김순복, 이혜양, 위해요인관리

* 2010년 8월 21일, 다시 2년 임기의 식품위생심의위원회 위원이 임명되었다. 식품의약품안전청이 인터넷 누리집에 공개한 70명의 명단은 다음과 같다.
- 위생제도분과 : 이향기, 김연숙, 문정신, 김용덕, 송성완, 권중호, 윤지영, 이철호, 박기환, 정기혜, 오상석, 식품정책과장, 식품안전국장, 영양정책관, 식품기준부장
- 유해오염물질분과 : 전계순, 이혜영, 송규혜, 김현위, 강우석, 정기화, 오석중, 권훈정, 김연제, 정덕화, 정명섭, 식품기준부장, 식품위해평가부장
- 잔류물질분과 : 문희경, 황선옥, 조태임, 김정년, 김창민, 전우진, 경기성, 임건재, 이중근, 이문한, 이영득, 식품기준부장, 식품위해평가부장
- 미생물분과 : 김정자, 이혜양, 홍준배, 박형환, 황이남, 이주원, 경규항, 하상도, 황한준, 김해영, 식품기준부장, 식품위해평가부장
- 식품첨가물분과 : 이학태, 안명수, 김천제, 성웅경, 신호, 김성환, 김정희, 백형희, 이현규, 신동화, 식품기준부장, 식품위해평가부장
- 위해평가분과 : 강정화, 이주홍, 임은경, 강일준, 김순덕, 정진호, 이보숙, 김성수, 김초일, 이광원, 김정한, 식품안전국장, 위해예방정책국장, 식품기준부장, 식품위해평가부장
식품의약품안전청은 위원들의 소속 기관은 공개하지 않았다. 그리고 식품의약품안전청의 식품기준부장은 모든 분과의 위원을, 식품위해평가부장은 위생제도분과를 제외한 모든 분과의 위원을 겸직하고 있다.

115

단장, 식품평가부장

- 식품첨가물분과 : 문은숙, 신동화, 정명섭, 박수일, 백형희, 문희경, 남진식, 안명수, 이향기, 이정수, 조윤미, 서남석, 정윤화, 황이남, 위해요인관리단장, 식품평가부장, 영양기능식품국장
- 위해평가분과 : 김초일, 엄애선, 우건조, 문보경, 김진만, 강일준, 박종현, 이광원, 정세영, 김정희, 최형균, 식품안전국장, 영양기능식품국장, 위해요인관리단장, 식품평가부장
- GMO분과 : 경규항, 김욱, 김해영, 민경업, 손동화, 이석하, 이영재, 황철호, 이광근, 정우석, 이현규, 위해요인관리단장, 식품평가부장, 영양기능식품국장

그런데 이 위원들 중에는 식품 회사의 임직원과 식품회사협회의 간부들이 있다. 그리고 이들이 위원회에서 의결권, 곧 위원회의 결의에 참가할 권리를 행사한다. 이 구조는 정당한가?

물론 식품 회사는 식품안전 기준 설정에 직접적인 이해관계를 갖고 있다. 그러므로 그 결정 과정에 자료와 의견을 제출할 권리가 있고, 결정 결과에 대해 이의를 제기할 수 있어야 한다. 그리고 청문회나 공청회 등을 통해 식품 회사의 입장과 견해를 충분히 전달할 수 있어야 한다. 이를 '절차 참여권'이라 할 수 있다.

그러나 현행 식품위생법령은 이러한 선을 넘었다. 식품 회사들의 손에 식품안전 기준을 정할 의결권을 쥐어준다. 식품위생법 시행령 39조 4항은 식품위생심의위원회의 위원 3분의 1 이상을 '식품위생 단체'가 추천한 자로 위촉해야 한다고 못을 박았다. 여기서 식품위생 단체란

어디를 말할까? 시행령은 친절하게도 식품 회사들의 동업자조합과 한국식품공업협회를 식품위생 단체라고 밝혀준다(같은 조 3항). 식품 회사들이 식품안전 기준을 정하는 위원회에서 의결권을 차지하는 걸 법으로 보장한 것이다.

그 결과 식품위생심의위원회에는 식품 회사의 임직원들과 협회의 간부들이 위원으로 앉아 있다. 보건복지부가 2010년 3월에 공개한 자료를 보면, 위생제도분과의 허석현(사단법인 한국건강기능식품협회 사무국장), 유해오염물질분과의 홍연탁(한국식품공업협회 상근 부회장), 김선옥(삼육식품 연구실 식품연구실장), 강우석(주식회사 농심 부장), 잔류물질분과의 김창민(CJ 제일제당 상무), 이희덕(한국식품공업협회 연구소장), 식품첨가물분과의 서남석(삼립식품 주식회사 대표이사), 미생물분과의 이만종(롯데 중앙연구소 상무이사), 이진희(CJ 제일제당 센터장) 위원이 의결권을 가지고 있다.[5]

게다가 식품위생법령이 식품 회사들에게 3분의 1 이상의 위원을 추천할 권한을 보장하고 있기 때문에, 나머지 위원들 중 상당수가 식품 회사들의 추천을 받아 위원이 되었을 것이다.

이 책은 앞의 명단에 포함된 사람들이 회의에서 공정하지 않았다고 말하는 것이 아니다. 이 사람들은 모두 훌륭한 전문가들일 것이다. 독자들은 그 개인 한 사람 한 사람에 대해 관심을 갖지 말기 바란다. 이 책은 식품안전 기준을 정하는 위원회에서 식품 회사가 의결권을 행사하는 구조를 보여주기 위해 개인들의 이름을 밝혔을 뿐이다.

새로운 식품법은 더 이상 식품 회사 단체를 '식품위생 관련 단체'라고 부르지 않을 것이다. 그리고 식품 회사들에게 위원의 3분의 1 이상을 추천할 권한을 주지 않을 것이다. 식품 회사들은 식품안전 기준을 정하는 위원회에서 의결권을 갖지 못할 것이다. 다만 자신의 이해관계를 위원들 앞에서 설명할 절차적 권리를 최대한 보장받을 것이다.

관료주의

—

새로운 식품법에서는 더 이상 식품의약품안전청의 간부들이 식품위생심의위원회의 위원이 되어 의결권을 행사하지 못할 것이다. 독자들은 앞 명단에서 지독한 관료주의를 볼 수 있다. 식품의약품안전청의 간부들은 여러 분과의 위원을 동시에 겸직하는 특권을 가지고 있다. 식품의약품안전청 위해요인관리단장은 일곱 개의 모든 분과에서 위원의 지위를 보장받는다. 전체 식품위생심의위원회로 보면 그의 의결권은 일곱 표다. 식품평가부장도 마찬가지로 일곱 표의 의결권을 가지고 있다. 이 둘은 모든 분과에 참석하여 회의를 주도할 수 있는 유이한 위원이다. 영양기능식품부장도 네 분과의 위원을 겸직한다. 이들 외의 그 어떤 소비자 위원도 이처럼 여러 분과의 위원을 동시에 겸직하지 못한다.

식품의약품안전청의 간부들이 모든 분과에 위원으로 출석해 회의를 주도함으로써, 식품의 규격과 기준 설정에 가장 큰 영향력을 갖고 있는 집단은 관료들이다. 그런데 이들은 그 신분이 모두 식품의약품안전청장의 지시에 복종해야 하는 공무원이다.

이 구조는 식품위생법이 굳이 식품위생심의위원회라는 별도의 기구를 법제화하여 여기서 식품의 규격과 기준을 심의·의결하도록 한 입법 취지를 정면으로 어긴 것이다. 식품의약품안전청장의 부하 공무원들이 주도하는 자문위원회라면 이런 위원회를 따로 만들 필요가 없다.

축산식품의 안전 기준을 정하는 축산물위생심의위원회는 어떨까? 여기서도 법령으로, 축산물 관련 업종에 종사하는 자를 위원 자격 요건의 하나로 규정한다(축산물위생관리법 시행규칙 5조). 농림수산식품부가 2010년 2월에 공개한 자료에 따르면, 50명의 위원에는 이승호 축산단체협의회장, 권태경 한국육가공협회장, 이규태 한국유가공협회장, 서성배 한국계육협회장, 정희식 김해축협 유통본부장이 있다.[6]

동물용 의약품의 규격을 심의하는 국립수의과학검역원 동물약사심의위원회에서도 직접적 이해관계가 있는 동물약품 관련 단체가 의결권을 행사한다. 김진구 한국동물약품협회 회장과 강석진 한국동물약품공업협동조합 조합장이 그 위원이다.[7]

새로운 식품법에서 소비자의 생명과 건강을 지키는 식품안전 기준을 만드는 첫걸음은 식품 회사들과 동물약품 회사들, 그리고 관료들이 위원회에서 행사하던 의결권을 거두어들이는 것이다.

위원회의 회의록과 발언자 공개

—

그리고 위원회에서 위원들이 한 발언은 모두 공개한다. 현재는 위원회에서 위원들이 무슨 발언을 하는지 알 수 없다. 그나마 다른 기관보다는 식품안전 정보를 공개하는 편인 식품의약품안전청조차 식품위생심의위원회의 일부 회의의 발언만 공개할 뿐 아니라, 공개하는 경우에도 발언자의 이름은 아예 빠져 있다.

따라서 도대체 누가 어떤 발언을 했는지 알 수 없다. 나머지 기관의 위원회는 회의록 자체가 부실하거나 아예 회의록을 만들지 않거나 공개하지 않는다.

축산식품의 규격을 정하는 국립수의과학검역원에 축산물위생심의위원회 회의록 공개를 요청했더니 "공개될 경우 향후 분과 회의 의사결정과 관련된 의견청취·토론 과정에서 솔직하고 자유로운 의견교환의 저해를 초래할 우려가 있습니다. 또한 발언자 명단이 공개될 경우 심의의 공정성과 중립성이 훼손될 수 있고 보복조치 등으로 현재뿐만 아니라 향후 해당 업무의 공정한 수행이 현저히 곤란하게 될 우려가 있어 공개할 수 없음"이라고 알려왔다.[8]

이해할 수 없는 답변이었다. 그래서 이의신청을 했더니 일부 분과의 회의록을 발언자의 이름은 모두 빼고 공개했다. 발언자의 이름을 공개하지 않는 이유는 "토론 과정에서 솔직하고 자유로운 의견교환의 저해를 초래할 우려가 있는 것으로 판단"된다는 것이었다. 게다가 일부 분과 위원회 회의의 관련 정보는 회의록이 작성되지 아니하여 존재하지 않는다고 했다.[9]

동물용 의약품의 안전 기준을 정하는 동물약사심의위원회 각 분과 회의의 회의록 공개를 요청했더니, 본 항에 대한 자료 부존재라는 답변이 왔다.[7] 회의록이 없다는 것이다.

해양심층수의 수질 기준을 정하는 국토해양부에 기준을 심의·의결한 회의록 공개를 요청했다. 다음과 같은 답변이 왔다. "위원회 등 각

종 회의 관련 자료로서 공개될 경우 위원회의 의사결정과 관련된 의견 청취, 토론 과정에서 솔직하고 자유로운 의견교환 저해를 초래할 우려가 있다고 판단됩니다. 또한 발언자의 명단이 공개될 경우 심의의 공정성과 중립성이 훼손될 수 있고 보복조치 등으로 해당 업무의 공정한 수행이 현저히 곤란하게 될 우려가 있어 공개할 수 없음을 알려드리니 양지하여주시기 바랍니다."[10]

보건복지가족부에 식기세척제의 기준과 규격을 결정하면서 그 위해성 평가와 안전성을 검토·심의·의결한 문서와 회의록 공개를 요청했더니, 그런 자료가 없다는 공문이 왔다.[11]

농림수산식품부에 가축용 식품 위해 요인 허용 기준 심의 회의록 공개를 요청했더니, 공공기관의 정보 공개에 관한 법률 제9조 제1항 제5호에 따른 비공개 대상 정보라는 이유로 공개를 거부한다는 답변이 왔다.[12] 그런데 위 제5호 사유란 '의사결정 과정 중'에 있기 때문에 공개할 수 없는 정보라는 의미다. 이미 안전 기준을 정해 공고까지 끝낸 상황에서 납득할 수 없는 답변이었다. 그래서 공개하라고 다시 요청했더니 거부했다.[13]

아예 별도의 심의·의결 절차도 없이 안전 기준을 정하는 곳도 많다. 환경부에 현행 지하수의 수질 기준과 먹는 물 수질 기준을 심의·의결한 회의록을 공개하라고 요청했다. 그러자 다음과 같은 답변이 왔다. "수질 기준의 안전성 심사 자료는 미보유 자료임."[14]

새로운 식품법에서는 위원회의 모든 회의록을 공개하며 위원들이 한 발언도 공개할 것이다.

과학은 완전한가?

—

식품의약품안전청은 멜라민이라는 위해 요인에 대한 건강영향 평가를 거쳐 그 허용 기준을 식품 1킬로그램당 2.5ppm, 곧 2.5밀리그램 이하로 정했다. 그런데 소비자들 가운데 왜 멜라민의 허용 기준이 2.5ppm/kg인지를 이해할 지식이 있는 사람은 매우 드물 것이다. 소비자들은 그 수치가 사람들의 건강과 생명을 지킬 수 있게끔 과학적으로 정해졌을 것이라고 믿고 싶을 뿐이다.

그러나 과학자들이 항상 정확한 것은 아니다. 아래는 과학의 이름으로 1991~2010년 안전한 물질이라고 《식품첨가물공전》에 지정했다가 다시 과학의 이름으로 안전하지 않다며 취소한 물질들이다.

- 식용 적색 제3호 알루미늄레이크 : 발암성 등 안전성 문제로 지정 취소 (1991. 05. 13. 보건사회부 고시 제91-25호)
- 에틸렌옥사이드, 피페로닐부톡시드 : 유전독성, 발암성 등 안전성 문제로 지정 취소 (1991. 05. 13. 보건사회부 고시 제91-25호)
- 브롬산칼륨 : 유전독성, 발암성 등 안전성 문제로 지정 취소 (1996. 04. 25. 보건복지부 고시 제1996-45호)
- 꼭두서니색소 : 발암성 등 안전성 문제로 지정 취소 (2004. 07. 16. 식품의약품안전청 고시 제2004-50호)
- 파라옥시안식향산프로필 : 생식독성 등 안전성 문제로 지정 취소 (2008. 06. 24. 식품의약품안전청 고시 제2008-34호)
- 파라옥시안식향산부틸, 파라옥시안식향산이소부틸, 파라옥시안식향산

이소프로필 : 생식독성 등 안전성 문제로 지정 취소 (2009. 01. 02. 식품 의약품안전청 고시 제2009-1호)

- 이염화이소시아뉼산나트륨 : 이염화이소시아뉼산나트륨이 분해되어 생성되는 '시아누르산'은 신장 조직의 손상을 유발하며, '시아누르산' 과 '멜라민'이 결합할 경우 신장독성(신장결석)을 일으키므로 지정 취소 (2009. 11. 19. 식품의약품안전청 고시 제2009-168호)
  _ 자료 : 식품의약품안전청 운영지원과-2794 (2010. 02. 24), 동물약품관리 과-1392 (2010. 02. 16)

여기에는 1962년에 과학의 이름으로 안전한 식품첨가물로 지정되었다가 유엔 세계보건기구 국제암연구소로부터 발암 가능물질로 판정되어 1973년 지정 취소되기까지 11년 이상 우리나라의 식품체계를 오염시켰던 타르 색소 자색 1호 등은 빠져 있다. 그리고 발암성 또는 발암성 의심으로 확인되어 2008년 10월부터 더 이상 동물용 의약품으로 사용하지 못하는 카바독스, 올라퀸독스, 메트리니다졸, 로니다졸 등도 빠졌다.

서로 다른 과학

—

식품안전 기준은 과학이라는 전지전능의 기계에서 찍혀나오는 붕어빵이 아니다. 과학은 중요한 요소일 뿐, 절대적 기준이 아니다. 국제식품규격위원회의 과학과 식품의약품안전청의 과학이 같지 않다.

예를 들어, 냉장 식품의 냉장보관 기준을 보자. 국제식품규격위원회는 1993년 제정 '단체급식 식품에서의 위생 규정'에서 냉장 식품을 저장 온도가 섭씨 4도 이하로 유지되는 식품이라고 정의한다(2.3조). 2003년 제정 '수산식품 코드'에서도 냉장 수산식품의 수송 온도가 섭씨 4도를 초과해서는 안 된다고 규정했다(17.1조).

그러나 식품의약품안전청의 《식품공전》과 '축산물의 가공 기준 및 성분 규격'에서의 냉장은 섭씨 10도 이하다. 육류든지 수산식품이든지 구별하지 않고, 날로 바로 먹는 것이든 끓여 먹는 것이든 상관없이 그렇게 정하고 있다.

2008년 10월부터 즉석 섭취 축산물 중 냉장 제품의 권장 보관 및 유통 온도를 6도 이하로 했고, 2011년 7월부터 가금육 포장육 제품의 냉장 온도를 -2~5도로 개정했을 뿐, 이를 제외한 나머지 냉장 축산식품의 경우 여전히 10도 이하다.

서로 다른 과학은 여기에 그치지 않는다. 국제식품규격위원회의 과학은 식품첨가물을 식품에 사용하는 용량을 제한한다. 그러나 식품의약품안전청의 과학은 그렇게 하지 않는다. 전자의 과학은 물고기의 다이옥신 허용 기준을 설정해 그를 초과한 경우 식용할 수 없도록 한다. 그러나 후자의 과학은 그렇게 하지 않는다. 이처럼 과학은 절대적 기준이 아니다.

게다가 과학이 알지 못하는 불확실성이 매우 많다. 과학은 오랫동안 광우병의 발생 원인을 전혀 몰랐으며 지금도 추정하고 있을 뿐이다. 그래서 과학적 증거가 확실하지 않더라도 미리 사전 예방 차원에서 규제할 수 있도록 한다. 사전 원칙 또는 사전 예방 원칙이란 사람의 건강과 생태계에 대한 위협이 있는 경우, 그에 대해 확실한 과학적 분석과 증명을 마치지 못했다는 이유로 그 위협을 차단할 대책을 늦추어서는 안 된다는 원칙이다. 식품안전기본법은 "식품안전 정책을 수립·시행할 경우 과학적 합리성, 일관성, 투명성, 신속성 및 사전 예방의 원칙이 유지되도록 하여야 한다"고 규정하고 있다(4조 2항).

그러므로 소비자 주권의 식품법에서는 과학자의 두 손에 식품안전 기준을 모두 맡기지 않는다.

과학과 소비자 주권

—

2008년 소비자들이 미국산 쇠고기 검역 기준에 항의해 전국적인 시위를 벌인 일은 우리나라 식품법에서 역사적인 의의를 갖는다. 소비자들의 요구는 국민을 광우병 위험에 노출시키는 고시 조항을 고치라는 것, 즉 관료들이 정한 안전 기준을 거부한다는 것이었다. 그러나 정부는 소비자들의 여론 때문에 과학에 근거한 안전 기준을 고칠 수는 없다고 주장했다. 하지만 미국산 쇠고기 검역 기준을 미국과 협의한 우리나라 책임자 민동석과 정운천은 과학자가 아니었다. 또 설령 그들이 과학자였던들, 과학의 이름으로 소비자의 여론을 배척하는 것은 정당한가?[15]

소비자들은 식품체계 안에서 살고 생활하는 존재라는 점만으로도 위생검역 기준의 결정에 참여할 국제법적 권한이 있다. 광우병의 검역 지침을 의논하고 정립하는 국제수역사무국(OIE)은, 위해 요인의 위험도 평가에서 소비자와 소통하고 정보를 교환하도록 규정하고 있다(육상동물 건강규약 1.3.2조).

세계무역기구 국제무역협정의 하나인 위생검역협정을 보면, 회원국이 자주적으로 정할 수 있는 검역 수준을 '수용 가능한 위험도 수준'이라고 부른다(부속서1 정의조항). 이 말은 검역 기준의 설정에 공중이 참여함을 전제한다.

'수용 가능한가?'라는 질문의 결론을 내리면서, 그 위해 요인에 직접 노출되는 소비자 공중의 의견을 배척할 수는 없다. 만일 어떤 위해 요인에 대해, 소비자들이 도저히 감수할 수 없다고 생각한다면, 이를 단지 과학의 이름으로 배척해서는 안 된다. 소비자들은 수용하지 않고자 하는 위해 요인 앞에 노출되지 않을 권리가 있다. 새로운 식품법에서는 이것이 과학보다 더 중요하다.

1998년 세계무역기구 판례가 말하는 대로, 위해 요인의 위험도란 소비자들이 살면서 일하고 결국은 죽는 현실에서, 사람들의 생명과 건강을 위협하는 잠재성을 의미한다(유럽연합―호르몬 사건 항소심 판례 181항). 그것은 과학자들이 느끼는 위험도가 아니다.

내가《곱창을 위한 변론》에서 소개했듯이, 뉴질랜드 오클랜드 법대의 포스터 교수는 2008년《국제경제법 저널》에 쓴〈여론과 WTO 위생검역협정〉이라는 논문에서 다음과 같이 말한다.

> 과학적 불확실성이라는 맥락에서, 세계무역기구 회원국은 자국민이 단지 문제의 위험을 감수하기를 원하지 않는다는 점에 근거해서 검역 조치를 취할 수 있어야 한다. _《국제경제법 저널》11 (2), p. 432

포스터 교수가 제기하는 접근법은 과학의 역할을 부인하는 것이 아니다. 검역 기준을 정할 때, 과학자들의 과학과 소비자의 여론 사이에서 조화와 최선의 결합을 추구해야 한다는 뜻이다. 그는 국민 절대다수가 수용하지 않으려는 위험을 '참된 두려움'이라고 평가하고, 이에 근거한 검역 조치는 정당하다고 한다. 이것이 정의로운 식품법의 자세다.

정보 소통

—

과학자와 소비자들의 대화와 의사소통은 식품안전 기준 설정에서 가장 중요한 영역이다. 새로운 식품법은 이를 통해 식품안전에서 소비자 주권을 실현하려고 한다.

일본의 경우, 소비자의 신뢰를 높이기 위해 식품안전위원회의 회의 날짜와 안건을 미리 인터넷 누리집(www.fsc.go.jp)을 통해 공지한다. 방청을 원하는 소비자는 누구라도 식품안전위원회의 회의를 직접 방청할 수 있다. 그리고 일곱 명의 위원이 식품안전위원회에서 한 발언 내용을 발언자의 이름과 함께 인터넷 누리집에 공개한다.

2003년 7월 1일자 제1회 식품안전위원회 회의록부터 2010년 10월 14일 현재 제351회 회의록까지 모두 누리집에 올라와 있다. 발언 공개가 자유로운 발언을 제한해, 공정하고 중립적인 심의에 현저한 제한을 줄 경우에는 발언자의 이름을 삭제하고 발언 내용을 공개한다. 다만 이 경우에도 회의 개최일로부터 3년이 지나면 발언자의 이름을 공개해야 한다(식품안전위원회 회의 공개에 관한 결정). 위원회가 한 자문,

권고, 건강영향 평가 결과, 의견을 모두 공개한다.

위원회에 제출된 자료도 공개하되, 개인의 비밀이나 기업의 지적재산권이 노출되어 특정인에게 부당한 이익이나 불이익을 초래할 경우에는 공개하지 않는다. 유전자조작 식품 등 전문조사회의 회의록 또한 누리집에 공개한다.

식품 회사로부터 독립한 중립적인 과학자들과 소비자가 대화와 소통을 통해 식품안전 기준을 정하고, 소비자 주권을 보장하는 것이 새로운 식품체계의 뼈대다. 그곳에서는 과학자와 소비자로 구성된 위원회가 핵심적인 역할을 할 것이다. 위원은 신분을 보장하고 대표성을 담기 위해 국회의 동의를 얻어 대통령이 임명한다. 과학자들이 과학적 양심에 따라 소비자와 함께 식품안전 기준을 정한다. 농약, 사료, 비료, 동물용 의약품, 중금속, 미생물, 수질, 토양, 바다, 공기, 동물과 식물 검역 등의 모든 식품안전 기준, 8장의 표현에 따르면 환경식품안전 기준을 이 위원회에서 정한다.

7. 노로 바이러스

2006년 6월, 서울·경기 지역 31개 학교의 학생 2,872명이 학교급식을 먹고 식중독에 걸렸다. 그중 몇몇 학생이 급식 제공 회사 'CJ 프레시웨이'를 상대로 손해배상을 청구했다. 학생들이 법원에 낸 소장을 보면, 당시 상황은 매우 심각했다.[16]

"급식을 먹은 직후 배가 아팠다. 그러나 수업을 빠질 수가 없어 학교 수업이 끝날 때까지 참았다. 설사를 했다. 귀가하고도 계속 배가 아팠다. 설사도 계속 했다. 저녁에 병원에 가서 주사를 맞았다. 밤까지 계속 배가 아파 3일 동안 거의 한숨도 자지 못했다. 학교는 빠질 수가 없어 계속 다녔다."
"처음에는 급식이 원인인 줄 몰랐다. 그런데 계속 배가 아파 병원에 갔다. 식중독이란 진단을 받았다. 집에서 계속 설사를 했다. 오한이 들었고 구토를 했다."

"급식을 먹은 날 저녁에 집에 와서 설사를 했다. 병원에 갔는데 일주일 동안 아무것도 먹지 말라고 했다. 고3이라 학교에 가야 했다. 배가 너무 고파 뭐라도 조금 먹으면 바로 화장실로 가야 했다. 일주일간 공부를 할 수 없었다."

그런데 이 식중독은 왜 발생했을까? 질병관리본부나 식품의약품안전청의 과학자들은 그 원인을 찾아냈을까? 그들은 실패했다. '노로 바이러스'라고 하는 식중독 원인균 때문에 식중독이 일어났을 것으로 추정했을 뿐이다. 무엇이 노로 바이러스를 급식소로 옮겨왔는지는 끝내 밝히지 못했다. 그저 급식의 깻잎지무침이 '역학적 관련성'이 있을 것으로 추정했을 뿐이다. 추정의 연속이었다.

이 책이 묻는 것은 과학이 왜 완벽하지 않느냐가 아니다. 그들은 문제의 깻잎지무침을 생산한 중국 공장을 현지 조사조차 하지 않았다.

서울서부지방법원의 신헌석 판사는 2007년 11월에 선고한 판결문에서, 깻잎지무침을 생산한 중국의 '단동 준아오 식품 유한공사'에서 깻잎지를 가열·소독하는 살균 공정 없이 생산한 것으로 보인다고 판단했다.[17]

신 판사는 재판 과정에서 위 회사에게 원료 검수 냉장 관련 일지를 제출하라고 명령했다. 이에 회사는 법원에 서한을 보내, 자신들은 위생 관련 규정을 철저히 지키고 있다고 했다.

신 판사는 질병관리본부의 추정을 근거로, 깻잎지무침이 노로 바이러스에 감염된 것으로 추정했다.

이는 어디까지나 법원의 추정이다. 과연 법원의 추정과 같이 식중독 발생 원인이 중국산 깻잎지무침에서 비롯되었는지에 대해선 확신할 수 없다. 원인을 밝혀낼 책임은 판사보다는 식품의약품안전청과 질병관리본부에 있다. 2,872명의 식중독 사건은 공식적인 원인조차 결론 내리지 못한 채 종료됐다. 국가는 식중독 환자 124명의 똥에서 노로 바이러스 균을 찾아냈을 뿐이다.

그런데 이로부터 약 3년이 지난 2009년 7월 7일 오후 2시, 한국보건복지인력개발원 102호 회의실에 식품위생심의위원회 미생물분과 위원들이 모였다. 이 자리에서 한 위원이 학교급식 식품에서 노로 바이러스 기준을 정해 검사해야 한다는 의견을 냈다. 그는 학생들이 먹는 새싹식품에서 노로 바이러스가 나올 위험이 있다고 말했다.

그러자 식품의약품안전청 식품기준과장은 "기준 규격 설정에 대해 고민은 하고 있다. 현재 국제적으로 노로 바이러스에 대한 기준 규격을 정하지 않고 있기 때문에, 우리 청에서는 지금은 모니터링하면서 관리를 하고 있다"고 말했다.

노로 바이러스를 2,872명의 식중독 발생 원인으로 추정했던 국가가 국제적으로 노로 바이러스에 대한 기준이 없다는 이유로 학교급식에서의 노로 바이러스 안전 기준을 정하지 않겠다는 것이다.

이렇게 소비자보다는 국제 기준의 눈치를 보는 관료들의 모습은 낯설지 않다. 밀가루는 우리나라의 대표적 수입 식품이다. 그런데 2010년 6월까지 《식품공전》에는 밀가루의 중금속 허용 기준이란 것이 없었다. 쌀, 옥수수, 대두, 팥, 고구마, 감자, 배추, 시금치, 파, 무 등 다른 농산물에는 중금속 기준이 있다. 심지어 동물이 먹는 식품에도 납 잔류 허용 기준이 있다. 그런데 왜 밀가루에는 그토록 오랜 기간 중금속 기준이 없었을까?

2009년 11월 17일, 한국보건복지인력개발원 4층 국제회의실에서 식품위생심의위원회 위해평가분과와 유해오염물질분과 합동회의가 열렸다. 밀가루에서 납이 0.4ppm 검출되었기 때문에 그 안전 대책을 마련하기 위한 자리였다. 회의록에 따르면, 이 자리에서 식품의약품안전청 식품기준부장은 이렇게 말했다.

식품의약품안전청은 올해 초에도 10대 농산물의 중금속 기준에 대해 농림부와 논의한 바 있음. 밀가루에 대한 납 잔류 허용 기준이 세계 어느 나라에서도 설정되어 있지 아니하는 등 현재로서는 기준 규격을 설정할 시기가 아니라고 생각.

2007년 10월 12일 축산물위생심의위원회 잔류물질분과 회의가 국립수의과학검역원 본관 2층 소회의실에서 열렸다. 국가가 그 잔류 허용 기준을 정하지 않은 해 동물용 의약품 판매를 인·허가해주었다가 뒤늦게 잔류 허용 기준을 만드는 자리였다. 잔류 기준은 고기의 근육이나 간 지방, 신장 등 부위별로 다르다. 그런데 한국 사람들이 즐겨 먹는 곱창 부위에 적용하는 잔류 기준은 따로 없었다.

한 위원이 기준을 준비한 공무원에게 "우리나라에서는 곱창도 포함시켜야 하지 않습니까?"라고 묻는다. 그러자 "곱창은 근육을 따르는 걸로 되어 있습니다"라는 답변이 돌아온다. 이에 대해 위원이 다시 "곱창은 지방 함량이 높아서 근육과 같지 않을 것 같습니다. 우리나라는 다른 나라에 비해 많이 먹기 때문에 고려해봐야 할 것 같습니다"라고 거듭 의견을 제시했으나, 소용이 없었다.

아직 곱창 부위를 위한 별도의 항생제 안전 기준은 존재하지 않는다. 그것은 우리가 만들어야 한다. 국제 기준이란 것이 한국인의 곱창 식습관까지 헤아려주기를 기대할 수는 없다.

한국인우 육회 등 쇠고기 식육을 날로 먹는 풍습이 아직 남아 있다. 그러므로 치명적인 대장균 O157에 노출될 위험이 있다. 그러나 햄버거 원료로 사용하는 쇠고기 분쇄육에 대해서는 '대장균 O157 : H7 : 음성이어야 한다'는 규정이 있지만, 생으로 먹는 식육에 대해서는 이런 규정이 없다. 육회의 안전 규정 또한 우리가 만들어야 하는 것이지, 국제 기준에 기대할 일은 아니다.

《식품공전》은 식품 잔류 허용 기준을 따로 정하지 않은 농약의 허용 기준은 국제식품규격위원회 농약 규정을 준용한다고 한다. 그러나 우리 생태계에 뿌리는 농약 실정을 파악해서 그에 걸맞은 기준을 정하는 일은 우리 몫이다

식품안전 주권

—

각 나라는 그 나라 식품체계의 특성과 사람들의 식생활 습관을 고려하여 독자적인 식품 규격과 기준을 정할 국제법적 권리를 가지고 있다. 1997년 세계무역기구는 이렇게 판결했다.

세계무역기구 회원국이 위생검역협정에 따라 독자적인 위생검역 기준을

설정하는 권한은 그 나라의 자주적인 권한이며, 일반적 의무로부터의 예외 사항이 아니다.*

세계무역기구 회원국은 식품안전 주권을 국제법적으로 보장받고 있다. 회원국은 국제식품규격위원회의 기준보다 엄격한 안전 기준을 설정할 국제법적 권한이 있다. 이를 식품안전 주권이라고 한다. 세계무역기구 회원국은 국제식품규격위원회의 기준을 이유로 자국의 식품안전 기준 변경을 요구받지 않는다. 세계무역기구 위생검역협정은 서문에서 이렇게 밝히고 있다.

국제식품규격위원회의 기준이나 가이드라인 또는 권고를 기초로 회원국 간의 조화를 도모하되, 회원국에 대해 자국민의 건강과 생명의 적정 보호 수준을 변경하라고 요구하지 않는다.**

국제식품규격위원회의 기준이 일반적 원칙이기 때문에 각 나라의 그것은 예외적으로만 허용한다는 그런 식의 국제법은 없다.

예를 들면 국제식품규격위원회의 표준은 1983년부터 식품 방사선처리를 폭넓게 허용한다. 그러나 일본은 식품의 방사선처리를 원칙적

---

* As noted earlier, this right of a Member to establish its own level of sanitary protection under Article 3.3 of the SPS Agreement is an autonomous right and not an "exception" from a "general obligation" under Article 3.1.

**Desiring to further the use of harmonized sanitary and phytosanitary measures between Members, on the basis of international standards, guidelines and recommendations developed by the relevant international organization including CODEX, without requiring Members to change their appropriate level of protection of human life or health.

으로 금지한다. 식품 보존을 목적으로 식품에 방사선을 쐬는 것은 안 된다.[18] 다만 예외적으로 감자의 발아 방지 목적으로만 방사선 조사를 허용한다.

국제수역사무국의 기준은 광우병이 발생한 나라라도 광우병을 적절히 관리하는 국가 등급을 받으면 쇠고기를 수출할 수 있다. 그러나 미국은 이 국제 기준과 상관없이, 여전히 법(9 CFR 94. 18)에 광우병이 발생한 나라들 목록을 만들어두고, 그곳에서 수출한 쇠고기 수입을 금지한다.

국제법과 현실이 이러한데도, 노로 바이러스 식중독 사건에서 알 수 있듯이, 관료들은 국제 기준의 품에 안주하려고 한다. 이곳 사람들의 생명과 건강을 보호할 기준을 적극적으로 마련하는 데 인색하다.

정의로운 식품법은 국제법이 보장하는 식품안전 주권을 실현한다. 사람들의 식생활 습관과 생태계의 특성을 식품안전 기준에 담는다. 그렇게 할 사람과 체계를 갖춘다.

2006년 9월 1일 축산물위생심의위원회 잔류물질분과 회의가 국립수의과학검역원 본관 2층 소회의실에서 열렸다. 이 자리에서 배합사료 제조에 섞어 쓰는 동물용 의약품의 잔류 허용 기준을 정하면서 '라살로시드'라는 의약품의 허용 기준을 근육, 지방, 신장은 20ppm 이하의 일본 기준을 따르면서 유독 간에 대해서는 일본 기준(20ppm)이 아닌 미국의 기준(700ppm)을 따르자는 안이 올라왔다. 그 이유를 한 위원은 이렇게 설명한다.

미국에서 (소의 간을) 수입할 경우 미국은 700이라는 기준인데 우리가 20

을 정해놓으면 반드시 그쪽에서 우리나라에 과학적인 근거를 제시하라고
할 것이기 때문에 간은 미국을 따르고 나머지는 일본을 따르는 게 좋을 것
같습니다. _ 회의록 p. 14

이 위원의 뜻대로 결론이 나지는 않았다. 그러나 확인할 수 있는 사
실은, 우리 자신이 과학적 역량을 갖추지 못하면, 소의 간은 미국 기준
을, 다른 부위는 일본 기준을 따라야 하는 신세가 된다는 것이다.

새로운 식품법은 우리 고유의 식생활을 과학적으로 연구하고 조사
하는 사람과 체계를 갖춘다. 일본이 국제 기준보다 엄격하게, 20개월
이 지난 미국산 쇠고기 수입을 금지할 수 있는 데는, 일본이 자국 내의
모든 소를 도축할 때마다 광우병 전수검사를 한 풍부한 자료가 바탕이
되었다. 그리고 일본이 잔류 기준이 마련되지 않은 농약에 대해 일률
적으로 최대 허용 잔류치를 0.01ppm으로 정하고, 이를 초과한 식품
의 유통을 금지한다고 규정하기까지는 일본 과학자들의 농약 연구 축
적이 중요한 역할을 했다.

사람들의 생명과 건강을 해칠 여러 가지 위해 요인을 끊임없이 체계
적으로 연구하고, 자료를 축적하며, 우리의 식생활 습관이 위해 요인
의 위험도에 어떤 영향을 주는지를 체계적이고 지속적으로 평가할 때,
비로소 식품안전 주권을 실현할 수 있다. 자신의 과학적 능력으로 사
람들의 생명과 건강을 지킬 식품안전 기준을 설정하는 것이 주권국가
의 모습이다. 새로운 식품법에서는 그럴 능력이 있는 사람과 체계를
마련할 것이다. 그래서 곱창과 육회의 안전 기준을 만들 것이다.

2,872명의 식중독

8. 포르말린

포르말린은 '폼알데하이드'라는 기체를 물에 탄 것이다. 식품의약품 안전청은 2007년 3월, 식품위해물질총서의 하나로 《식품 중 포르말린 이란?》을 발간했다. 포르말린을 다량으로 오용한 경우 중추신경의 억제나 호흡 곤란, 신장 장해 등의 급성 독성이 있으며 발암성도 있다고 경고하면서, 식료품·사료·의약품·음식과 혼합 저장하지 말 것을 취급시 주의사항으로 제시했다.

유엔 국제암연구소는 이미 2006년에 폼알데하이드가 사람에게 암을 유발하는 충분한 증거가 있어 '확인된 인체 발암 물질'로 지정했다. 포르말린으로 시체를 방부처리하는 일을 담당하던 병원 근로자들이 암에 걸려 죽은 미국의 연구 결과가 있다.

이 발암성 물질에 대한 우리나라 최초의 규제는 국립환경과학원장이 1997년 9월, '유독물 관찰 물질'이라는 고시에서 이것을 유독 물질로 분류한 것이다. 이때부터 강이나 바다에 포르말린을 배출하거나 유출하는 행위가 금지되었다.

그러나 2000년 2월 9일, 서울 용산 미8군 영안실 부책임자는 부하직원을 시켜 폼알데하이드 성분 37퍼센트가 들어 있는 포르말린 용액 약 470병을 영안실 싱크대에 쏟아버렸다. 포르말린은 아무런 정화처리 없이 하수구를 통해 한강으로 흘러들었다. 우리나라 검찰은 이 사람을 기소했고, 1심 법원은 징역 6월을 선고했다.

그런데 2006년 6월에 당시 해양수산부가 연구비를 지급한 《미승인 수산용 의약품의 실태 조사 및 관리 방안》이라는 보고서를 보면, 광어양식을 하는 어민들은 양식장에 포르말린을 아무런 제한 없이 사용했다. 이 보고서는 포르말린처럼 값이 싸면서 효과가 좋은 약품이 없어 사용을 중단할 수 없는 실정이라고 했다(p. 125).

해양수산부는 2007년 5월 '양식 수산동물 치료용 일부 화학물질의 사용 금지에 관한 규정'에서 공업용 포르말린을 양식장에서 사용할 수 없는 금지 물질로 규정했다.

환경부도 2007년 10월에 폼알데하이드 및 이를 1퍼센트 이상 함유한 혼합물질을 취급 제한 물질로 고시했다. 그래서 가구용 무늬목, 직물, 3세 이하 유아용 제품에 사용할 수 없게 했다.[19]

그런데 국립수의과학검역원은 2006년 11월 2일, 포르말린을 양식 어류 기생충 구충제로 허가했다. 그리고 2010년 현재까지 여섯 가지의 포르말린 상품을 승인했다. 대한뉴팜(주)의 아쿠아하이드, (주)대성미생물연구소의 아쿠아포린, 녹십자수의약품(주)의 아쿠아마린, 이화팜텍(주)의 피시마린, (주)제일바이오의 수산용 파라시드, 참신약품

(주)의 스킬러. 이름만 봐서는 포르말린 제품인지 알기가 쉽지 않다. 이들은 모두 37퍼센트 폼알데하이드 999밀리리터 규격이다.

2010년 1월 말까지 포르말린 제제 총 판매량은 134만 리터에 이른다.[20] 과연 무엇을 근거로 국립수의과학검역원은 이 발암 물질 포르말린을 동물용 의약품으로 허용했는가? 국립수의과학검역원에 포르말린의 안전성 심사 자료를 공개하라고 요구했더니 업체의 영업비밀이라며 공개하지 않았다. 심지어 이 약품 판매를 승인한 동물약사심의위원회 회의록 공개 요청에 대해서조차, 그런 자료는 존재하지 않는다고 답변했다.[20]

양식장에서 사용하는 포르말린이 안전한가 하는 문제는 이 책의 주제가 아니다. 확인된 발암 물질인 그것이 식품체계에 어떻게 진입할 수 있었으며, 누가 어떻게 그것을 통제하는가를 묻는다.

포르말린이 양식에 광범위하게 사용되는데도, 포르말린은《식품공전》의 '식품 중 검출되어서는 아니 되는 물질'에서 빠져 있다. 수산물에 대한 규격에 허용 기준조차 없다. 그래서 농림수산식품부 고시 '수산물 안전성 조사 업무 처리 요령'에 의한 검출 조사 대상이 되지 않는다.

환경부에 포르말린을 양식장에서 사용함으로써 생길 수 있는 수질 생태계 오염 문제에 관한 연구나 정책 자료를 공개하라고 요청했더니, 환경부는 2010년 3월 18일 이를 농림수산식품부로 이송해버렸다. 국립수의과학검역원의 답변에 의하면, 양식장에서 포르말린의 용법과 용량 준수 여부를 감독 및 점검한 결과를 알 수 있는 문서는 존재하지 않는다.*

포르말린은 발암 물질을 원료로 그것을 만드는 화학공장에서부터 이를 구충제로 사용하는 광어 양식장을 거쳐, 그 양식장에서 나온 광어를 파는 횟집으로 흘러간다. 이는 연속적인 물길이다. 그 흐름을 섬세하게 연결해서 관리해야 한다. 그러나 현실을 보면, 흐름이 억지로 단절돼, 곳곳에 관료들이 차지한 성채만 서로 분리된 채 서 있다. 성의 주인들은 제 영역만을 챙길 뿐이다. 한쪽에서는 포르말린의 원료를 유독 물질로 분류하고, 다른 한쪽에서는 포르말린을 양식장에서 사용하라고 합법화한다. 그러나 식품과 생태계에 포르말린이 잔류하지 않는지 체계적으로 조사하지 않는다.

발암 위해성 농약은 어떻게 관리하나?

—

농촌진흥청장은 2010년 2월, '발암 위해성' 농약 판매를 연간 540톤으로 제한하는 방침을 예고했다.[21]

발암 위해성 농약이란 미국 환경보호처의 구분이다. 두 종류 이상의 실험동물에서 종양이 유발되었고, 실험동물에서 충분한 종양 유발 증거가 있는 농약이다. 다만 사람에 대한 증거는 충분하지 않다.

현재 우리나라에서는 일곱 개의 제품(알라클로르 유제, 알라클로르 입제, 알라클로르·펜디메탈린 유제, 캡탄 수화제, 캡탄·폴리옥신비 수화제, 폴

---

* 동물약품관리과—1861 (2010. 03. 05) 다행스럽게도 전남 완도군의 정보 공개에 의하면, 완도군은 2007년 3월에 완도 해양경찰서, 완도 수산사무소와 합동으로 37곳의 양식장을 점검해 공업용 포르말린을 사용하는지 조사했다(해양수산과—003519, 2010. 03. 15).

펫 수화제, 다미노자이드 수화제)이 사용되고 있다. 2007~2009년 연평균 사용량이 540톤을 넘는다. 가장 많이 사용되는 것은 알라클로르 유제와 입제다. 그러나 식품의약품안전청의 《식품공전》에는 이중 펜디메탈린과 폴리옥신비에 대해서는 식품 잔류 허용 기준조차 없다.

맹독성 원제를 이용한 고독성 농약에서도 마찬가지다. 고독성 농약으로 사용되고 있는 것은 열 개 제품이다. 2007~2009년 연평균 사용량이 1,052톤을 넘는다. 사용량이 오히려 늘었다. 가장 많이 사용되는 것은 디클로르보스 유제, 이피엔 유제(잎말이나방약), 메티다티온 유제, 엔도설판 유제, 포스파미돈 액제(진딧물약) 순이다.[22] 그러나 《식품공전》에는 이 가운데 이피엔, 포스파미돈을 제외한 나머지 농약의 식품 잔류 허용 기준조차 없다.

그런데 농약은 단지 농업과 식품만의 문제가 아니다. 그것은 수질 및 수생태계에 직접적인 영향을 미친다. 그래서 '수질 및 수생태계 보전에 관한 법률'은 환경부 장관에게 수질 또는 토양의 농약 잔류 허용 기준을 정할 권한을 주고 있다.

환경부 장관은 수질 또는 토양 중에 농약 잔류량이 이 기준을 초과하거나 초과할 우려가 있다고 인정될 때에는 농약의 제조 금지·변경 또는 그 제품의 수거·폐기 등 필요한 조치를 관계 행정기관의 장에게 요청할 권한을 가지고 있다. 이 경우 관계 행정기관의 장은 특별한 사유가 없는 한 이에 응해야 한다.

과연 환경부 장관은 이런 권한을 어떻게 행사했나? 환경부 장관에게 위 법률 조항에 따라 권한 행사를 한 문서에 대해 정보 공개를 요청했더니 그런 자료는 없다고 답변했다.[23] 환경부는 농약의 제조 금지나

변경을 농림수산식품부 장관에게 요청한 사실이 없는 것이다.

환경부 예규 '농약에 의한 환경오염 방지 업무 처리 지침'을 보면, 상수원이나 농경지 유출수에서는 카보퓨란(살충제)·부타클로르(제초제)·다이아지논(살충제) 세 가지 농약을, 농경지에서는 이소란(살균제)·파라코(제초제) 두 가지를 선정해 검출 조사를 한다. 이 항목에는 농촌진흥청이 지정한 발암 위해성 농약은 없다. 그리고 우리나라에서 판매되는 농약 중 1위를 차지하는 만코제브 수화제(제초제)도 없다.

그래서 왜 이들을 검출 조사에서 제외했는지 알 수 있는 관련 근거 자료를 요청했더니 그런 자료는 없다고 했다.[24]

발암 위해성 농약과 고독성 농약이라는 위해 요인이 농약 공장에서 시작해 농지와 저수지를 거쳐 사람의 식탁에 오르는 길은 물길처럼 연결된다. 그러나 관료들은 그 길을 분리해서 한쪽에서는 그 생산을 승인하고, 다른 한쪽에서는 식품 잔류 허용 기준조차 제대로 정하지 않으며, 또 다른 한쪽에서는 상수원이나 농경지에 얼마나 잔류하는지 조사조차 하지 않는다.

알 수 없는 물

—

식품체계의 물길을 단절하고 분리하는 것은 누구를 위한 것인가? 수처리제라는 것을 보자. 독자들은 청량음료수나 술에 사용하는 물이 모두 수돗물이거나 생수일 거라고 생각해서는 안 된다. 《식품공전》은 1997년부터 지하수나 강물을 '수처리제'로 소독해 식품에 사용할 수

있도록 허용했다. 그러나《식품공전》어디에서도 무엇이 수처리제인
지를 설명하지 않는다. 소비자가 아무리《식품공전》을 정독해도 식품
에 사용하는 물이 어떤 것인지 알 수 없다. 물은 가장 기본적이고 필수
적인 식품이지만 소비자는 그 정보를《식품공전》에서 얻을 수 없다.

물은 식품의약품안전청의 영역이 아니다. 환경부가 지배한다. 식품
에 사용하는 물을 제대로 파악하려면 환경부 장관만이 고시할 수 있는
'수처리제의 기준과 규격 및 표시 기준'을 보아야 한다. 그러면 비로소
수처리제가 고도표백분, 차아염소산나트륨, 이산화염소, 오존, 현장제
조염소, 과산화수소수 등이라는 것을 알 수 있다.

환경부는 2001년 7월, '먹는 물 관리법 시행규칙'을 개정해 먹는 물
의 수질 기준에 미치지 못하는 지하수 수질 기준의 샘물이라도 개발할
수 있도록 했다. 이전에는 샘물을 개발하려면 먹는 물의 수질 기준은
되어야 했다. 이렇게 해서 식품 회사들은 지하수 수준의 샘물을 수처
리제로 소독해 술과 청량음료에 사용할 수 있게 되었다. 먹는 물의 수
질에 미치지 못해 그대로는 먹는 물로 행세할 수 없던 것이 수처리제
를 만나서 술과 청량음료가 되어 사람의 입으로 들어간다.

사람의 입에 들어가는 물은 하나지만, 분리된 제도는 하나의 물을
보여주지 않는다. 소비자는 물을 제대로 파악할 수 없다. 수돗물만이
아니라 '먹는 물', '먹는 샘물', '해양심층수', '먹는 해양심층수'가 있
고, 식품에 들어가는 지하수와 하천의 강물이 있다. 그리고 서로 다른
관료들이 제각기 물을 관리한다. 심지어 먹는 해양심층수의 수질 기준
은 식품의약품안전청도 환경부도 아닌 국토해양부가 정한다.

식품체계를 쪼개고 또 쪼개다

—

'니트로 퓨란'이라는 항균제가 있다. 유엔 세계보건기구 암연구센터는 1987년에 이를 발암 가능물질로 지정했다. 우리나라에서는 1999년에 '동물용 의약품 등 취급 규칙'에서, 양식장에서의 사용을 금지했다. 식품의약품안전청은 2006년 8월 29일, '유해성이 검증되었다'는 이유로 《식품공전》에서 쇠고기 등에서의 잔류 허용 기준을 삭제했다. 그때까지는 0.1mg/kg이 최대 허용 잔류치였다.

그런데 식품의약품안전청은 이 물질을 검출되어서는 안 되는 물질로 정식 지정하지 않았다. 그래서 이 물질은 국립수산물품질검사원이 하는 수입 수산물 검사 항목에서 빠졌다. 제도적 방어벽이 허물어진 것이다.*

마침내 2007년 7월, 시중에 유통되던 중국산 냉동새우에서 이 발암 가능물질이 검출되었다. 점검해보니 이 새우는 같은 해 5월 국립수산물품질검사원의 수입 검사를 무사히 통과했다.

지금의 식품법은 관료들을 위해 식품체계를 잘게 쪼개고 분리해 관료들의 봉토로 나누어준다. 식품의 규격과 안전 기준에는 다음과 같이 관료들의 땅따먹기판이 된 37개의 영역이 있다.

1. 식품 일반 : 식품의 기준 및 규격(식품의약품안전청 고시)

---

* 식품의약품안전청은 2007년 10월 18일에야 《식품공전》을 개정해, 이 발암 가능물질을 동물용 의약품 가운데 검출되어서는 안 될 물질로 올렸다.

2. 축산식품 : 축산물의 가공 기준 및 성분 규격(국립수의과학검역원 고시), 축산물 등급 판정 세부 기준(농림수산식품부 고시)

3. 수산식품 : 수산물 수산가공품 검사 기준(국립수산물품질검사원 고시), 수산물 표준 규격(국립수산물품질검사원 고시)

4. 농산물 : 생산단계 농산물의 위해 요인 잔류 허용 기준(농림수산식품부 고시), 농산물 표준 규격(국립농산물품질관리원 고시), 우수 농산물 관리 기준(농촌진흥청 고시)

5. 학교급식 : 학교급식 식재료의 품질관리 기준(교육과학기술부령 학교급식법 시행규칙)

6. 어린이 기호식품 : 어린이 기호식품 품질인증 기준(식품의약품안전청 고시)

7. 생약 : 생약 등의 잔류 오염물질 기준 및 시험 방법(식품의약품안전청 고시)

8. 목초액 : 목초액의 규격과 품질(국립산림과학원 고시)

9. 인삼 : 인삼류의 제조 기준(농림수산식품부령 인삼사업법 시행규칙)

10. 수돗물 : 위생안전 기준(환경부령 수도법 시행규칙)

11. 먹는 물 : 먹는 물 수질 기준 및 검사 등에 관한 규칙(환경부령)

12. 먹는 샘물 : 먹는 샘물의 기준과 규격 및 표시 기준(환경부 고시)

13. 먹는 해양심층수 : 해양심층수의 수질 기준(국토해양부령 해양심층수의 개발 및 관리에 관한 시행규칙)

14. 해양심층수 : 해양심층수 및 처리수의 기준과 성분 및 함량 등에 관한 표시 기준(국토해양부 고시)

15. 두부와 같은 일반 식품에 들어가는 바닷물(간수) : 식품의 기준 및 규격(식품의약품안전청 고시), 대통령령 환경정책기본법 시행령의 환경 기준에서 등급 1의 수질 기준

16. 지하수 : 지하수의 수질 기준(환경부령 지하수의 수질 보전 등에 관한 규칙)

17. 소금 : 염 및 그 중금속 성분의 기준 규격(농림수산식품부령 염관리법 시행규칙)

18. 술 : 주류법 시행령(대통령령), 주정의 품질 기준(주세사무처리규정)

19. 건강기능 식품 : 건강기능 식품의 기준 및 규격(식품의약품안전청 고시)

20. 전통식품 : 전통식품 표준 규격(국립농산물품질관리원 고시)

21. 가축 식품 : 유해 사료의 범위와 기준(농림수산식품부 고시), 사료 공정서(농림수산식품부 고시)

22. 목초와 건초 : 조사료 수입 위생 조건(농림수산식품부 고시)

23. 동물용 의약품 : 동물용 의약품 등 취급규칙(농림수산식품부령), 배합사료 제조용 동물용 의약품 등 사용 기준(국립수의과학검역원 고시), 동물용 의약품 공정서(국립수의과학검역원 고시), 국가 검정 동물용 의약품 검정 기준(국립수의과학검역원 고시), 안전성 및 유효성 문제 성분 함유제제 등에 관한 규정(국립수의과학검역원 고시)

24. 동물용 의약외품 : 동물용 의약외품 동물용 의료기기의 범위 및 지정에 관한 규정(국립수의과학검역원 고시)

25. 김 양식 활성처리제 : 김 양식어장 활성처리제 사용 기준(농림수산식품부 고시)

26. 비료 : 비료 공정 규격(농촌진흥청 고시)

27. 농약 : 농약의 등록 기준(농촌진흥청 고시), 농약의 안전 사용 기준(농촌진흥청 고시), 농약의 취급 제한 규정(농촌진흥청 고시), 농약의 수출입 승인 기준(농촌진흥청 고시), 농약의 표시 기준(농촌진흥청 고시), 농약에 의한 환경오염 방지 업무 처리 지침(환경부 예규), 골프장의 입지

기준 및 환경보전 등에 관한 규정(문화체육관광부 고시), 골프장 농약 잔류량 검사 방법(환경부 고시)

28. 식품첨가물 : 식품첨가물의 기준 및 규격(식품의약품안전청 고시)

29. 술 첨가물 : 주세법 시행령 별표2(대통령령), 주류에 첨가할 수 있는 물료의 지성 고시(국세청 고시), 주류의 제조·저장·이동·원료·설비 및 가격에 관한 명령위임 고시(국세청 고시), 소규모 맥주 제조자에 대한 주류의 제조·저장·설비·가격 및 판매에 관한 명령위임 고시(국세청 고시)

30. 유해 화학물질 : 취급 제한·금지 물질에 관한 규정(환경부 고시)

31. 기구용기 포장 : 식품 기구 및 용기 포장의 규격 및 기준(식품의약품안전청 고시)

32. 농산물 포장재 : 농산물 검사 기준(농림수산식품부 고시)

33. 기구 용기 포장 살균소독제 : 식품첨가물의 기준 및 규격(식품의약품안전청 고시), 식품 등의 한시적 기준 및 규격 인정 기준(식품의약품안전청 고시)

34. 수처리제 : 수처리제의 기준과 규격 및 표시 기준(환경부 고시)

35. 세척제 : 위생용품의 규격 및 기준(보건복지부 고시)

36. 헹굼보조제 : 위생용품의 규격 및 기준(보건복지부 고시)

37. 정수기 : 정수기의 기준·규격 및 검사기관 지정 고시(환경부 고시)

환경, 식품, 농업을 하나로 묶는 환경식품안전

—

정의로운 식품법은 식품체계의 흐름을 관료들을 위해 분리하지 않는다. 식품은 환경과 농업이 낳는다. 그러므로 우리가 식품을 먹을 때 결국 환경을 먹는다. 환경이 오염되면 농업이 오염되고 밥상도 오염된다. 환경과 식품과 농업은 하나다. 환경과 식품과 농업을 통합적으로 관리해야 한다. 이를 위한 기본 개념이 환경식품안전이다.

사회의 구성원들에게 안전한 먹을거리를 지속적으로 제공하는 것은 그저 식당 주방을 청결하게 하고, 조리사들이 손을 자주 씻고, 행주를 삶아 살균하는 식품위생 이상이다. 생태계와 농업과 식품의 안전을 하나로 추구해야 비로소 가능하다. 그것이 환경식품안전이다. 새로운 식품체계는 데라우치 식품법이 가두어놓은 식품위생이라는 자폐적 우리에서 걸어나와야 한다. 그래서 지역의 환경과 농업을 만나야 한다.

바다에 버린 똥이 다시 식품으로

식품위생의 좁은 개념으로는 안전한 식품체계를 만들 수 없다. 바다에 버리는 똥을 보자. 1977년에 해양오염방지법으로 축산분뇨의 해양 투기를 합법화한 이후 축산폐수 해양 투기량은 가파르게 늘어 바다를 오염시켰다.

게다가 양식어업이 크게 늘면서 김 양식장에서 활성처리제라는 이름으로 농약을 바다에 뿌리고 있다. 활성처리제란 김 양식장에서 잡조 제거 등의 목적으로 사용되는, 유기산을 주성분으로 하는 물질이다. 농림수산식품부 고시 '김 양식어장 활성처리제 사용 기준'을 보면 수은이 1리터당 0.50밀리그램 이하, 납이 2.00밀리그램 이하로 되어 있다.

이렇게 바다에 버린 똥과 농약이 얼마나 바다를 오염시켰는지는 알수 없다. 그러나 확실하게 알 수 있는 사실은, 사람들은 바다에서 나는 식품을 먹는다는 것이다. 역설적이지만 똥이 식품이 되고, 식품이 다시 똥이 된다. 우리가 바다에 무엇을 버리든 결국 언젠가 우리가 다시 그것을 먹게 된다.

그러므로 식품의약품안전청이 1990년 1월부터 수산 자연식품의 중금속 기준을 정해서 수은의 잔류 허용 기준을 0.7mg/kg 이하, 납은 2mg/kg 이하라고 정하는 것으로는 충분하지 않다. 바다에 똥을 버리는 옆에서 수산식품의 수은 기준을 정해서 발표하는 것은 본래의 식품법이 아니다. 새로운 식품법은 환경식품안전의 원칙으로, 바다에 버리는 똥을 품는다.

밀가루의 납은 어디서 왔나?

2009년 밀가루에서 납이 0.4ppm 검출되었다. 모두 29건의 검사 중, 4건의 밀가루에서 0.1~0.4ppm의 납이 나왔다. 3건은 수입 밀가루였고 1건은 국산이었다. 쌀과 옥수수의 납 허용 기준은 0.2ppm 이하다.

왜 밀가루에서 납이 나왔을까? 식품의약품안전청의 위해예방정책국장은 2009년 11월에 열린 식품위생심의위원회에서 토양으로부터의 오염 등, 원인이 자연적인 것들은 단기적으로 대응함에 한계가 있다고 말했다. 그의 말은 땅이 오염되었기 때문에 밀가루에서 납이 나왔다는 의미다. 그러므로 식품의약품안전청이 2010년 6월, 밀가루의 납 허용 기준을 0.2mg/kg 이하로 신설한 것으로는 충분하지 않다.

정의로운 식품법은 농산물의 중금속 오염도를 조사하는 데 머무르지 않는다. 지난 100년간, 식품법은 건강한 땅을 회복하는 것이 자신의 중요한 영역임을 잊어버렸다. 의약품과 가공식품 중심주의에 눌려, 환경과 농업과 식품이 하나임을 망각했다. 새로운 식품법은 환경식품안전의 기본 원칙을 회복하는 것이다.

통합된 환경식품안전 행정을 위해

정의로운 식품법은 관료들이 세워놓은 영역 표시 칸막이를 뽑아낼 것이다. 그래서 통합된 하나의 식품안전 행정을 만들 것이다. 그 이름을 환경식품안전부 또는 환경식품안전청이라고 해도 좋다. 현재 환경부, 식품의약품안전청, 보건복지부, 농림수산식품부, 국립수의과학검역원, 국립수산물검사원, 농촌진흥청, 국토해양부, 국세청, 문화체육관광부 등으로 뿔뿔이 나뉘어 있는 환경식품안전 행정을 통합한 조직이다. 이곳의 역할은 7장의 독립적인 전문가 위원회가 정한 환경식품안전 기준을 지방자치단체와 함께 집행하는 것이다.

새로운 환경식품안전 행정기관은 산업 진흥 업무를 담당하지 않는다. 그곳에는 더 이상 물산업지원팀이 존재하지 않을 것이다. 농업 진흥을 담당하는 부처인 농림수산식품부가 농약안전 기준을 설정하는 일은 없을 것이다.

4부

녹색식품 표시

9. 식품
알레르기

새우를 먹으면 입과 얼굴이 마구 붓는 사람들이 있다. 식품 알레르기다. 아직 그 정확한 원인을 과학적으로 밝히지 못했다. 미국 의회의 자료를 보면, 2004년 한 해에 미국에서 식품 알레르기로 150명이 죽고 3만여 명이 응급실로 실려갔다. 그리고 미국 어린이의 5퍼센트는 식품 알레르기로 고통을 받고 있다.

식품 알레르기는 현재로서는 치료법이 없다. 그러므로 소비자에게 더 정확하고 분명한 주의를 주어야 한다. 예를 들면 "이 식품의 계란 성분은 알레르기를 유발할 수 있습니다" 같은 분명한 정보를 주어야 한다.

그러나 현재 알레르기 식품 표시는 제구실을 하지 못한다. 식품의약품안전청 고시인 '식품 등의 표시 기준'은 가금류의 알, 우유, 메밀, 땅콩, 대두, 밀, 고등어, 게, 새우, 돼지고기, 복숭아, 토마토가 한국인에게 알레르기를 유발하는 것으로 알려져 있다고 명시하고 있다. 그런데 이들을 원료로 사용한 식품의 경우 알레르기 주의 표시를 따로 하지 않고 원재료명만 표시하도록 할 뿐이다. 이를테면 '계란', '밀' 등으로 표시하면 된다.

이것을 알레르기 주의 표시라고 할 수 있을까? 이미 '식품 등의 표시 기준'은 원칙적으로 모든 원재료 식품명을 표시하도록 하고 있다. 보통의 소비자가 '계란', '밀'이라는 표시를 보고 알레르기 주의를 알아차리기란 어렵다. 특히 어린이를 포함해, 자신이 어떤 종류의 식품에 어느 정도로 알레르기가 있는지 정확히 알지 못하는 대부분의 소비자에게 '계란'이라는 표시는 단순한 원재료 식품 표시에 지나지 않는다.

8장에서 본 수처리제의 표시를 보자. 1997년부터 지하수나 강물을 오존처리 살균하여 술이나 청량음료에 사용할 수 있도록 했다. 물을 오존처리 살균하는 과정에서 발암 가능물질인 브롬산염이 생성될 수 있음을 독자들은 이미 알고 있다. 그러나 소비자들은 자신이 먹고 있는 음료수나 술이 오존처리한 물로 만든 것인지를 알 수 없다. 그것을 표시 사항으로 정하지 않았기 때문이다.

4부는 식품 표시라는 또 하나의 핵심적 주제에서 새로운 식품법을 제시한다. 식품 표시란 본디 식품의 양과 질에 관한 정보를 소비자에게 제공하기 위해, 식품의 겉 또는 그와 인접한 포장, 용기, 첨부물 등에 식품의 동일성과 품질에 관한 정보를 문자나 숫자 등 여러 방법으로 기재하는 것이다. 9장에서는 보편적 식품 표시를 제시한다.

식품 표시 사항은 크게 세 가지로 나눌 수 있다. 해당 사항을 반드시 표시해야 하는 의무표시, 표시 여부를 선택에 맡기는 임의표시, 그리고 해서는 안 되는 금지표시가 있다. 12장의 유전자조작 표시가 첫 번째에, 11장의 유기농 표시가 두 번째에, 그리고 10장의 허위 표시가 세 번째에 해당한다.

식품에 무엇을 표시하도록 할 것인가는 한 사람 한 사람의 소비자에게는 필요한 식품 정보를 제공해 합리적으로 선택할 수 있게 하며, 식품체계 전체로 보면 생산자에게 나아갈 지향점을 제시한다. 역설적으로 식품 표시는 소비자들이 꼭 알아야 할 민감하고도 중요한 식품 정보를 합법적으로 은폐해 소비자들의 식품 정보를 직접적으로 제한하는 수단이 될 수도 있다. 동시에 자연식품과 조리식품보다는 가공식품 특히 화학적 가공식품이 식품체계를 주도하는 상황을 지탱하는 필수적 도구일 수 있다. 다음의 사례들이 어느 쪽에 속할지 판단해보기 바란다.

- 2010년 1월 1일 전에는 라면 회사들이 방사선처리한 양파, 마늘, 감자를 라면 스프의 원료로 사용했더라도 이 사실을 표시하지 않아도 되었다.
- 껌에 첨가하는 식품첨가물을 일컫는 '껌 베이스'에는 초산비닐수지, 소르비탄지방산에스테르, 탄산칼슘, 석유왁스 등을 사용한다. 그러나 껌에는 이런 원료 표시를 하지 않고 단지 '껌 베이스'라고만 표시하도록 되어 있다. 그러므로 소비자는 무엇을 원료로 껌을 만들었는지 알 수 없다.
- 유전자조작 콩을 원료로 식용유를 만들었지만 식용유에는 이런 사실을 표시하지 않아도 된다.
- 오렌지주스 병에 '오렌지 100퍼센트'라고 표시되었더라도 주스에 오로

지 오렌지만 100퍼센트 들어 있다고 생각해서는 안 된다. 오렌지 농축액을 희석해서 원상태로 환원해 사용하는 주스의 경우에는 환원된 원재료 식품의 농도가 100퍼센트 이상이면 주스에 화학적 식품첨가물을 넣었더라도 '오렌지 100퍼센트'라는 표시를 할 수 있다.

- 열량이 5칼로리 미만이면 '제로 칼로리'라고 표시할 수 있고, 식품 100그램당 지방이나 당류가 0.5그램 미만일 경우에 '지방 무', '당류 무'라고 표시할 수 있다. 제로가 0을 의미하지 않는 것이다.

- 양념된장에 '된장(콩 : 중국산)'이라고 표시되어 있다고 해서 된장의 원재료 식품 중 콩만 중국산이고 밀가루, 양파, 마늘, 고추는 국산이라고 믿어서는 안 된다. 양념된장의 된장 원료 식품 중 중국산 콩이 50퍼센트가 넘으면, 콩의 원산지만 중국산이라고 표시하면 되고, 나머지 원재료 식품의 원산지는 표시하지 않아도 된다.

- 막걸리에 원료 '백미 90퍼센트'라고 되어 있더라도 이를 국산 쌀로 만들었을 거라고 여겨서는 안 된다. 여태 술에는 원료의 원산지 표시를 적용하지 않는다.

- 정육점에서 파는 쇠고기에 '1등급'이라고 표시되었더라도 1등 쇠고기로 믿어서는 안 된다. 실은 그것은 총 5개의 등급 중 3등급이다. 그보다 더 높은 두 개의 등급으로 1++등급, 1+등급이 있다.

- 백화점에서 판매하는 미국산 쇠고기에는 도축장이나 미국 제조사의 이름을 표시하지 않아도 된다.

식품 표시제의 미로 속으로

—

새로운 식품 표시의 출발은 조각조각 분리된 식품표시법을 일관된 원칙을 가지고 하나로 끌어안는 것이다. 식품법 100년이 지나도록 자연식품, 조리식품, 가공식품 모두에 적용하는 보편적 식품표시법이 존재하지 않는다. 다만 찢기고 변칙적인 미로가 있을 뿐이다. 거칠게나마 식품 유형을 기준으로 아래와 같이 15개의 식품표시법 조각을 분류할 수 있다.

1. 식품 일반 : 식품 등의 표시 기준(식품의약품안전청 고시), 표시광고 사항에 관한 통합 공고(공정거래위원회 고시), 방송광고 심의에 관한 규정(방송통신심의위원회 고시), 실량 표시 상품의 종류 및 허용 오차(계량에 관한 법률 시행규칙), 농수산물의 원산지 표시에 관한 법률

2. 양곡 : 양곡의 표시 사항 및 표시 방법(농림수산식품부령 양곡관리법 시행규칙), 쌀·현미의 품종 표시 사항 중 다른 품종 또는 계통의 혼합 허용 범위(농림수산식품부 고시)

3. 축산식품 : 축산물의 표시 기준(국립수의과학검역원 고시), 식육의 부위별·등급별 및 종류별 구분 방법(농림수산식품부 고시), 축산물위생관리법 시행규칙의 '축산물 판매영업자의 준수사항'

4. 수산식품 : 수산물 표준 규격(국립수산물품질검사원 고시), 수산물·수산가공품 검사 기준(국립수산물품질검사원 고시), 농수산물의 원산지 표시 요령(농림수산식품부 고시)

5. 자연식품 : 농산물 표준 규격(국립농산물품질관리원 고시), 임산물 표준

규격(산림청 고시), 농수산물의 원산지 표시 요령(농림수산식품부 고시)

6. 먹는 샘물 : 먹는 샘물의 기준과 규격 및 표시 기준(환경부 고시)

7. 해양심층수 : 해양심층수의 표시 사항(해양심층수의 개발 및 관리에 관한 법률 시행규칙), 해양심층수의 및 처리수의 기준과 성분 및 함량 등에 관한 표시 기준(국토해양부 고시)

8. 먹는 해양심층수 : 먹는 해양심층수의 용기·포장 등에 관한 표시 기준(국토해양부 고시)

9. 수처리제: 수처리제의 기준과 규격 및 표시 기준(환경부 고시)

10. 소금 : 소금의 표시 사항(염관리법 시행규칙)

11. 인삼 : 인삼의 표시 사항(인삼사업법, 인삼사업법 시행령)

12. 건강기능 식품 : 건강기능 식품의 표시 기준(식품의약품안전청 고시)

13. 술 : 과음에 대한 경고문구의 표시 방법(국민건강증진법 시행규칙 별표 2), 흡연 및 과음 경고문구 표시 내용(보건복지부 고시), 주류의 표시 사항 및 표시 기준(주세법 시행규칙 별표), 민속주 및 농민·생산자단체 주류의 양도·양수 방법, 상대방 및 기타 등에 관한 명령위임 고시(국세청 고시)

14. 유전자조작 식품 : 유전자재조합 식품 등의 표시 기준(식품의약품안전청 고시), 유전자변형 수산물의 표시 대상 품목 및 표시 요령(농림수산식품부 고시), 유전자변형 농산물 표시 요령(농림수산식품부 고시), 유전자변형 생물체의 국가간 이동 등에 관한 법률 시행령

15. 유기농 식품 : 친환경농업육성법, 식품산업진흥법

식품 공급자들은 어느 법에 따라 표시를 해야 할지 갈피를 잡지 못

하며, 소비자들은 통합된 식품 정보를 충분히 얻지 못한다. 각각의 표시 제도는 서로 부딪쳐 모순의 파열음을 낸다.

이중 어느 한 곳으로 들어가더라도 다시 미로를 만난다. 대표적인 규정인 '식품 등의 표시 기준'의 문을 열어보자. 그 안에서 다시 '표시 대상 식품'이라는 어지러운 교차로를 만난다(3조).

표시 대상 식품 등은 다음과 같다.

　가. 식품위생법 시행령(이하 "영"이라 한다) 제7조 제1호의 규정에 의한 식품 제조·가공업 및 동조 제2호의 규정에 의한 즉석판매 제조·가공업의 신고를 하여 제조·가공하는 식품. 다만, 식용 얼음의 경우에는 5킬로그램 이하의 포장 제품에 한한다.

　나. 영 제7조 제3호의 규정에 의한 식품첨가물 제조업의 허가를 받아 제조·가공하는 식품첨가물

　다. 영 제7조 제5호 가목의 규정에 의한 식품소분업으로 신고를 하여 소분하는 식품 또는 식품첨가물

　라. 방사선으로 조사처리한 식품

　마. 수입 식품 또는 수입 식품첨가물

　바. 유기가공 식품

　사. 자연상태의 식품 중 다음에 해당하는 식품. 다만 식품의 보존을 위하여 비닐 랩(Wrap) 등으로 포장(진공포장 제외)하여 관능으로 내용물을 확인할 수 있도록 투명하게 포장한 것은 제외한다.

　　1) 가목부터 바목까지 해당하는 식품 외의 용기·포장에 넣어진 식품

　　2) 수입 농·임·축·수산물로서 용기·포장에 넣어진 식품

'식품 등의 표시 기준'이 스스로 자신은 모든 식품에 보편적으로 적용되는 것이 아니라고 밝히고 있다. 앞의 '가'부터 '사'까지 7개 항의 어느 하나에 해당하는 식품에만 적용된다. 그렇다면 이 7개의 쪽문은 누구나 쉽게 찾을 수 있도록 친절한가? 초등학생이 원칙 없이 섞어쓴 작문과 같다. '라' 항을 보면, 방사선처리 식품을 표시 대상 식품의 하나로 집어넣었다. 그러나 방사선처리를 하지 않은 식품이라고 하여 식품 표시를 적용하지 않는 것은 아니다. 방사선처리는 표시할 사항에 지나지 않는다. 표시법을 적용할 대상과 표시할 사항을 구별하지 못한 것이다. 어떤 식품이라도 방사선처리를 했으면 그 사실을 표시해야 하는 것이지, 방사선처리 식품이기 때문에 식품표시법을 적용하는 것이 아니다.

7개 항에서 사용한 낱말의 뜻도 이해가 되지 않는다. '사' 항에는 '자연상태의 식품'이라는 말이 있다. 그 의미가 무엇인지 알 수 있는 곳이 없다. 그리고 자연상태의 식품 가운데서도 용기와 포장에 넣은 것에만 식품표시법을 적용한다고 되어 있다. 그러나 가공식품과 달리 자연식품은 반드시 용기에 넣거나 포장을 해서 판매하는 것은 아니다. 양곡관리법 시행규칙의 '양곡의 표시 사항 및 표시 방법'에서도 양곡을 용기나 포장에 넣지 않은 상태로 판매하는 경우, 푯말에 식품 표시를 하도록 한다.

'사' 항을 더 읽으면, "식품의 보존을 위하여 비닐 랩(Wrap) 등으로 포장(진공포장 제외)하여 관능으로 내용물을 확인할 수 있도록 투명하게 포장한 것은 제외한다"는 문장이 나온다. 비닐 랩을 씌우면 식품표시법을 적용하지 않는다는 것은 웃음거리다.

미로를 열면 다시 미로가 나오는 구조는, 축산식품에 적용한다는 국립수의과학검역원 고시 '축산물의 표시 기준'도 마찬가지다. 여기서는 4개 항으로 적용 대상을 규정했는데, 소비자들이 가장 많이 찾는 정육점의 국내산 쇠고기와 돼지고기 생육은 적용 대상에서 빠졌다. 대신 '포장육'이라고 하는 난해한 낱말이 버티고 있다. 이것은 포장한 상태로 냉장 또는 냉동한 것을 의미한다. '식육'이라고 부르는 생육은 여기에 해당되지 않는다.

'포장육' 항목에 들어가도 또 미로다. 모든 포장육에 식품 표시를 적용하는 것도 아니다. 식육 포장처리업자(포장육을 만드는 영업을 하는 사람)가 만든 것만 표시 대상 식품이다. 포장육을 다시 절단하거나 나누어 판매하는 경우에는 축산물의 표시 기준을 적용하지 않는다.

그렇다면 국내산 쇠고기와 돼지고기 생육에 적용하는 식품표시법은 앞의 15개 식품 표시 분류 중 어디에 있는가? 세 번째에서 다시 세 번째인 축산물위생관리법 시행규칙의 '축산물 판매영업자의 준수사항'이라는 곳에 숨어 있다. 이에 따르면, 식육 판매자는 식육의 종류·원산지·부위 명칭·등급·도축장명 및 개체식별 번호 또는 선하증권 번호를 표시해서 판매해야 한다.

그리고 이 시행규칙에 따라 농림수산식품부가 고시한 '식육의 부위별·등급별 및 종류별 구분 방법'을 보면, 쇠고기는 1++등급·1+등급·1등급·2등급·3등급·등외(D등급)로, 돼지고기는 1+등급·1등급·2등급·3등급·등외(E등급)로 규격을 표시해야 하고, 원산지·식육의 종류·부위 명칭·도축장명을 표시해야 한다.

바나나우유와 바나나맛 우유

—

새로운 식품 표시는 미로 속의 미로 구조를 양지로 끌어내 하나로 통합할 것이다. 이는 새로운 식품체계를 이루는 데 매우 중요하다. 현재의 미로 구조는 화학적 가공식품을 위한 것이다.

바나나맛 우유 또는 딸기향 우유라는 것을 보자. 바나나와 딸기를 전혀 사용하지 않고 식품첨가물로 그 맛과 향을 내는 제품인데도 제품 명칭으로 바나나와 딸기라는 단어를 사용할 수 있도록 한다. 그래서 '바나나맛 우유', '딸기향 우유'라는 이름으로 팔린다.

이는 소비자, 특히 어린이들을 혼동시켜 유인하는 행위다. 바나나맛 우유와 딸기향 우유라는 제품 이름은 바나나와 딸기를 연상시킨다. 어린이들은 비록 그 이름이 바나나맛 우유일지언정, 이것이 실은 바나나맛을 내는 화학착향료를 첨가한 것일 뿐, 바나나로 바나나맛을 낸 것이 아님을 얼른 알아차리지 못한다. 아무리 제품 명칭 옆에 '합성 딸기향 첨가'라고 표시한다고 해도 어린이들에게는 마찬가지다. 이렇게 혼동 가능한 것을 제품 이름으로 허용해서는 안 된다.

이것은 편법적인 특혜다. 현행 식품표시법을 보면 딸기와 같은 원료 식품을 제품의 이름으로 사용하려면 엄격한 요건을 갖추어야 한다. 예를 들어, 제주도에서 딸기농사를 짓는 농가가 딸기잼을 만들어 여기에 '제주 딸기잼'이라는 이름을 붙이려면, 실제로 얼마만큼의 딸기를 원료로 사용했는지 그 함량을 주표시면에 표시해야 한다. 딸기를 실제로 사용해야만 잼 제품 이름에 '딸기'라는 낱말을 사용할 수 있다.

유기농 표시도 마찬가지다. 최종 제품에 남아 있는 원재료의 95퍼센트 이상이 유기농일 경우에만 제품명에 '유기'라는 낱말을 사용할 수 있다.

그런데도 실제로 딸기를 전혀 사용하지 않고 그저 딸기맛을 내는 화학적 합성착향료를 사용했다는 이유로 우유 제품 이름에 '딸기'라는 글자를 사용할 수 있게 하는 것은 특혜다. '딸기' 대신 '딸기맛'이라고 표시하도록 했다고 해서 이 모순이 해소되는 것은 아니다. '딸기'와 '딸기맛'은 얼마나 다른가? '딸기우유'의 맛은 '딸기맛'이 아니란 말인가?

자연식품을 위한 표시
—

반면 자연식품 전반의 장점과 특성을 위한 보편적 식품 표시는 존재하지 않는다. 표시제는 여기저기 흩어져 있고, 그 내용은 충분한 정보를 소비자에게 전달하기에 부족하고, 법적 효력도 약하며, 법적 근거 또한 부실하다.

양곡은 별도로 '양곡관리법 시행규칙 별표4'로 정한 '양곡의 표시 사항 및 표시 방법'을 적용한다. 이에 따르면, 양곡의 품목·생산 연도·중량·품종·도정 연월일·생산자나 가공자 또는 판매원의 주소, 상호명(또는 성명) 및 전화번호를 의무적으로 표시해야 한다. 포장을 하지 않은 경우 용기 표면이나 푯말에 표시할 수 있다.

그러나 소비자들에게 필요한 중요 정보인 '특', '상', '보통' 등의 품위 및 단백질 함량 같은 품질은 의무표시 사항이 아니다.

수산 자연식품의 의무표시 사항으로는, '수산물·수산가공품 검사 기준'에 수산식품에는 제품명, 중량(또는 내용량), 업소명(제조업소명 또는 가공업소명), 원산지명 등을 표시해야 한다는 내용의 고시가 있다. 그러나 이것은 국립수산물품질검사원장이 법적 근거 없이 정한 것이다.

특, 상, 보통의 등급을 표시하는 '수산물 표준 규격'이나 '농산물 표준 규격'이라는 것은 모두 임의표시다. '표준 규격품'임을 표시하고자 하는 사람에게만 적용한다.

가공식품 특히 화학적 가공식품을 위한 표시는 화려하고 자연식품을 위한 그것은 초라하다. 이런 구조에서는 소비자들이 후자에 대한 식품 정보를 충분히 알 수 없다.

식품 표시 제도에서 근본적인 변화가 일어나야 한다. 모든 식품에 적용하는 보편적 식품표시법이 필요하다. 자연식품, 조리식품, 가공식품의 모든 식품을 포괄하는 통합적인 식품 표시제를 세워야 한다.

새로운 식품표시법에서 식품 표시는 소비자 주권을 보장하고 안전한 식품을 지속적으로 제공하는 식품체계에 이바지할 것이다. 건강에 이바지하고 환경을 지키는 자연식품 정보를 소비자들에게 충분히 제공할 것이다.

10. 자두

　2004년, 김천에서 저농약 친환경 농법으로 자두농사를 짓는 농민이 있었다. 그는 과수원에 제초제를 뿌리지 않고 유기질 퇴비로 자두나무를 길렀다. 농약도 1년에 한두 번만 뿌렸다. 그는 자두농사 일지를 기록해서 과수원 인터넷 누리집에 올릴 정도로 부지런했다.

　그런 그가 2004년 8월, 피의자 신분으로 김천경찰서에 출석해야 했다. 경찰은 그를 식품을 의약품으로 혼동할 우려가 있는 광고를 했다는 이유로 입건했다. 이게 무슨 영문인가?

　발단은 자두가 몸에 좋다고 방송한 텔레비전 프로그램이었다. 그는 2004년 6월, 한국방송(KBS)의 '무엇이든 물어보세요'라는 프로그램에서 자두가 피로 해소는 물론 산성 체질을 개선시키고 신장병과 골다공증 치료에도 효과가 있다고 방송하는 것을 보았다. 그래서 그 내용을 자신의 과수원 인터넷 누리집에 그대로 소개했다. 이것이 허위 표시라는 빌미로 처벌될 줄은 꿈에도 몰랐다.

2004년 9월, 대구지방검찰청 김천지청은 그를 벌금형으로 처벌해달라며 법원에 약식으로 기소했다. 피고인이 된 그에게 김천지원 판사는 벌금을 내라고 판결했다. 그는 벌금 납부기한을 놓치는 바람에 자신도 모르게 지명수배자가 되었고, 2004년 11월 이동 중에 체포되었다. 경찰서에 끌려간 그는 벌금을 내고서야 풀려났다.

이런 농민이 한두 명이 아니다. 2005년 9월, 서울 양재동 농산물유통공사에 자연식품이 몸에 좋다는 내용을 소비자들에게 알리다 처벌받은 농민들이 모였다. 그들의 죄는 "고추는 다이어트 식품이고, 효소 분해 효과가 있다", "마늘은 위장병에 효험이 있다", "감은 비타민C 함량이 높고 배는 소화에 도움을 준다"고 소비자에게 알린 것이었다. 홍삼, 청국장, 누에가루, 양파즙의 효능과 효과를 알려 처벌받은 농민들도 있었다.

벌꿀이 몸에 이로운 점을 알렸다는 이유로 입건되고 기소된 농민도 있었다. 그는 벌꿀에 함유된 각 영양소의 종류, 함량, 작용, 결핍증을 게시하면서 벌꿀이 빈혈과 간장병 예방과 치료에 도움이 된다고 했다. 벌꿀에 있는 비타민B2가 간장 기능을 좋게 한다는 것이었다. 그 또한 벌꿀을 식품이 아닌 의약품으로 혼동·오인할 우려가 있는 정보를 알렸다는 이유로 형사법정에 서야 했다. 3장에서 본 쌀 고아미를 홍보했던 수원의 쌀가게 주인도 마찬가지였다.

식품의 건강효과 표시

—

이 장에서는 자연식품이 몸에 좋다는 정보를 알렸다는 이유로 수많은 농민을 처벌한 현재의 부당한 식품표시법을 자세히 조명할 것이다. 식품이 신체의 성장·발달·유지에 필요한 영양소를 공급하고, 사람의 건강을 유지하고 좋게 해주는 것을 '식품의 건강효과'라고 할 수 있다. 식품의 건강효과 표시는, 이런 효과를 식품에 표시함으로써 소비자들에게 식품이 건강에 이바지하는 정보를 충분히 알리는 제도다. '식품 건강 강조 표시'라고 부르기도 한다.

그런데 식품표시법은 오히려 식품이 사람의 건강에 이바지하는 내용을 알리는 것을 끈질기게 억누르고 있다. 그 때문에 우리 사회가 치르고 있는 대가가 너무 크다.

표시와 광고 자체가 금지되면서, 식품의 건강 기능에 대한 연구와 투자는 크게 위축되었다. 식품 회사들은 식품을 통해 건강을 유지·증진하는 적극적 경로 대신, 어떻게 더 인공적이고 자극적인 맛을 만들어낼 것인가 하는 퇴보적 길을 선택했다.

2004년 한 해에 식품 회사에 공급된 국산 식품첨가물은 118만 톤이 넘는다. 그해 식용으로 공급된 설탕은 101만 톤을 넘었는데, 1962년보다 약 22배가 늘었다.[1] 우리 아이들은 식품첨가물의 유혹과 단맛에 무방비로 노출되어 있다.

녹색식품 표시

'허위 표시'라는 억압 도구

—

지금의 식품표시법이 자연식품과 조리식품의 건강효과 표시를 억누르는 법적 도구는 식품위생법상의 의약품 혼동 허위 표시 금지 제도와 건강식품에 관한 법률에서의 유사 표시 금지 제도다.

첫 번째 방식은 의약품과 혼동하게 하는 허위 표시라 하여 처벌하는 것이다.

식품위생법 시행규칙을 보면, '허위 표시 및 과대광고의 범위'라는 항목에서 "누구든지 식품 또는 식품첨가물에는 의약품과 혼동할 우려가 있는 표시를 하거나 광고를 하여서는 아니 된다"라고 되어 있다(8조 4항). 이런 구조는 축산물위생관리법 시행규칙에서도 다르지 않다. 식품의 건강효과 표시는 아무리 과학적 근거가 있고 정직하다 해도, 일단 의약품과 혼동할 우려가 있는 허위 표시로 의심받는다.

그러나 본디 허위 표시란 무엇인가? 그것은 사실과 다른 거짓된 표시다. 예를 들면, 소꼬리 20퍼센트와 소 엉덩이뼈 80퍼센트를 섞어 소꼬리를 만들어놓고 마치 100퍼센트 소꼬리인 것처럼 표시하는 행위,[2] 혹은 '민어' 내지 '흑조기'로 표시해야 할 어류의 명칭을 소금으로 절인 조기라는 의미로 '염조기'라고 표시하거나 그 성분을 '조기 100퍼센트'라고 표시한 것이[3] 허위 표시다.

식품의 건강효과 표시가 허위 표시인지 아닌지는 의약품과 혼동할 우려의 차원에서 평가할 성질이 아니다. 식품의 건강효과 표시가 사실이고 과학적으로 입증된 것이라면 당연히 허위 표시가 아니어야 한다. 그러므로 이를 의약품과 혼동할 우려가 있다는 이유로 허위 표시로 단

167

죄하는 것은 모순이다.

애당초 의약품과 혼동할 우려가 있는 식품이라는 개념이 있을 수 없다. 식품은 사회적으로 승인된 것이다. 그러므로 한 사회가 어떤 물질을 이미 식품으로 인식하는 한, 이를 의약품으로 혼동하는 일은 일어나기 어렵다. 예를 들어, 아무리 쌀에 함유된 단백질이 콜레스테롤을 낮춰준다고 표시했다고 하더라도 누가 쌀을 의약품으로 혼동하겠는가! 그래서 식품위생법 시행규칙에서도 불충분하나마 식품의 '유용성' 표시를 인정한다.

허위 표시 여부를 식품의 건강효과 표시의 객관적 진실성 여부가 아니라 의약품과 혼동할 가능성 여부에 따라 판단하는 법률은 다른 나라에서는 찾기 어렵다. 일본의 식품위생법은 공중위생에 위해를 끼칠 우려가 있는 허위나 과대 표시 또는 광고를 해서는 안 된다고 규정하고 있을 뿐이다(20조).

사법부도 문제점을 공감한다. 그래서 법원은 검사가 마늘을 생산하는 농민들을, 마늘이 위염과 위궤양을 치료한다고 광고했다는 죄목으로 기소한 사건에서, 식품의 약리적 효능에 관한 표시·광고를 전부 금지하는 쪽으로 해석해서는 안 된다고 판결했다.[4] 마찬가지로, 버섯장아찌 선물세트를 판매하면서 버섯이 "바이러스, 항종양, 콜레스테롤 저하, 성인병 예방, 원기 회복, 노화 방지 등의 효능이 있다"고 광고했다는 이유로 기소된 사람에게, 법원은 그것이 허위 표시가 아니라고 판결했다.[5]

이 모순 가득한 조항은 농민들의 거센 항의에 부딪혀 2006년에 일부 수정되었다. 자연식품의 경우 "식품첨가물이나 다른 원료를 사용하지 아니하고 농산물·임산물·수산물을 단순히 자르거나 껍질을 벗기거나 말리거나 소금에 절이거나 숙성하거나 가열하는 등의 가공 과정 중 위생상 위해가 발생할 우려가 없고 식품의 상태를 관능 검사로 확인할 수 있도록 가공한 식품"인 경우에는 허위 표시 금지 조항을 적용하지 않기로 했다. 그리고 가공식품은 "국내산 농·임·수산물을 주된 원료로 하여 제조·가공한 메주·된장·고추장·간장·김치에 대하여 식품영양학적으로 공인된 사실이라고 식품의약품안전청장이 인정한 표시·광고"에는 허위 표시 금지 조항을 적용하지 않게 되었다.

그러나 문제를 제대로 해결한 것은 아니다. 자연식품과 조리식품에 과학적 근거가 있는 건강효과 표시를 전면 승인한 것이 아니다. 집단 급식소에 자연식품을 판매하는 경우, 또는 《식품공전》 신선편의 식품을 판매하는 경우에는 적용되지 않는다. 그리고 메주, 된장, 고추장, 간장, 김치가 아닌 다른 가공식품에는 적용을 하지 않는다. 게다가 식육추출물에는 건강과 관련된 일체의 표시를 해서는 안 된다고 규정한 '축산물의 표시 기준'은 살아 있다.

건강기능 식품 유사 표시?
—

식품의 건강효과 표시를 억압하는 두 번째 수단은 '건강기능 식품'이 아닌데도 기능성 표시를 했다고 하여 처벌하는 것이다. '건강기능 식품에 관한 법률'은 건강기능 식품이 아닌 것은 그 용기나 포장에 인체의 구조 및 기능에 대한 식품영양학적·생리학적 기능 및 작용 등이 있는 것으로 오인될 우려가 있는 표시를 해서는 안 된다고 규정한다. 그런데 여기서 건강기능 식품이란 무엇인가? 앞의 법률은 이렇게 정의한다.

> 건강기능 식품이란 인체에 유용한 기능성을 가진 원료나 성분을 사용하여 제조(가공을 포함한다. 이하 같다)한 식품을 말한다. _ 3조 1호

이와 같이, 기능성 원료나 성분을 사용해 제조한 식품을 건강기능 식품이라고 정의하면서, 채소와 과일 같은 자연식품을 배제한다. 건강기능 식품이 되는 방법은 따로 있다. 식품의약품안전청장이 '건강기능 식품의 기준 및 규격'에서 고시한 '영양소' 제품이거나 또는 '기능성 원료'로 만든 제품이다. 전자는 비타민A와 같은 제품이고, 후자로는 스쿠알렌 등이 있다. 그 밖에 '건강기능 식품 기능성 원료 인정에 관한 규정'에 따라 별도로 식품의약품안전청장의 인정을 받아 건강기능 식품이 되는 방법이 있다. 그러므로 보통의 채소와 과일은 여기에 해당되지 않게 된다.

뿐만 아니라, 이 법률에서는 건강기능 식품을 제조하려면 식품의약품안전청장으로부터 허가를 받도록 했다. 따라서 식품의약품안전청장의 허가를 받지 않는 한, 건강기능 식품이 될 수 없다. 농민이 논과 밭에서 농사를 지어 생산한 자연식품은 건강기능 식품이 될 수 없다. 조리사가 생산한 조리식품도 마찬가지다. 이처럼 건강기능 식품이라는 개념을 인공적으로 만들고, 자연식품과 조리식품은 여기에 해당하지 않는다는 이유로 건강효과 표시를 금지한다.

녹색식품 표시

반면 건강기능 식품에는 기능성 표시를 할 수 있게 한다. 그런데 기능성 표시의 범위는 실로 매우 넓다. 이 법이 정한 것을 보면, ① 인체의 성장·증진 및 정상적인 기능에 대한 영양소의 생리학적 작용을 나타내는 영양소 기능 표시, ② 인체의 정상 기능이나 생물학적 활동에 특별한 효과가 있어 건강상의 기여나 기능 향상 또는 건강 유지·개선을 나타내는 영양소 기능 외의 생리 기능 향상 표시, ③ 전체 식사를 통한 식품의 섭취가 질병의 발생 또는 건강상태의 위험 감소와 관련한 질병 발생 위험 감소 표시가 모두 기능성 표시로 허용된다. 사실상 모든 건강효과 표시를 할 수 있는 것이다. 이는 극단적 차별이다.

애당초 건강기능 식품이라는 별도의 제도를 만든 것이 잘못이다. 이것들은 대부분 정제나 캡슐 모양이다. 과연 비타민A 캡슐을 식품이라 할 수 있을까? 그것은 식이보조제지 식품이 아니다. 사람들은 이것 자체를 식사로 삼지 않는다. 어디까지나 식생활을 보조하는 것들이다. 그런데도 '건강기능 식품에 관한 법률'은 버젓이 식품이라 부르고 있다. 보조식품이라고 부르지도 않고 건강기능 식품이라고 한다.

식품은 그 자체가 생활 기능의 유지를 위한 것이므로, 식품인 한 건강기능 식품 아닌 것이 없다. 모든 자연식품과 조리식품은 건강기능 식품이다. 건강기능식품법을 폐지해야 한다.

세계의 흐름

식품의 건강효과 표시를 억압하는 것은 시대의 흐름을 거스른다. 세계보건기구는 '영양 표시와 건강 강조 표시 : 세계 규제 현황'이라는 이름의 2004년 보고서에서, 식품의 영양 표시와 건강기능 표시를 통해 소비자들에게 식품의 영양적 특성이나 건강에 유익한 사항 등에 대한 정보를 제공하면 소비자들이 건강한 식생활을 할 수 있도록 유도할 수 있고, 궁극적으로는 국민의 질병 예방 및 건강 증진이라는 국가적 보건 목표 달성에 이바지할 수 있다고 결론을 내렸다.[6]

국제식품규격위원회도 식품의 과학적 사실에 근거를 둔 '질병 위해 저감 표시'까지도 인정한다. 이는 식품 혹은 식품 성분을 섭취함으로써 질병 발생 혹은 건강 관련 상태의 위해 감소와 관련된 표시다. '이러이러한 영양 성분 혹은 물질을 많이 먹으면 이러이러한 질병 위험을 감소시킬 수 있다'는 표시다.

미국 식품의약품안전청은 식품의 건강효과 표시 모델 문안을 공시하여 이를 장려한다(법령명 : 21 CFR 101. 77-101.79). 이런 표준 문안을 사용할 경우, 미국 식품의약품안전청에 의한 사전 심사와 승인 절차가 필요하지 않다. 다음은 보통의 자연식품을 위한 표준 문안 중 하나다.

섬유질 함유 곡류, 과일, 야채 : 암은 많은 요인에 의해 진행됩니다. 섬유질 함유 곡류, 과일, 야채를 풍부하게 섭취하고 지방을 적게 섭취할 경우 여러 암에 걸릴 위험을 줄일 수 있습니다.

유럽연합 또한 자연식품과 조리식품의 건강효과 표시를 허용한다. 유럽연합은 2006년 12월 식품 영양과 건강효과 표시에 관한 법령을 제정했다(유럽연합 레귤레이션 1924/2006호). 이 법을 자연식품과 조리식품을 포함한 모든 식품에 적용한다. 이 법은 일반적으로 수용되는 과학적 증거에 따라 식품이 신체의 성장·발달과 기능에서의 역할, 식품의 심리학적·행동학적 기능성, 식품의 체중조절 효과를 별도의 승인 절차 없이 표시할 수 있도록 한다(13조). 특히 공인 기능성 표시 목록을 만들어 식품 공급자들이 활용하도록 한다. 질병 위험 요인을 낮춰준다는 내용은 그 과학적 근거에 대해 회원국 정부 당국의 사전 승인을 받아 표시할 수 있다.

정의로운 식품표시법은 식품의 건강효과 표시를 식품을 의약품으로 혼동하게 한다는 이유로 억압하는 제도를 폐지할 것이다. 농어민과 조리사는 과학적 근거가 있는 식품의 건강효과를 자유롭게 표시하고 소비자에게 알릴 수 있을 것이다. 농업이 살고 식량자급률을 높이며 더 건강한 사회가 될 것이다.

11. 유기농

작두로 잘게 썬 볏짚에 쌀겨를 넣어 여물을 쑤고, 논둑의 풀을 베어다 소에게 먹이는 축산이 있었다. 외양간의 소는 똥과 오줌을 줄기차게 내준다. 농가에서는 이것을 볏짚에 고루 섞어 어른 키보다 높은 두엄더미를 만든다. 소가 준 선물은 햇볕과 빗물과 뜨거운 열 속에서 몇 달이고 발효되어 훌륭한 거름이 된다. 그러다가 마침내 농부의 손에 이끌려 논과 밭의 흙으로 돌아간다. 이 퇴비를 먹고 자란 벼는 다시 소에게 볏짚과 쌀겨를 선물한다.

이 순환의 질서 속에서 사람들은 쌀을 생산했고, 소의 힘과 고기를 얻었다. 그러나 수천 년을 이어오던 이 질서가 깨지는 데는 불과 몇십 년밖에 걸리지 않았다. 20마리 미만의 소를 기르는 농가가 1990년에는 약 61만 가구였다. 그러나 2008년에 이르면 그 수는 15만으로 줄어든다. 100마리 미만의 돼지를 키우는 농가는 같은 기간에 133,000

호에서 7,700가구로 줄었다.[7]

논농사와 축산의 순환이 깨진 곳에 자리 잡은 것이 유전자조작 사료에 의존하는 공장형 축산이다. 50마리 이상의 소를 키우는 농가는 약 900가구에서 8,000가구로, 1,000마리 이상의 돼지를 기르는 농가는 약 400가구에서 3,000가구로 늘었다. 이것을 가능하게 하는 것이 미국과 중국의 유전자조작 옥수수다. 그리고 그것을 먹는 소와 돼지의 똥과 오줌은 온전히 논밭으로 돌아가지 않는다. 바다에 버리는 양이 상당하다. 그것은 결국 물고기에 축적되어 사람의 밥상에 오른다.

농사와 축산의 순환이 무너진 결과, 유전자조작에 오염되지 않은 거름으로 농사를 짓기가 갈수록 어렵게 되었다. 이것은 유기농이라고 하는 것의 물적 기초를 매우 약하게 만들었다.

오늘날 국제식품규격위원회의 유기농 기준을 보면, 유전자조작 사료로 키운 소와 돼지의 똥으로 거름을 주어 기른 것은 유기농 식품이라 할 수 없다. 소와 돼지를 대규모로 밀식해서 화학첨가물 사료와 항생제를 주어 기르는 공장형 농장에서 나온 똥을 사용해서는 유기농이라고 할 수 없다.[8] 그리고 유전자조작 식품 또는 이를 원료로 사용한 식품은 유기농 원칙에 맞지 않으며 유기농 식품으로 인정하지 않는다.[9] 그러므로 공장형 축산과 유전자조작 식품 밑에서 유기농이 자라는 것은 불가능하다.

그렇다면 지금 어떻게 공장형 축산과 유기농이 양립하고 있을까? 아니, 유기농이 어떻게 유지되고 있을까?

1998년 유기농 인증 제도를 처음 갖출 때, 유기농의 원칙에 따라 유전자조작 식품을 일절 원료로 사용할 수 없게 했으며, 공장형 축산에서 나온 똥을 거름으로 사용한 경우 유기농으로 인정하지 않기로 규정했다. 다만 우리나라 축산 여건을 감안해서 다음의 단서를 두었다.

> 유기 사료 기준에 맞지 아니하는 사료와 수의약품에 주로 의존하는 공장형 농장에서 생산되는 축분 비료는 2004년 12월 31일까지만 사용할 수 있다. _ 친환경농업육성법 시행규칙 별표3

그러나 공장형 축산은 더 강화되었다. 그래서 막상 2005년 1월 1일에도 대안이 없었으며, 유기농의 여건은 오히려 더 악화되었다. 유기농에 필요한 가축의 똥을 구하기가 더 어렵게 되었다. 그래서 어떻게 했을까?

유기농을 유지하기 위해 유기농 기준 자체를 바꿔야 했다. 공장형 농장에서 나온 똥인지 아닌지는 묻지 않기로 했다. 대신 '퇴비화 과정에서 퇴비더미가 55~75도를 유지하는 기간이 15일 이상 될 것, 이 기간 동안 5회 이상 뒤집을 것, 퇴비에 항생물질이 없을 것, 유해 성분 함량은 비료관리법 퇴비 규격의 2분의 1을 초과하지 않을 것'이라는 조건을 붙여 유기농에 사용할 수 있도록 했다.[10]

그리고 유전자조작 식품 금지 기준에서도 퇴보했다. '비의도적 혼입'이라고 하여, 유전자조작 식품을 가축에게 사료로 먹이더라도 일부러 그런 것이 아니면 사료의 3퍼센트까지 유전자조작 물질이 들어 있더라도 유기농으로 인정하기로 했다.[11]

애초의 원칙을 유지할 경우 유기농의 존속이 어렵게 되자 결국 유기농의 기준 자체를 낮췄다. 이 사건은 농업과 축산업 전반이 같이 변하지 않으면, 유기농 혼자 서 있기조차 어렵다는 것을 보여준다.

유기농을 일반 농업에서 떼어놓고 생각해서는 틀리기 쉽다. 그것은 일반 농업과 대립하는 것이 아니다. 서로 경쟁하는 측면도 있지만, 유기농의 성패는 역설적으로 우리 농업 전반에 달려 있다. 함께 변화하고 같이 성장한다.

유기농은 소비자가 하는 것

—

유기농을 위협하는 것은 공장형 축산만이 아니다. 유기농을 하는 농가의 입장에서 보면, 유기농은 더 많은 노동과 비용이다. 유기농을 하려면 수많은 인증 기준을 모두 갖춰야 한다.

'유기 농산물 인증 기준'에는 재배 포장, 용수, 종자, 재배 방법, 품질관리 등 수많은 항목이 있다. 2년 이상 영농일지를 보관하고, 토양 오염 기준을 지켜야 한다. 유전자조작 종자가 아닌 유기 종자를 사용해야 한다. 화학비료와 유기합성 농약을 일절 사용해서는 안 된다. 사용할 수 있는 가축분뇨 퇴비도 한정되어 있다.

유기 축산식품에도 많은 인증 요건이 있다. 초식 가축은 목초지에 접근할 수 있어야 한다. 축사에는 충분한 자연 환기와 햇빛을 제공해야 한다. 가축에게 편안함과 복지를 제공할 수 있는 밀도를 유지해야 한다. 원칙적으로 유전자조작 식품을 먹여서는 안 된다. 가축에게 먹이는 식품에 합성 화합물이나 항생제를 첨가해서는 안 된다. 질병이 없는데도 동물용 의약품을 정기적으로 투여해서는 안 된다.[12] 유기식

품 생산에 사용할 수 있는 농자재도 따로 정한 것만 써야 한다.[13]

유기 수산식품에도 인증 기준이 있다. '친환경 수산물'로 인증받으려면, 양식용 종묘는 유전자변형 등의 방법을 사용해 생산된 것을 사용해서는 안 된다. 친환경 양식 어류의 양식 밀도는 친환경적이고 건강한 양식 어류를 생산할 수 있는 정도여야 한다.

유기 가공식품의 경우 원료, 첨가물, 보조제 등은 모두 유기적으로 생산되거나 취급된 것을 사용해야 한다. 유기 원료를 상업적으로 조달할 수 없는 경우, 물과 소금을 제외한 제품 중량의 5퍼센트 내에서 비유기 원료를 사용할 수 있다. 유전자변형 농산물 및 유전자변형 농산물 유래의 원료를 사용할 수 없다.

유기식품에 사용할 수 있는 '유기적 취급 물질'에 대해서도 식품산업진흥법 시행규칙에서 인증 기준을 정한다(별표5. 허용되는 유기적 취급 물질의 종류와 선정 기준). 유기적 취급 물질로 승인받으려면 자연적이고 재생 가능한 자원으로 할 것, 환경에 대해 지속 가능할 것 등의 요건을 갖춰야 한다. 유기적 제조·가공 방식에 대해서도 따로 인증 기준이 있어, 식품산업진흥법 시행규칙 '유기적 취급의 기준'에서 정한 방식을 따라야 한다. 이를테면 방사선 조사 방법을 사용할 수 없다.

이처럼 유기농은 생산자의 입장에서 더 많이 노동하고 돈을 들여야 한다. 생업으로 유기농을 한다는 것은 최소한 가계를 유지하는 데 필요한 현금 수입을 유기농에서 얻을 수 있어야 한다는 의미다. 아이를 기르는 농가에서 아무리 절약한다고 해도 1년에 3천만 원 정도의 현금 수입은 있어야 할 것이다. 그것도 농가가 먹는 식품은 자급자족한다는 전제하에서 말이다.

만일 안전과 환경에 가치를 두는 소비자들이 없다면, 생업으로서의 유기농은 살아남기 어렵다.

'유기농은 소비자가 하는 것'이라는 소비자 의식이 있어야 한다. 유기농이 취약한 것은 자신이 먹는 식품이 생산되는 과정에서 얼마나 생태계를 배려하고 오염을 최소화했는지 제대로 알기를 원하는 소비자가 소수이기 때문이다. 그리고 이들이 소수인 주요한 이유 중 하나는, 지금의 식품표시법이 식품의 안전과 환경의 가치를 광범위하게 소비자에게 전달하지 못하고 있기 때문이다.

녹색식품 표시의 조건

—

자연은 오염을 무한정 감당할 수 없다. 자연은 유한하며 고유의 질서와 순환이 있다. 사람의 돈으로 그것을 대체할 수 없다.

자연을 덜 착취하고, 흙과 물 등 식품 생산에 필수적인 자연자원의 지속과 순환을 보장하는 생산, 곧 녹색식품 생산을 해야 한다. 그 성공을 위해서는 녹색식품 표시가 중요하다. 지역의 식품 생산자들이 지역의 자연을 공동으로 돌보면서 생산한 식품에는 녹색식품 표시를 한다. 곧 녹색식품 생산을 표시한 것이 녹색식품 표시다. 이것은 우리나라 농업과 축산의 광범위한 영역에 접근하며, 다음에 볼 우수 농산물 표시와는 달리 식품의 안전과 환경의 가치를 타협 없이 지킨다. 적어도 현실 농업과 축산의 3분의 1 정도는 녹색식품 표시를 할 수 있을 것이다. 100분의 1이 되지 않는 유기농보다 훨씬 광범위할 것이다.

녹색식품 표시는 소농의 장점을 살리면서, 지역 자연자원의 지속성을 유지하려는 지역사회와 지역 농민들의 공동의 노력을 중시한다.

녹색식품 생산은 꼭 필요한 경우가 아니면, 화학비료나 농약을 사용하지 않는다. 그러나 무농약 혹은 무비료가 녹색식품 생산의 필수 조건은 아니다. 갑작스러운 병충해로 농작물에 큰 피해가 있다면 농약을 사용할 수 있다.

녹색식품 생산의 핵심적 요건은 지역사회가 지역의 자연자원을 공동으로 관리하는 것이다. 한 지역의 몇몇 농가가 농약을 전혀 사용하지 않는다는 것보다 더 중요한 것은, 그 지역의 자연자원을 그 지역 사람들이 공동으로 돌보면서 식품을 생산한다는 점이다.

지역의 토양과 산림과 물과 동식물의 지속성을 돌보는 생산자들의 계획과 실천이 관건이다. 지역의 식품 생산자들이 식품 생산에 사용하는 지역의 자연자원을 파악하고, 그 지속성을 위협하는 것은 무엇이며 거기에 어떻게 공동으로 대응할 것인가 하는 과제를 같이 해결하는 것이다. 이런 과정을 조직적으로 진행하면서 생산한 모든 식품은 녹색생산 식품이다. 곧 녹색식품 표시를 할 자격이 있다.

우수 농산물 표시의 한계

—

그동안 우리는 식품체계의 지속성에 기여하는 보편적 녹색식품 표시 제도를 갖추지 못했다. 다음의 농림수산식품부 '우수 농산물 표시'는 그에 미치지 못한다.

이 표시 제도는 유전자조작 종자를 사용하더라도 우수 농산물로 승인한다. 그러나 유전자조작 농업은 녹색식품 생산이 될 수 없다. 지역의 어느 농가가 유전자조작 종자를 사용하면, 다른 농가의 논밭에도 유전자조작 농작물이 퍼질 것이다. 만일 우리나라 소농이 전면적으로 유전자조작 농업이 된다면, 소농의 장점은 무너질 것이다.

또한 우수 농산물 표시에는 지역 농민들의 공동 자원관리라는 핵심 개념이 없다. 지역의 농업생태계는 서로 긴밀하게 연결되어 있어, 지역의 농민들이 공동으로 관리해야 한다. 공동 자원관리가 없는 녹색식품 생산은 성립하기 어렵다.

지역 생산자들이 공동의 지역 자원을 관리하는 하나의 사례로 '지리적 표시'라는 것이 있다. 영어를 그대로 번역한 이 표시에서는 2010년 현재 약 90개의 식품, 예를 들면 '보성 녹차', '무주 사과', '남해 마늘' 등이 그 표시를 할 자격을 인정받았다. 그런데 여기서는 지역의 생태를 유지·보존하는 것이 필수적이다. 지역 생산자들이 공동으로 지역 생태를 돌보면서 식품을 생산하지 않으면 안 된다. 이는 지역 생태 표시의 표시 사항의 하나인 '등록자'에서도 알 수 있다. 예를 들면 '무주 사과'의 등록자는 264명의 농민과 두 곳의 농협으로 구성된 무주과수영농조합법인이다. 이처럼 지리적 표시는 한 사람의 농민으로는 얻을 수 없다. 이 표시를 신청하는 서류에는 생산 계획서와 품질관리 계획서가 있는데, 지역 생태 유지·보존 계획을 포함해야 한다.

지금의 우수 농산물 표시로는 농업과 축산 전반의 변화를 꾀하기 어렵다. 이것 대신, 유전자조작 식품과 양립하지 않으면서 지역사회의 지역 자원 공동관리라는 핵심 요소를 뼈대로 하는 녹색식품 표시를 광범위하게 도입해야 한다.

녹색식품 표시는 지역 생산자들이라면 누구나 함께 접근할 수 있다. 지역의 자연을 같이 관리할 계획을 세우고 실천하는 농민이라면 녹색식품 표시를 할 자격을 얻을 것이다.

한 걸음 더 나아간 녹색식품 표시
—

보편적이고 광범위한 녹색식품 표시제에서 유기농은 선구적 분야를 담당한다. 녹색식품 표시는 광범위한 녹색식품 표시와 보다 앞선 녹색식품(유기농)의 두 가지로 구성된다. 이 둘은 대립적인 개념이 아니다. 후자는 지역 자원관리의 보편적 목표치에서 더 나아가 보다 높은 수준의 자원관리를 하는 것이다. 이것은 지금의 유기농 요건에 지역 자원

관리 요건을 더한 것이다.

녹색식품(유기농) 표시에서는 앞의 그림과 같이 유기 농산물과 유기 가공식품으로 분리되어 있는 것을 하나의 표시로 통합한다. 여러 법령과 고시로 분리되어 있는 인증 요건을 하나의 식품표시법 체계 안에 묶을 것이다.

12. 유전자조작 표시

2008년에 사람이 먹을 용도로 미국산 유전자조작 옥수수 79만 톤과 미국·브라질·중국산 유전자조작 콩 93만 톤을 수입했다. 누가 이것을 먹었을까? 소비자들은 자신이 유전자조작 식품을 먹는다는 것을 알고 먹었을까?

식품표시법의 목표인 '소비자의 알 권리'를 제대로 보장하지 못한 대표적인 영역이 유전자조작 표시다. '식품 등의 표시 기준'에서 유전자조작 표시를 의무표시 사항으로 규정하지 않아, 보편적 식품표시법의 영역 바깥에 있다. 대신 식품의약품안전청 고시 '유전자재조합 식품 등의 표시 기준', 농림수산식품부 고시 '유전자변형 농산물 표시 요령', '유전자변형 수산물의 표시 대상 품목 및 표시 요령'으로 나뉘어 있다.

게다가 그 내용에서도 소비자의 알 권리를 제대로 보호하지 않고 있다. 유전자조작 식품을 '주요 원재료'로 사용한 경우에만 표시 대상이 된다. 주요 원재료란 그 식품에 가장 많이 사용한 다섯 가지 원재료다. 따라서 원료 식품으로 유전자조작 옥수수나 콩을 사용하더라도 상위 다섯 개에 드는 원재료가 아닌 한 그런 사실을 표시할 의무가 없다.

또한 유전자조작 원재료의 '유전자조작 DNA' 또는 '외래단백질'이 남아 있지 않으면 유전자조작 사실을 표시하지 않아도 된다. 그래서 한 해에 미국·브라질·중국산 유전자조작 콩 93만 톤을 수입해서 식용유를 만들어도, 소비자들은 그 식용유가 유전자조작 식품인 줄을 알 수가 없다.

또한 음식점에서 반찬으로 나온 두부가 유전자조작 콩으로 만든 것인지도 전혀 알 수가 없다. 특별히 두부에 대해서는, 운반용 위생상자를 사용해 판매하는 경우로, 그 위생상자에 유전자재조합 식품 표시 사항을 표시하면 개개의 제품별 표시를 생략할 수 있게 했다. 따라서 식당에서 두부를 먹는 최종 소비자의 경우 유전자조작 두부인지 알 길이 없다.

이 표시 기준조차 보편적으로 적용하는 것이 아니다. 이와 별도로 농림수산식품부 고시인 '유전자변형 농산물 표시 요령'이 있다. 이렇게 분리되다 보니, 식용 유전자조작 옥수수에는 '유전자변형 농산물 표시 요령'을 적용하지만, 옥수수를 가루로 빻으면 '유전자재조합 식품 등의 표시 기준'을 적용한다.

한편, 이와 별도로 '유전자조작 수산물의 표시 대상 품목 및 표시 요령'은 유전자조작 수산물의 표시 대상 품목으로 무지개송어, 대서양연어, 미꾸라지, 관상용 유전자변형 어류를 정했다.

아직도 예고 중!

—

유전자조작 식품 정보를 제대로 알고 싶어 하는 소비자들은 끈질기게 유전자조작 식품 표시제의 개선을 요구했다. 식품의약품안전청은 2008년 10월 7일 유전자조작 식품이 식품 원료에서 차지하는 비중과 관계없이 원료 식품으로 사용했다면 모두 표시하도록 '유전자재조합 식품 등의 표시 기준'을 고치겠다고 예고했다. 그러나 아직 시행되지 않고 있다. 예고를 한 지 2년째가 되도록 계속 예고 상태다. 다소 길지만 예고 중인 '유전자재조합 식품 등의 표시 기준' 전문을 소개한다.

제1조(목적) 이 고시는 「식품위생법」(이하 "법"이라 한다) 제10조 제1항 단서에 따른 식품 또는 식품첨가물과 「건강기능 식품에 관한 법률」 제17조 제1항 제6호에 따른 건강기능 식품과 「주세법 시행령」 제46조 및 「주세법 시행규칙」 제7조에 따른 주류의 유전자재조합 표시에 관한 사항을 규정함으로써 소비자에게 올바른 정보를 제공함을 목적으로 한다.

제2조(용어의 정의) 이 고시에서 사용하는 용어의 뜻은 다음과 같다.

1. "유전자재조합 식품"이란 생물의 유전자 중 유용한 유전자만을 취하여 다른 생물체의 유전자와 결합시키는 등의 유전자재조합 기술을 활용하여 재배·육성한 농·축·수산물 등과 이를 사용하여 제조·가공·생산·소분 또는 수입하는 영업자가 판매하거나 판매의 목적으로 수입·보관·운반·진열하는 식품(건강기능 식품과 주류를

포함한다. 이하 같다) 또는 식품첨가물을 말한다.

2. "무유전자재조합 식품(GMO-Free)"이란 "유전자재조합 식품"을 사용하지 않고 제조·생산된 것을 말한다.

3. "원재료"란 인위적으로 가하는 정제수를 제외한 식품 또는 식품첨가물의 제조·가공·조리에 사용되는 물질로서 최종 제품 내에 들어 있는 것을 말한다.

4. "주표시면"이란 용기·포장의 표시면 중 상표, 로고 등이 인쇄되어 있어 소비자가 식품 또는 식품첨가물을 구매할 때 통상적으로 소비자에게 보여지는 면을 말한다.

제3조(표시 대상) 표시 대상은 법 제15조에 따라 안전성 평가 심사 결과 식용으로 수입·개발·생산이 승인된 품목이거나 이를 사용하여 제조·가공·생산·소분 또는 수입하는 영업자가 판매하거나 판매의 목적으로 수입·보관·운반·진열하는 유전자재조합 식품을 말한다. 단, 「유전자변형 농산물 표시 요령(농림수산식품부 고시)」 제3조 제3항에서 규정하고 있는 비율 이하인 농산물이나 이를 사용하여 제조·생산된 식품 또는 식품첨가물은 유전자재조합 표시를 아니 할 수 있다.

제4조(표시 의무자) 유전자재조합 식품의 표시 대상 영업자는 다음 각 호와 같다.

1. 「식품위생법 시행령」 제7조에 따른 식품 제조·가공업, 즉석판매 제조·가공업, 식품첨가물 제조업, 식품 소분업, 유통 전문 판매업

또는 식품 등 수입 판매업 영업자

2. 「건강기능 식품에 관한 법률 시행령」 제2조에 따른 건강기능 식품 제조업, 건강기능 식품 수입업 또는 건강기능 식품 유통 전문 판매업 영업자

3. 「주세법」 제6조에 따른 주류 제조 면허를 받은 자, 「주세법」 제8조 및 「주세법 시행령」 제9조 제2항 제4호 주류 수출입업 면허를 받은 자

제5조(표시 방법) ① 제3조에 따라 표시 대상 유전자재조합 식품의 표시 방법은 다음과 같다.

1. 유전자재조합 식품의 표시는 지워지지 아니하는 잉크·각인 또는 소인 등을 사용하여 소비자가 쉽게 알아볼 수 있도록 당해 제품의 용기·포장의 바탕색과 구별되는 색상의 10포인트 이상의 활자로 표시하여야 한다.

2. 유전자재조합 식품의 표시는 소비자가 잘 알아볼 수 있도록 해당 제품에 다음 각 목과 같이 표시하여야 한다.

   가. 주표시면에 "유전자재조합 식품" 또는 "유전자재조합 ○○ 사용"

   나. 제품에 사용된 유전자재조합 식품 원재료명 바로 옆에 괄호로 "유전자재조합"

② "무유전자재조합 식품(GMO-Free)"의 표시는 제1항 제1호의 표시 방법을 준용하여 다음과 같이 강조하여 표시할 수 있다.

1. 주표시면에 "무유전자재조합 식품(GMO-Free 식품)"

2. 제품에 사용된 무유전자재조합 식품 원재료명 바로 옆에 괄호로

"무유전자재조합(GMO-Free)"

3. 제조·생산 후에도 유전자가 남아 있지 않아 검사가 불가능한 식품 또는 식품첨가물은 제외한다.

③ 법 제15조에 따라 안전성 평가 심사 승인 품목에 해당되지 않는 농·축·수산물 등을 원료로 사용하여 제조·생산한 것이거나 이를 원재료로 하여 제조·생산한 제품에는 제2항에 따른 "무유전자재조합 식품(GMO-Free 식품)"의 표시를 강조하여서는 아니 된다.

제6조(표시 사항의 적용 특례) 다음 각 호의 어느 하나에 해당하는 경우에는 제5조의 규정에도 불구하고 다음과 같이 표시할 수 있다.

1. 즉석판매 제조·가공업의 영업자가 자신이 제조·가공한 유전자재조합 식품을 진열 판매하는 경우로서 유전자재조합 식품 표시 사항을 진열상자에 표시하거나 별도의 표지판에 기재하여 게시하는 때에는 개개의 제품별 표시를 생략할 수 있다.

2. 두부류를 운반용 위생상자를 사용하여 판매하는 경우로서 그 위생상자에 유전자재조합 식품 표시 사항을 표시하거나 별도의 표지판에 기재하여 게시하는 때에는 개개의 제품별 표시를 생략할 수 있다.

3. 제품 포장의 특성상 잉크·각인 또는 소인 등으로 유전자재조합 식품임을 표시하기가 불가능한 경우와 수입되는 식품 또는 식품첨가물의 경우에는 떨어지지 아니하게 부착되는 스티커를 사용하여 표시할 수 있다.

예고 중인 기준으로도 부족하다. 근본적인 문제는 유전자조작 표시에 대해서 보편적인 식품표시법을 적용하지 않는다는 점이다. 유전자 조작 표시를 식품표시법의 의무표시 사항이라는 제자리로 돌아가게 만들어, 유전자조작 식품을 빠짐없이 표시하도록 해야 한다.

식품첨가물은 어떻게 표시하나?
—

'식품 등의 표시 기준' 4조는 '표시 사항'이라는 제목으로 의무표시 사항을 모두 11개로 구분한다. 그러나 독자들은 여기서 식품첨가물 항목을 따로 발견할 수 없다. 그것은 도대체 어디에 있을까? 그 별지1에서 찾을 수 있다. '1. 가. 7) 나)'를 보면 비로소 식품첨가물 표시 규정이 나온다. 그런데 이 대목은 '원재료'에 관한 표시 사항을 규정한 곳이다. 식품첨가물 표시를 원재료 표시로 취급한 것도 너무나 낯설거니와, 소비자들에게 민감한 정보인 식품첨가물 표시 사항을 독립적으로 떳떳하게 드러내지 않은 태도를 이해할 수 없다.

합성감미료인 삭카린나트륨과 같이, 현재 그 사용이 승인된 식품첨가물의 수는 합성착향료를 포함해서 약 3,100개다. 소비자들이 일일이 그 이름을 기억하기 어렵고, 그 용도가 무엇인지 알기 쉽지 않다.

그러나 그 이름과 용도를 함께 식품에 표시해야 하는 식품첨가물은 다음의 78개밖에 안 된다. 삭카린나트륨, 아스파탐 등의 식품첨가물에 한정해서 "삭카린나트륨(합성감미료)"처럼, 해당 식품첨가물의 명칭과 용도를 함께 표시하도록 한다. 생소한 이름들이지만, 기억해둘 만해서 모두 소개한다.

명칭과 용도를 같이 표시해야 하는 식품첨가물

- 명칭 : 삭카린나트륨, 아스파탐, 글리실리진산이나트륨, 글리실리진산
삼나트륨, 수크랄로스, 아세설팜칼륨

  용도 : 합성감미료

- 명칭 : 식용색소 녹색 제3호, 식용색소 녹색 제3호 알루미늄레이크, 식
용색소 적색 제2호, 식용색소 적색 제2호 알루미늄레이크, 식용색소
적색 제3호, 식용색소 적색 제40호, 식용색소 적색 제40호 알루미늄레
이크, 식용색소 적색 제102호, 식용색소 청색 제1호, 식용색소 청색 제
1호 알루미늄레이크, 식용색소 청색 제2호, 식용색소 청색 제2호 알루
미늄레이크, 식용색소 황색 제4호, 식용색소 황색 제4호 알루미늄레이
크, 식용색소 황색 제5호, 식용색소 황색 제5호 알루미늄레이크, 동클
로로필, 동클로로필린나트륨, 철클로로필린나트륨, 삼이산화철, 이산
화티타늄, 수용성안나토, 카르민

  용도 : 합성착색료

- 명칭 : 데히드로초산, 데히드로초산나트륨, 소르빈산, 소르빈산칼륨,
소르빈산칼슘, 안식향산, 안식향산나트륨, 안식향산칼륨, 안식향산칼
슘, 파라옥시안식향산메틸, 파라옥시안식향산에틸, 프로피온산, 프로
피온산나트륨, 프로피온산칼슘 합성보존료, 디부틸히드록시톨루엔, 부
틸히드록시아니졸, 몰식자산프로필, 에리쏘르빈산, 에리쏘르빈산나트
륨, 아스코르빌스테아레이트, 아스코르빌파르미테이트, 이디티 에이이
나트륨, 이디티 에이칼슘이나트륨, 터셔리부틸히드로퀴논

  용도 : 산화방지제

- 명칭 : 디부틸히드록시톨루엔, 부틸히드록시아니졸, 몰식자산프로필,

191

에리쏘르빈산, 에리쏘르빈산나트륨, 아스코르빌스테아레이트, 아스코르빌파르미테이트, 이디티 에이이나트륨, 이디티 에이칼슘이나트륨, 터셔리부틸히드로퀴논

용도 : 산화방지제

• 명칭 : 산성아황산나트륨, 아황산나트륨, 차아황산나트륨, 무수아황산, 메타중아황산칼륨, 메타중아황산나트륨

용도 : 표백용은 "표백제"로, 보존용은 "합성보존료"로, 산화방지제는 "산화방지제"로 한다.

• 명칭 : 고도표백분, 차아염소산나트륨, 표백분, 이염화이소시아뉼산나트륨

용도 : 살균용은 "합성살균제"로, 표백용은 "표백제"로 한다.

• 명칭 : 아질산나트륨, 질산나트륨, 질산칼륨

용도 : 발색용은 "발색제"로, 보존용은 "합성보존료"로 한다.

• 명칭 : 천연카페인, L-글루타민산나트륨

용도 : 향미증진제

여기에 속하지 않은 식품첨가물은 어떻게 표시하는가? 이름을 표시하지 않아도 된다. '증점제', '유화제' 등으로 용도만 표시하면 된다. 소비자들은 어떤 이름의 식품첨가물을 사용하였는지 알 수 없다.

술의 첨가물 표시

—

인색하기 짝이 없는 식품첨가물 표시조차 거부하는 식품이 있다. 술이다. 국세청장 고시인 '주류의 상표 사용에 관한 명령위임 고시'는 술의 표시 사항을 정한다. 술에 표시해야 할 의무표시 사항으로 주류의 종류, 상표명, 제조장 명칭 및 위치, 규격, 용량, 용기주입 연월(일), 원료용 주류의 명칭 및 함량, 첨가물료의 명칭 및 함량, 품질유지 기한(맥주)을 정한다. 그리고 과대선전 문구 사용 금지, 지리적 표시 사용 제한을 규정한다.

그런데 여기서 술에 첨가한 식품첨가물의 명칭 표시를 규정하면서, 식품위생법에 따라 그 명칭과 용도를 표시해야 하는 식품첨가물만 그 명칭을 표시하도록 했다. 이것은 무슨 뜻인가? 두 가지 의미가 있다.

첫째, 앞에서 본 78개가 아닌 식품첨가물은 아예 표시하지 않아도 된다는 것이다. 그 결과 술에 많이 사용하는 감미료 세르비데오 등을 술에 첨가해도 이런 사실을 전혀 표시하지 않아도 된다. 감미료 사용 사실을 소비자들에게 알리지 않아도 된다.

둘째, 그 78개의 식품첨가물이라도 식품위생법과는 달리 용도를 표시하지 않고 명칭만 표시해도 된다는 것이다. 일례로 아스파탐을 첨가하더라도 '합성감미료'라는 용도를 표시하지 않아도 되는 것이다.

술은 식품위생법상 식품이다. 《식품공전》에도 술이 포함되어 있다(5.27항 주류). 그러므로 술에 대한 표시 사항은 식품위생법의 통일적 규율을 받아야 한다. 그러나 술은 절대적 특권을 자랑한다. 진로의 참이슬 소주를 보면, '청정 대나무', '자연주의 정제', '천연 미네랄',

'프레시(Fresh)' 등의 표현을 쓰고 있다. 그러나 '식품 등의 표시 기준'에서는 '천연'이라는 낱말을 식품에 표시하려면, 인공(조합)향·합성착색료·합성보존료 또는 어떠한 인공이나 수확 후 첨가되는 합성 성분이 제품 내에 포함되어 있지 아니하고, 비식용 부분의 제거나 최소한의 물리적 공정 이외의 공정을 거치지 아니한 식품 등에만 사용할 수 있다.

술이 식품 표시에서 누리는 특권은 법적 근거가 있는가? 없다. 기획재정부와 국세청은 '가정용', '주세면제용', '군납용'과 같이 주세를 걷는 데 직접 필요한 범위의 표시 사항만을 정할 권한이 있다. 주세법에는 아예 '표시'라는 낱말이 없다. 국세청은 고시에서 주세법 40조를 고시 제정의 근거로 제시한다. 그러나 40조 조문은 다음과 같다.

> 제40조(주세 보전 명령) 국세청장은 주세 보전상 필요하다고 인정되는 경우에는 대통령령이 정하는 바에 의하여 주류·밑술 또는 술덧의 제조자나 주류 판매업자에 대하여 제조·저장·양도·양수·이동·설비 또는 가격에 관하여 필요한 명령을 할 수 있다.

이처럼 위 조항은 주세 보전 명령을 위한 것으로서, 이를 근거로 국세청장이 식품 표시와 관련해서 정할 수 있는 범위는 주세와 직결된 표시 사항뿐이다.

관료들은 자신들이 정한 술의 첨가물 표시 사항이라도 술 회사들이 제대로 지키도록 하고 있는가? 국세청과 기획재정부에 정보 공개를 청구해, 1990년 1월 1일부터 지금까지, 주류에 대해 첨가되어서는 안

되거나 혹은 허용 기준치를 초과해 첨가된 식품첨가물 및 첨가물료에 대한 단속 내역 자료와 주류 첨가물료 표시 규정 위반에 대한 단속 내역 자료를 공개하라고 요청했다.

돌아온 답변은, 별도의 보고 또는 집계 등을 통해 보관하고 있지 않은 사항이라는 것이었다.[14] 뿐만 아니라, 식품표시법에서는 원재료를 의무적으로 표시할 사항으로 규정하고 있지만, 소주에는 이 원칙이 적용되지 않는다. 소비자들은 희석식 소주에 사용된 주정을 무엇으로 만드는지 알 수 없다.

술 광고와 절주 사업 예산

—

1995년부터 텔레비전 술 광고를 아침 7시부터 저녁 10시까지는 할 수 없도록 했다. 저녁 10시부터 다음 날 아침 7시까지는 청소년들이 텔레비전에 거의 노출되지 않을 것이라는 조사를 반영한 것이다. 그러나 15년이 지난 지금, 청소년들의 생활방식에 변화가 있는데도 이 광고 금지 시간은 변하지 않고 있다. 오히려 방송심의위원회가 제정한 '방송광고 심의에 관한 규정'은 2005년에 주류 방송광고에 등장할 수 있는 인물을 20세 이상에서 19세 이상으로 완화해주었다.

그런데 지하철 역사에서 하는 술 광고에는 이 규제마저 미치지 않는다. 2010년 3월 6일 토요일 저녁 8시 50분에 지하철 3호선 교대역에서 유명 연예인이 나오는 처음처럼 소주 광고를 청소년들이 보고 있었다. 이틀 후인 3월 8일 월요일 저녁 8시 20분에도 지하철 텔레비전에서 참이슬 소주 광고를 볼 수 있었다.

그래서 방송통신위원회에 지하철 내부 및 지하철 역사 구내에서의 텔레비전 방송이 방송법상의 텔레비전 방송에 해당하는지 여부를 검토한 자료 공개를 요청했더니, 방송법상 방송이라 볼 수 있는 근거가 확실치 않으며, 그런 자료는 없다고 알려왔다.[15]

술 광고 규제를 담당하는 보건복지가족부에 정보 공개를 청구해, 지하철 내부 및 지하철 역사 구내에서의 텔레비전 방송이 국민건강증진법 시행령 별표1의 6호가 정한 텔레비전 방송에 해당하는지 여부를 질의했더니, 지하철 영상송출 장치 관련 업체는 방송법에 의한 방송사업자가 아니므로 지하철의 영상송출은 텔레비전 방송이 아니라는 답변이 왔다. 그러면서 지하철 역사 구내에서의 주류 광고에 대해 국민건강증진법 시행령을 적용하기 위한 연구보고서 혹은 내부 검토문서는 없다고 했다.[16]

보건복지가족부는 2006~2009년의 4년 동안 '절주' 사업에 총 66억 1,700만 원의 예산을 썼다.[17]

새로운 식품표시법은 누구나 쉽게 알 수 있고, 충분히 알 수 있는 의무표시 사항을 그 기본으로 할 것이다. 유전자조작, 식품첨가물 등 소비자들이 알고 싶어 하는 식품 정보를 보편적 식품 표시에서 의무표시 사항으로 규정한다. 그리고 소비자들은 식품 전반에 적용하는 보편적 표시제 속에서 술의 식품첨가물 정보를 충분히 알 수 있을 것이다.

5부

가축의 안녕

13. 사료 첨가제

식품은 어디에서 왔는가? 그것은 가축과 작물이 사람들에게 내어준 생명이다. 하나의 생명이 태어나 자라는 데는 우주가 필요하다. 생명에 필요한 물과 흙과 공기가 우주가 아니면 무엇인가?

이 책이 5부에서 생물(13장)과 생태계(14장)를 식품체계에 포함시킨 것은 생명들을 제대로 보살펴야 우리가 좋은 식품을 끊이지 않고 제공받을 수 있기 때문이다. 가축과 작물이 안녕해야 좋은 식품을 먹을 수 있다.

그러나 이윤과 관료주의는 이런 간단한 상식을 한사코 부인한다. 소에게 동물성 사료를 먹인 결과가 인간광우병이었다. 영국에서 광우병 증세가 있는 소를 처음으로 발견한 것은 1985년이었지만, 1994년 스티븐 처칠이라는 열아홉 살의 영국 청년이 인간광우병으로 죽고 나서야 비로소 소에게 동물성 사료를 먹이지 못하도록 했다.

가축의 안녕

정의로운 식품법은 생명들을 식품으로 이용하는 대가로 생명들에게 최소한의 안녕을 보장하기 위해 끊임없이 노력한다.

가축의 집은 좋은가?

—

1억 3천만 마리(2008년 기준)가 넘는 소와 돼지와 닭은 이곳에서 안녕한가? 자연스럽게 일어서고 앉고 돌 수 있으며, 몸을 뻗고, (닭은) 날갯짓을 하며, 여러 가지 욕구를 해결하기에 충분한 공간에서 자라고 있는가?

가축을 좁은 곳에서 빽빽하게 기르지 못하도록 하는, 농림수산식품부 고시 '가축 사육 시설 단위면적당 적정 가축 사육 기준'이라는 것이 있다. 이 안에서 가축은 잘 지낼 수 있는가?

그렇지 않다. 가축의 공간은 개선되는 것이 아니라 나빠졌다. 돼지의 집을 보자. 30킬로그램 미만의 새끼돼지 한 마리가 누릴 공간은 0.3제곱미터에서 0.2제곱미터로 오히려 줄었다. 다른 무게의 돼지 공간기준도 악화되었다.

그리고 가축의 복지를 보장하는 '유기 축산 기준'에 비교해서 너무나 열악하다. 예를 들면, 몸무게가 60킬로그램 이하의 돼지에게는 마리당 1제곱미터를 제공해야 하는 것이 유기 축산 기준이다. 그러나 농림수산식품부의 사육 기준에서는 0.45제곱미터만 제공하면 된다.

동물보호법에는 가축을 기를 때 생명의 존엄성과 가치를 인식해야한다는 조항이 있다. 그러나 현실에서 이는 희망 섞인 선언이다. 유기 축산 기준에 따른 공간을 보장받으며 자란 가축이 얼마나 될까? 2008년 쇠고기와 돼지고기 국내 공급량의 0.007퍼센트, 0.02퍼센트밖에 안 된다. 그러니까 사람들이 먹은 쇠고기의 99.993퍼센트는 무엇인가 불편한 삶을 산 소에게서 나온 것이다.

가축이 먹는 것을 사람도 먹는다
—

이 책의 3장에서도 간략히 보았지만, 지금의 식품체계는 병에 걸려 죽은 동물의 시체를 동물에게 먹인다. 가축전염병에 걸려 죽은 가축의 사체를 태우거나 묻어 없애지 않고 사료로 재활용 처리하는 것을 허용하는 것이다.[1] 우역·우폐역·구제역·돼지열병·아프리카돼지열병 또는 고병원성 조류인플루엔자에 걸려 살처분된 가축의 사체, 그리고 브루셀라병이나 돼지 오제스키병, 결핵병 등에 걸려 죽은 돼지 사체를 처리하여 동물의 사료로 먹일 수 있다.

물론 가축전염병의 병원체가 퍼질 우려가 없도록 열처리 또는 발효 처리하도록 되어 있다. 그러나 그것으로 충분한가? 야생의 자연질서에서도 병에 걸려 죽은 동물의 사체를 다른 육식동물이 먹는다. 그러나 지금 우리가 살아가는 곳은 아프리카의 밀림이 아니고, 우리의 먹을거리를 규정하는 것은 야생동물의 질서가 아니라 사람들의 식품체계다. 식품으로 먹기 위해 가축을 기르는 과정에서, 가축이 전염병에 걸려 죽을 경우 어떻게 처리할 것인가의 문제다. 식품체계에서는 전염병에 걸려 죽은 가축의 고기를 그 체계 안에 다시 투입해서는 안 된다.

항생제를 사료첨가제로 먹이다

—

법은 소르빈산과 같은 방부제를 '보조사료'라고 부르면서 가축 식품 제조 공정에 투입할 수 있도록 허용한다. 그리고 항생제마저 '사료첨 가제'라고 정의하면서 가축 식품 공장에서 가축의 식품에 섞을 수 있 도록 한다. 사람에 비유하자면, 햇반 공장에서 햇반을 만들면서 항생 제를 섞어 넣는 것과 같다. 농림수산식품부 고시 '사료 공정서'와 국립 수의과학검역원 고시 '배합사료 제조용 동물용 의약품 등 사용 기준' 이 그렇게 합법화하고 있다.

왜 가축의 식품에 항생제를 섞는가? 그것은 병에 걸린 동물에게 주 기 위해 만든 것인가? 그렇지 않다. 질병에 걸린 동물에게 약을 먹이 는 방편으로 항생제를 식품에 타 먹이는 것이 아니다. 멀쩡한 가축에 게 먹일 식품에 항생제를 탄다. 2004~2008년의 5년간, 전체 동물용 항생제의 41퍼센트가 배합사료 제조용으로 팔렸다.[2]

건강한 가축의 밥에 항생제를 타서 먹이는 사태는 사람이 초래한 인 재다. 사람들이 가축을 좁은 곳에서 빽빽하게, 좋지 않은 환경에 몰아 넣고 길러서 전염병에 매우 취약해지게 만든다. 그래놓고 가축의 밥에 항생제를 섞어 먹이는 것이다. 성장 촉진 항생제 모넨신나트륨과 아빌 라마이신을 사료첨가 동물용 의약품으로 허용한다. 2008년의 통계를 보면, 이 성장 촉진 항생제를 소에게 4.4톤, 돼지에게 3.6톤, 닭에게 3.8톤 먹였다.

가축의 식품에 첨가하는 항생제에 대해서는 '배합사료 제조용 동물 용 의약품 등 사용 기준'에서 18종류로 제한하고 있다. 그러나 항생제와 항균제를 제외한 동물용 의약품인 항곰팡이제, 생균제, 항산화제 등을 사료에 첨가하는 데에는 아무런 제한이 없다.

건강한 가축에게 먹일 밥에 항생제를 타거나 약을 먹여 살을 찌우는 것은, 가축을 기를 때 생명의 존엄성과 가치를 인식해야 하다는 동물보호법을 위반한 동물학대다.

수의사가 중요하다
—

수의사는 가축의 안녕을 중시하는 대안 식품체계에서 가장 중요한 사람들 중 하나다. 도시의 동물병원에서만이 아니라 농촌지역에서도 수의사의 역할을 확대하는 것이 변화의 첫걸음이다.

수의사의 처방 없이도 사료에 동물용 의약품을 타 먹일 수 있도록 한 사료법과 수의사법을 바꿔야 한다. 새로운 식품법은 '자기가 사육하는 동물에 대한 진료 행위'라는 이유로 수의사의 처방 없이도 가축에게 동물용 의약품을 주사하고 먹이는 것을 허용하지 않는다. 그래서 국내에서 판매한 동물용 항생제 중에서 수의사 처방에 따라 사용한 것이 7.4퍼센트(2008년)인 현실을 바꿀 것이다. 축산에서 투여하는 항생제의 양을 획기적으로 줄일 것이다. 가축의 질병에 대한 대책을 항생제에서 동물 복지 강화로 바꿀 것이다.

농촌지역에서 개업한 수의사의 고령화에 대비해서, 도 단위에 있는 수의학과가 중심이 되어 농촌지역의 수의사들에게 지속적인 전문교육을 제공한다. 지역의 가축위생연구소와 공수의사들이 소농에게 기초

가축의 안녕

적 방역 서비스를 제공한다. 소농이 더 쉽게 수의사의 진료 서비스를 받을 수 있도록 축산업협동조합에서 지역 수의사 제도를 운영한다.

가축전염병을 예방하기 위한 검역 강화

—

새로운 식품법은 가축과 작물을 질병에서 보호하기 위해 검역을 강화한다. 그것은 광우병, 구제역, 과실파리와 같이 가축과 작물의 건강한 성장을 해치는 위해 요인이 외부에서 침입하는 것을 국경에서 막는 조치다. 식량자급률이 26.7퍼센트에 불과할 정도로 외국에 식품을 압도적으로 의존하는 현실에서, 점점 더 많은 위해 요인이 외부에서 침입해 가축과 작물을 위협한다. 세계화 시대를 살아가는 가축과 작물의 안녕을 위해서는 무엇보다 검역의 역할이 중요하다.

수생생물의 검역

가장 먼저 시급하게 검역의 틀을 만들어야 하는 것이 물에 사는 동식물을 위한 검역이다. 독자들은 믿기 어렵겠지만, 3면이 바다인 우리나라에 그동안 물고기와 수생식물을 보호하는 검역체계가 존재하지 않았다.

광우병이나 구제역에서 가축을 보호하는 가축전염병예방법은 수생생물의 검역을 포함하지 않았다. 2008년 12월에야 수산동물질병관리법을 만들었고, '수출입 지정 검역물의 검역 방법 및 기준 등에 관한 고시'를 2009년 2월 처음으로 갖추었다. 그래서 돌돔 이리도바이러스병, 잉어 봄바이러스병, 바이러스성 신경괴사증 등 전염 속도가 빠르고 대량 폐사를 일으켜 지속적인 감시 및 관리가 필요한 수산동물의 질병이 처음으로 고시되었다. 그리고 그런 질병의 유입을 방지하기 위해 검역 대상이 되는 어패류를 지정 검역물로 지정했다. 2010년 5월에는 '수산동물전염병 예찰 실시 요령'을 만들었다.

그러나 아직 법에 따른 수산동물전염병방역협의회를 구성하지 않았으며, 검역물의 수입 금지 지역조차 고시하지 않았다. 수입 금지 수생동물이나 수입 금지 지역 자체가 존재하지 않는다. 그 의미는 우리 생태계의 물고기나 수생식물을 보호하기 위한 그 어떤 수입 금지 조치도 한 사실이 없다는 것이다.

국립수산물품질관리원의 자료에 따르면, 태국산 구피에서 2009년 4월 16일부터 7월 10일까지 모두 16차례에 걸쳐 잉어 봄바이러스가 검출되었다.[3] 그러나 국립수산물품질관리원은 해당 물고기를 불합격 처분했을 뿐, 현지 조사를 통해 전염병 유입 위험 평가를 진행하지 않았고, 수입 중단 조치도 하지 않았다.

외부에서 질병 유입을 막기 위해 수산물 수입 금지 조치를 내린 사실이 없다. 아무리 이식용 수생동물에서 질병이 빈번히 발견되어도 이를 원천적으로 차단할 법적 조항 자체가 아예 없었다. 단지 폐기나 반송을 명할 수 있을 뿐이었다. 학교급식에 비유하자면, 식중독 사고가 나더라도 급식 중단 조치를 취할 수 없는 것이다.

육상가축의 검역

가축전염병예방법은 가축전염병의 유입을 막기 위한 수입 금지 조치를 마련하고 있다. 이 법에 따라 농림수산식품부 고시 '지정 검역물의 수입 금지 지역'을 고시했다. 여기에서 수입 금지 지역으로 지정되지 않은 나라에서만 가축이나 축산식품을 수입할 수 있다. 예를 들어, 살아 있는 소의 경우 호주와 뉴질랜드 이외는 모두 수입 금지 지역이다.

수입이 허용된 나라의 경우, 동물이나 축산식품을 통해 위해 요인이 침입하지 않도록 위생 조건을 정한다. 이 조건을 과학적으로 정하는 절차가 2008년에 만든 '지정 검역물의 수입에 관한 수입 위험 분석 요령'과 '지정 검역물의 수입에 관한 수입 위험 평가 세부 지침'이다. 그리고 한 번 수입이 허용된 나라라도 악성 가축전염병이 발생했거나 발생할 우려가 있을 때에는 수입을 다시 금지할 수 있다.[4]

이는 가축전염병으로부터 가축을 지키기 위한 검역 주권을 담은 것이다. 그러나 검역 주권을 제대로 행사하지 못하는 곳이 있으니, 미국산 쇠고기다.

2003년 12월 미국에서 광우병이 발생하자 우리나라는 미국산 쇠고기 수입을 금지했다. 그러나 2006년 3월에 수입 금지를 해제하면서, 30개월 미만 소의 살코기만 수입하기로 하는 '미국산 쇠고기 수입 위생 조건'을 정했다. 그러나 2007년 7월 29일 미국 카길 사가 수출한 미국산 쇠고기에서 광우병 위험 부위가 나왔다. 매우 심각한 사건이었다. 정부는 미국산 쇠고기 검역을 중단했다. 그런데 같은 해 8월 15일, 이태식 당시 주미대사는 대외비로 청와대에 다음과 같이 보고했다.

(미국 정부는) 금번 사고의 원인을 해당 작업장 box sealer(박스 포장기) 고장 및 동시간에 발생한 작업 라인 교대에 따른 작업인부의 실수로 결론짓

고, 향후 재발 방지를 위해 카길 측이 아래 조치를 취했음을 밝힘.

그러나 이 보고 내용은 온전한 사실이 아니었다. 미국 정부의 감사 보고서는 사고의 근본 원인을 '작업인부의 실수'라고 결론 내리지 않았다. 인부의 부주의를 방치한 관리통제 실패가 근본 원인이라고 결론을 내렸다.

왜 주미대사는 미국의 결론을 축소해 청와대에 보고했을까? 중단되었던 미국산 쇠고기 검역을 재개하는 것과 관련이 있었다고 생각한다. 농림수산식품부는 같은 달 23일, 작업인부의 부주의로 광우병 위험 부위가 섞인 것이라면서 미국산 쇠고기 검역 절차를 다시 시작했다. 그러면서 미국과 쇠고기 광우병 검역 기준 완화를 위한 협의를 계속했다.

정운천 장관의 농림수산식품부는 2008년 4월 18일, 미국과 협의를 타결했다. 미국 내에서 추가로 광우병이 발생하더라도 국제수역사무국이 미국의 광우병 위험 통제 등급을 떨어뜨리지 않는 한 쇠고기 수입을 중단할 수 없다는 내용이 있었다. 이것은 자신이 공고한 '지정 검역물의 수입 금지 지역' 5조에서 광우병과 같은 악성 가축전염병이 발생할 우려가 있는 때에도 수입을 금지할 수 있다고 정한 것을 스스로 포기한 것이다.

육상식물의 검역

외국에서 식물이나 과실을 들여올 때, 그곳에만 있는 병해충이 함께 들어와 국내 식물생태계를 오염시킬 수 있다. 예를 들면 중국산 양벚 과실과 관련된 중국의 병해충은 모두 126종인데, 이중 국내에 없는 것이 36종이다.[5] 또 페루가 2002년 12월에 수입을 신청한 페루산 포도에 발생하는 병해충은 92종인데, 이중 한국에서 발생하지 않은 것이 과실파리류, 가루깍지벌레류 등 11종이었다.

식물방역법 시행규칙은 수입 금지 식물이나 금지 지역, 금지 병해충을 지정하고 있다. 원칙적으로 생과실은 수입 금지 식물이다. 예외적으로 수입 허용 지역을 정한 품목에 대해서는 수입할 수 있다. 예를 들어, 포도는 하와이주와 텍사스주를 제외한 미국 전역과 일본, 뉴질랜드에서만 수입할 수 있다. 농림수산식품부 장관이 별도로 고시해 허용한 것 중 하나가 중국산 양벚 생과실이다.[6]

그리고 농림수산식품부 고시 '외래 병해충 공적 방제 실시 요령'에서 외래 병해충에 대한 방제를 규정하고 있다. 잡초를 막기 위한 것으로는 국립식물검역원장 고시 '병해충에 해당되는 잡초'가 있다. 여기에 해당하는 것은 수입하지 못한다.

국립식물검역원은 외래 병해충에 대한 검역을 인터넷 누리집(www.npqs.go.kr)에서 자세히 공개하고 있다. '개별 병해충 위험 평가' 및 '관리 방안 작성' 결과에 대해 관련 부처, 연구기관, 식물 검역 관련 분야 전문가 및 이해당사자 등으로부터 자문 및 의견을 받고자 미리 인터넷에서 상세히 공개한다.

2009년 6월 5일자로 고시된 수입 금지 식물 중 중국산 양벚 생과실의 수입 금지 제외 기준의 병해충 위험 분석 자료를 미리 고시해 의견을 수렴했다. 이 자료를 보면, 중국이 2003년 10월에 양벚 수입 승인을 요청한 것에 대해 어떻게 그로 인한 병해충 유입 위험도를 평가했는지 알 수 있다.

자두곰보병, 복숭아뿔나방 등 16가지 한국에는 존재하지 않는 병해충에 대해 어떤 관리 방안을 세울 것인지를 미리 제시하고 의견을 수렴한 것은 모범적인 정보 공개 사례다.

만일 중국산 양벚에서 살아 있는 과실파리 등이 발견될 경우, 당해 화물을 폐기 또는 반송 조치하고, 원인이 규명되어 적절한 조치가 취해질 때까지 중국산 양벚 생과실의 수입을 중단한다.

검역의 통합

독자들은 이제까지 수생생물, 육상가축, 육상식물로 나뉘어 있는 검역 제도를 보았다. 그 근거가 되는 법률도 다르고, 검역을 직접 담당하는 행정기관도 다르다. 그리고 그곳들은 식품안전 행정기관과 분리되어 있다.

그러나 한반도의 생태계는 하나의 환경이며, 그곳의 안녕은 사람들의 밥상 안전과 직결된다. 새로운 식품법은 분리된 검역을 통합하며, 검역과 식품을 통합한다.

유전자조작 생물체에 대한 검역

대만의 한 회사는 해파리의 형광 유전자를 열대어의 유전자에 삽입시켜 형광 열대어를 개발했다. 유전자조작 생물체는 옥수수나 콩이 아니라 실제로 살아 움직이는 모습으로 우리 곁에 와 있다.

유전자조작 생물체는 이동과 번식 능력이 있으므로 자연 야생으로 방출되거나 탈출해 생태계의 지배종이 될 수 있다. 이들이 유전자조작으로 인해 동종의 다른 생물체보다 더 우월한 기능을 가질 경우 동종

가축의 안녕

생물체는 멸종할 수도 있다. 물론 유전자조작 옥수수나 콩도 생태계로 탈출할 수 있다. 트럭에 실려가다 길가에 떨어져 생태계에 침입할 수 있다.

우리는 과연 이런 위험에서 가축과 작물을 충분히 지킬 수 있는가? 〈유전자변형 형광 제브라피시의 생태계 위해성 평가에 관한 연구〉에서 김형수 국립수산과학원 생명공학연구단 전문연구원 등의 연구자들은 이렇게 말한다.

> 국내 수산 분야에서 아직 유전자변형 생물체의 위해성 평가에 대한 구체적인 논의가 없었다. 어류를 포함한 수산 분야에 대해서는 아직 국제적으로 표준이 마련되어 있지 않고 공식적인 심사 사례도 없어 참고할 자료도 매우 부족하다. _《해양 정책 연구》 제21권 1호, 2006.

유전자조작 생물체가 이 땅의 생태계에 미칠 영향에 대해서 우리가 가지고 있는 지식은 백지에 가깝다. 유전자조작 생물체가 한반도라고 하는 자연생태계에서 퍼져나갈 때, 그것이 생태계의 균형을 어떻게 무너뜨릴지 예상조차 하기 어렵다.

이 중요한 문제에 대해 식품의약품안전청은 관장 직무가 아니므로 책임지지 않으며, 이 문제를 담당하는 농촌진흥청이나 국립환경과학원, 국립수산과학원 모두 이제 본격적 연구를 시작하고 있을 뿐이다.

현행 법제에서, 유전자조작 생물체가 생태계에 방출되어 자연생태계에 미치는 영향에 대해서는 국립환경과학원, 작물 재배 환경에 미치는 영향에 대해서는 농촌진흥청, 수생태계에 미치는 영향에 대해서는 국립수산과학원이 평가한다. 차례대로 현실을 보자.

국립환경과학원은 2008년 4월에 제초제 내성을 갖는 유전자변형 콩의 자연생태계 위해성 협의심사를 종료한 것을 비롯해, 2010년 3월 현재 6건의 콩과 옥수수 협의심사를 종료했고, 10건의 유전자조작 콩·옥수수·면화의 위해성 심사를 종료하거나 진행하고 있다.

그러나 국립환경과학원은 협의심사를 마친 문서의 공개를 거부했다.[7] 그리고 유전자변형 생물체 자연환경 위해성 심사위원회 명단을 공개하라고 요청했더니 '의사결정 과정에 있는 사항'과 '공개될 경우 업무의 공정한 수행에 현저한 지장을 초래한다고 인정할 만한 상당한 이유가 있는 정보'에 해당된다며 거부했다.[8]

농업용·임업용·축산업용 유전자변형 생물체의 환경 위해성을 평가 심사하는 농촌진흥청에는 '농업용·임업용 또는 축산업용 유전자변형 생물체 환경 위해성 전문가 심사위원회 운영규칙'이라는 훈령이 있다. 여기서 국내 포장 시험이 필요하다고 판단될 때에는 환경 위해성 평가 기관과 시험 항목 및 시험 방법 등을 결정한다고 규정했다.

농촌진흥청은 2004년 3월 19일, 앞에서 본 몬산토코리아의 제초제 저항성 콩의 환경 위해성 심사에 대해 적합 판정을 했다. "방출되었을 경우 국내 농업환경에 미치는 위해성이 없는 것으로 확인되었음"이라고 결론을 맺은 이 최초의 심사 결과 보고서는 한국농업생명공학안전성센터 인터넷 누리집에서 확인할 수 있다.

그렇다면 과연 무엇을 근거로 농촌진흥청은 국내 농업생태계에 미치는 위해성이 없다고 결론을 내렸을까? 다섯 쪽의 이 보고서에는 그 근거가 자세히 나오지 않는다. 확인할 수 있는 것은 농촌진흥청이 이

유전자조작 콩의 환경 방출 실험을 직접 하지 않았다는 사실이다. 2010년 2월 22일 현재 농업용 유전자조작 생물체로 승인한 52건 가운데 농촌진흥청이 직접 생태계 방출 실험을 한 것은 하나도 없다.

사료용 유전자조작 생물체의 수입 승인권을 가지고 있는 국립농산물품질관리원에는 유전자변형 생물체 수입 승인 자문위원회가 있다. 모두 16명의 위원이 있는데, 여기에는 농림수산식품부 표시검역과, 농촌진흥청 연구개발과, 국립축산과학원 동물바이오공학과, 국립농업과학원 생물안전성과, 농산물품질관리원 원산지관리과, 식물검역원 위험평가과, 질병관리본부 생물안전평가과, 그리고 식품의약품안전청 신소재식품과에 속한 8명의 공무원이 당연직으로 참가한다. 공무원이 하는 승인에서 공무원이 자문을 하도록 하는 것은 자문 절차를 둔 의의를 모르는 것이다.

국립농산물품질관리원이 2010년 2월에 공개한 자료에 따르면, 나머지 8명의 민간 위원에는 박장희 사료협회 기술연구소 소장, 장기선 전국한우협회 부장, 정선현 대한양돈협회 전무이사, 황일수 대한양계협회 부장이 있다.⁹ 이들이 속한 단체는 사료용 유전자조작 생물체에 이해관계가 있다. 사료용 유전자조작 생물체 수입이 필요한 곳이다. 이런 사람들이 유전자조작 생물체 수입으로 국내 생태계의 다양성이 어떤 영향을 받을 것인가를 판단하도록 하는 구조는 정당하지 않다.

국립수산과학원은 유전자조작 생물체가 수생태계에 미치는 영향을 심사·평가한다. 그런데 2009년 2월 18일자 공문(생명공학과-297)에서, 심사위원의 명단을 공개할 수 없다고 답변했다. '심사위원회의 위원 명단이 공개될 경우 공정한 심사활동에 영향을 미칠 수 있으므로 공개하기 어렵다'는 것이었다. 이 심사위원회가 유전자조작 생물체가 수생태계에 미칠 영향을 평가하는 실험을 한 경우는 한 차례도 없다.

새로운 식품법은 이와 같이 무방비상태나 다름없는 유전자조작 생물체에 대한 검역을 기초부터 촘촘하게 다시 시작할 것이다.

14. 흙과 갯벌

생태계는 식품체계를 존재하게 하는 물적 기초다. 동물과 식물, 흙, 햇빛, 공기, 물, 바다, 갯벌이 모두 모여 식품체계를 이룬다. 생태계를 이루는 존재들은 서로 깊은 영향을 주고받는다. 그 순환의 질서가 살아남아야 식품을 계속 구할 수 있다. 새로운 식품체계의 궁극적인 목적은 생태계의 순환과 질서를 존중해서 생태계로부터 안전한 식품을 지속적으로 얻는 것이다.

생태계가 식품체계에서 담당하는 역할을 자본이 대신할 수 있을까? 이 질문에 그렇다고 대답한다면 유전자조작 식품을 찬성하는 사람이다. 유전자조작은 자본으로 생태계의 역할을 대체하는 것이다. 생태계가 무궁한 시간에 걸쳐 진화와 돌연변이를 통해 이루어낼지도 모를 일을 자본의 힘으로 순식간에 진행하는 것이다.

짧은 순간만을 놓고 본다면, 마치 농약이나 비료 또는 유전자조작 기술이 생태계의 천적과 질소와 내성 기능을 대체하는 것처럼 보인다. 그러나 그것은 순환의 질서가 아니다. 오염을 축적한다. 자본은 생태계를 창조할 수 없다. 청계천을 만들 수는 있다. 그러나 식품체계의 모태인 생태계를 만들 수는 없다. 생태계는 후손들에게도 필요하다. 그러므로 깨끗하게 보존해서 물려주어야 한다.

생태계 관리 기준의 후퇴

—

우리 사회는 오염 기준이라는 것을 만들어 땅과 바다를 보존·관리하고 있다. 1996년에 토양환경보전법을 제정해 농경지에서 카드뮴, 수은, 납 등을 토양 오염물질로 정하고 그 검출량을 기준으로 '농경지의 오염 우려 기준'이라는 것을 만들었다.

그런데 2010년에 기준 수치를 바꿨다. 납을 예로 들면, 1996년에는 100mg/kg이 오염 우려 기준이었으나 200mg/kg로 바뀌었다. 숫자만 놓고 보면, 오염 기준이 두 배나 밑으로 추락한 셈이다. 이렇게 한 이유를 환경부에 물었더니 분석 방법의 변경 때문이라고 했다. 그 근거 문서를 보여달라고 했으나, 존재하지 않는다는 답변이 왔다.[10]

이런 사건은 바다의 기준에서도 일어났다. 바다의 오염 기준 중 하나인 '해역등급Ⅰ'은 참돔·방어 및 미역 등 수산생물의 서식·양식 및 해수욕에 적합한 수질이다. 그런데 여기서도 수치상의 기준을 후퇴시켰다. 예를 들어, 총 질소의 경우 1991년에는 0.05mg/l 이하였으나 0.3mg/l 이하로 바뀌었다. 무려 여섯 배나 떨어진 것이다. 그래서 환경부에 그 이유를 공개해달라고 요청했더니 국토해양부로 이송해버렸다. 언제부터 환경 기준 설정이 국토해양부의 일이 되었나?

결국 국토해양부에서 답변이 왔다. 애초의 총 질소 기준은 무기질소만을 포함했다. 그런데 이후 바다로 유기질소가 다량 유입되고, 이것이 분해되어 무기질소로 치환되므로 이를 반영한 것이라고 했다.[11] 애초에는 예상하지 못했던 유기질소의 유입이 늘어나 기준을 낮췄다는 것이다. 오염이 늘어나 오염 기준을 초과하자, 오염도를 낮출 방법을 연구하는 것이 아니라, 오염 기준을 오염 현실에 적응시킨 것이라고 생각한다.

그런데 동물과 식물이 사는 땅과 바다와 물을 가장 심각하게 위협하는 것은 유기질소가 아니다. 생태계를 식품 생산활동의 모태로 인정하지 않고 건설자본의 이윤을 만들어주는 건설현장으로 보는 것이 우리 식품체계에 대한 가장 큰 위협의 하나다. 건설업자들은 동물과 식물이 살 땅과 바다를 아예 없애버리고 있다. 동물과 식물이 자랄 땅과 바다와 물이 사라지고 있다.

바다를 없애는 사람들

—

바다는 하나지만 그것을 바라보는 눈은 하나가 아니다. 3면이 바다인 곳에서 바다를 어떻게 이용할 것인가를 놓고 격렬한 전쟁이 터졌다. 식품체계의 필수적 기초인 바다와 갯벌은 식품체계에서 떼어내져 아파트와 공장에 봉사한다.

215

그들은 어떻게 바다와 갯벌을 차지할까? '공유수면 관리 및 매립에 관한 법률'은 바다와 갯벌을 '공유수면'이라고 부른다. 1962년에 법을 만들었지만, 법에다 '환경친화적으로 바다와 갯벌을 매립한다'는 표현이라도 넣은 것은 1999년이다. 그러나 이미 1966년에 공유수면 매립 면허권자를 농림부 장관에서 건설부 장관으로 바꾸면서, 공유수면 매립 목적은 더 이상 '농지 확보'가 아니었다.

게다가 이 법은 10년마다 한 번씩 국토해양부 장관에게 공유수면 매립 기본계획을 수립할 의무를 부과했다. 만일 이 기본계획에 포함되지 않은 공유수면 중 매립이 필요한 공유수면이 있는 경우에는, 그곳을 매립하려는 행정기관의 장이 국토해양부 장관에게 그 내용을 반영하도록 요청할 수 있다.

공유수면 매립 기본계획에 자문을 하는 위원회로 연안관리법에 따른 중앙연안관리심의회를 두도록 되어 있다. 이 위원회에는 어떤 사람들이 있으며, 무엇을 했을까?

국토해양부에 1999년부터 현재까지의 중앙연안관리심의회 위원 명단을 공개하라고 요청했다. 그러나 국토해양부는 업무의 공정한 수행에 현저한 지장을 초래하거나 개인 신상에 관한 정보라며 거부했다.[12] 심의회가 공유수면 매립에서 매립 목적 변경 신청을 심의 승인한 내역도 공개를 거부했다.

매립지는 누가 소유하는가? '공유수면 관리 및 매립에 관한 법률'은 매립자가 매립에 들어간 비용에 해당하는 소유권을 취득하도록 했다. 본디 국가 소유였던 바다를 개인이 매립해 개인 사유지로 만들 수 있는 것이다.

가축의 안녕

바다에서 어업을 해온 사람들은 어떻게 되는가? 매립 면허를 받은 자와 보상금을 협의할 수 있을 뿐이다. 협의가 성사되지 않으면 어떻게 될까? 토지수용위원회가 일방적으로 정한 보상금을 받든지 아니면 60일 이내에 소송을 해야 한다. 반면 매립 면허를 받은 자는 토지수용위원회가 정한 보상금을 공탁하면 매립 실시 계획 승인을 신청할 수 있다. 그리고 승인을 받아 매립공사를 시작한다.

이 구조에서는 어업권자는 그저 보상금이 적다는 주장을 할 수 있을 뿐이다. 어업권자면서 수산식품의 생산자인 어민의 법적 지위는 보잘것이 없다. 매립을 가장 강력하게 반대할 잠재력이 있는 어민에게서 법적 힘을 제거한 것이다.

대법관 위의 관료들

—

면허, 허가, 신고 없이 호미나 바구니 등 단순한 용구만 가지고 자연산인 굴·백합·꼬막·바지락·피조개를 채취해 생계를 꾸려온 어민들에게 갯벌은 삶의 터전이다.

포항제철은 1983년 2월 28일 광양만을 매립하면서, 특별한 면허나 허가 및 관할 행정관청에 신고 없이 굴, 백합, 꼬막 등의 자연산 패류를 호미 등 패류 채취용 어구를 사용해 채취하는, 광양만 일대의 어민 600여 명에 대하여, 이들이 수산업법상의 어업권자가 아니라는 이유로 단 한 푼의 보상도 하지 않고 어민들의 출입을 금지시켰다.

이 사건에서 대법원은 1989년 7월 11일에 역사적인 판결을 내렸다.

포항제철에 600명의 어민에게 약 15억 원을 배상하라고 판결했다. 관행어업권을 누구에 대해서도 주장할 수 있는 완전한 권리로 인정한 최초의 판례였다.[13] 그러나 이 판결이 나자마자 국토해양부는 1990년 8월 1일, 수산업법을 아예 전부 개정해버렸다. 1991년 2월 2일부터 2년 이내, 곧 1993년 2월 1일까지 어업권원부에 등록을 한 경우에 한해 관행어업권자로 본다고 규정했다(부칙 11조 2항).

이는 관행어업은 등록 여부와는 무관하다는 본질에 모순되는 조항이다. 관행어업권자 가운데 이 조항에 따라 어업권원부에 등록한 사람은 한 명도 없었다.[14]

이제 국가는 관행어업의 성립 자체를 전면 부정한다. 농림수산식품부 어업정책과는 2010년 3월 11일, 입어자에 대한 등록 기준 및 법률상의 정의를 법령에서 명확하게 규정하고 있으므로, 현재 시점에서는 새로이 어업권원부에 입어자로 등록하는 것은 불가할 것이라고 답변했다. 대법원이 완전한 권리로 인정한 관행어업권을 아무런 보상 없이 박탈한 것이다. 토건국가의 승리다.

농지를 빼앗아 골프장을 짓는 법

—

농경지 면적은 1968년에 231만 헥타르로 최고를 기록한 후 해마다 감소해 2008년 현재 175만 헥타르로 줄었다. 식량자급률을 조금이라도 더 끌어올리려고 한다면 농지를 상실해서는 안 된다.

농지의 보전을 위한 농지법이 있지만, 그 위에서 행세하는 것이 토지수용법(공익사업을 위한 토지 등의 취득 및 보상에 관한 법률)이다. 농지법이 농지의 약 46퍼센트를 농업진흥 지역으로 지정하고, 농민에게 농작물 경작과 재배 외의 용도로 사용하는 것을 엄격하게 금지하는 것을 비웃으면서, 토지수용법은 너무도 쉽게 농지를 농민에게서 빼앗아버린다. 골프장을 짓는다며 법의 이름으로 농지를 빼앗는다.

농지를 빼앗는 법은 크게 세 단계를 거친다. 1단계가 '사업 인정'이다. 농지를 수용할 필요가 있을 만큼의 공익성이 있는 사업인지를 국토해양부 장관이 판단하는 것이다. 이 판단을 국토해양부 장관에게 맡긴 것부터가 잘못이다.

게다가 토지수용법은 공익사업의 범위를 한없이 넓혀놓았다. 다른 법률에 의해 토지 등을 수용 또는 사용할 수 있는 사업이면 다 공익사업이다(4조 8호). 완전히 거꾸로 된 법이다. 공익사업이기 때문에 수용하는 것이지, 수용하니까 공익사업인 것은 아니다.

이렇게 해놓았으니 골프장 건설도 공익사업이다. '체육시설의 설치와 이용에 관한 법률'은 골프장을 체육시설로 규정한다. 골프장을 짓기 위해 농민의 땅을 더 쉽게 빼앗을 수 있도록 법도 바꿔준다. 2008년 1월 8일부터는 토지 소유자 동의 요건을 소유자 2분의 1 이상의 동의로 바꿨다. 그 전에는 소유자 3분의 2 이상의 동의를 받아야 했다. 골프장 건설 예정 토지 소유자 절반 정도가 반대해도, 그들의 땅을 수용해서 골프장을 지을 수 있게 해준 것이다.

기업도시개발특별법이라는 것에는, 영리를 목적으로 하는 회사가 이른바 기업도시 개발을 제안해서 국토해양부 장관이 승인하면 수용 절차를 밟을 수 있도록 되어 있다. 일개 민간 회사가 땅을 더 쉽게 수용할 수 있도록, 필요한 토지 면적의 2분의 1 이상에 해당하는 토지를 확보하면, 나머지 2분의 1에 해당하는 반대하는 사람들의 토지를 수용할 수 있는 것이다. 이 민간 기업이 다른 민간 기업과 공동으로 개발사업을 시행하는 경우에는 이 50퍼센트조차 필요하지 않다(14조 3항).

빼앗기는지도 모르게 땅을 빼앗기는 농민들

—

2단계는 땅을 빼앗기는지조차 모르게 하는 것이다. 토지수용법에서는 국토해양부 장관이 공익사업으로 인정하기 전에 미리 농지 소유자의 의견을 듣는 절차를 거치도록 했다. 국토해양부 장관이 사업인정신청서를 시장이나 군수 또는 구청장에게 보내면 시장이나 군수가 게시판과 관보에 공고하고 토지 소유자에게 우편으로 통지해서 14일간의 의견 제출 기간을 안내해야 한다.

최소한 이런 절차라도 지키면, 농지 소유자는 자신의 농지가 수용당할 가능성이 있다는 것을 미리 알게 된다. 그리고 사업 인정 자체에 대한 반대 의견을 제출이라도 해볼 수 있다. 소송을 준비할 수도 있다. 농지 소유자가 반대하는데도 사업 인정이 날 경우, 농지 소유자는 사업 인정이 고시되는 때로부터 60일 이내에 소송을 할 수 있다.

그러나 너무도 많은 법이 이러한 토지수용법상의 사업 인정 절차를 따르지 않는 강제 수용을 허용한다. 이를 '사업 인정 의제'라고 하는데, 국민임대주택이나 댐, 기업도시 등을 짓기 위한 무수히 많은 법이 있고, 이 법들은 그 사업이 승인되면 법률상의 사업 인정이 된 것으로 본다. 여기서는 사업 인정 의제만을 규정하고 있을 뿐, 의견 청취 조항은 준용한다는 조항이 없다. 그래서 농지 소유자들은 미리 의견을 제출할 기회를 잃는다. 그들은 사업 승인이 언제 났는지 알기 어렵다.

알 수 없는 상태에서 사업 승인이 난 때로부터 60일이 지나면 농지 소유자는 다툴 수조차 없다. 이렇게 언제 사업 인정이 되었는지조차 알지 못하게 수용을 할 수 있도록 하는 법률은 다음과 같다. 국민임대주택법, 댐건설법, 임대주택법, 국방군사시설사업에 관한 법률, 구 산업입지 및 개발에 관한 법률, 전원개발촉진법, 택지개발촉진법, 골재채취법, 혁신도시건설법, 주택건설촉진법, 국토계획법, 기업도시개발특별법, 주택법, 하천법.

이렇게 해서 토지 소유자도 모르는 상태에서 사업 인정 의제가 되어버리면, 더 이상 합법적인 방법이 없다. 남은 것은 공탁된 보상금을 찾을 것인지 아니면 보상금을 더 달라고 할 것인지 뿐이다. 국토해양부가 주도하는 수용법들은 왜 수용이 필요한지에 대한 토론을 불가능하게 한다. 돈밖에 모르는 자들이 문제를 오로지 돈의 문제로 만들어버린다.

3단계인 감정 단계에 이르면 농지 소유자는 더 억울한 일을 겪는다. 먼저 그의 농지를 수용 당시의 시세로 감정하지 않는다. 공시지가를 기준으로 감정을 한다. 감정 결과가 마음에 들지 않아 토지수용위원회에 재감정을 신청해도 결과는 대동소이하다.

구조적으로 처음의 감정가와 비교해 10퍼센트를 초과한 감정 결과가 나올 수 없게끔 되어 있다. 토지수용법 시행규칙에는, 여러 감정 결과 가장 높게 나온 감정액이 최저 평가액의 10퍼센트를 초과하는 경우, 사업 시행자는 해당 감정사를 국토해양부 장관에게 통지해야 하며, 국토해양부 장관은 해당 감정사를 조사하도록 되어 있다(17조). 이처럼 감정평가사의 전문적인 식견조차 받아들이지 않는다. 그러므로 감정가가 한 번 나오면 그 값은 변하지 않는 철칙이 된다. 감정인을 바꿔봐야 소용이 없다. 억울하면 소송을 해서 법원이 지정한 감정인의 감정을 받아야 한다.

3단계에는 영농손실 보상 감정이 있다. 농지를 수용할 경우 2년간의 실제 영농소득을 보상하도록 되어 있다. 그러나 국토해양부 고시 '농작물 실제 소득 인정 기준'은 농민이 인터넷으로 직접 소비자에게 식품을 판매하는 경우나 지역 시장 또는 현지 수집상 등에게 판매한 자료는 인정하지 않는다. 오직 도매시장, 공판장, 백화점, 호텔 등 일곱 가지 종류의 영수증만 거래 실적으로 인정한다. 그래서 농가들은 법에서 정한 실제 영농소득을 보상받지 못한다. 농가들이 아무리 하소연을 하고, 시위를 하고, 국회의원을 만나도 소용이 없었다.

2010년에 이르러서야 처음으로 위 일곱 가지 종류의 영수증은 예시에 지나지 않고, 다른 유형의 영수증으로도 영농소득을 입증할 수 있다는 판결이 나왔다.[15] 서울고등법원도 위 일곱 가지의 서류 외에 객관성과 합리성이 있는 입증 방법이 있다면 그에 의해 실제 소득을 인정할 수 있다고 판결했다.[16]

이 고등법원 판결을 받았을 때, 나는 변호사라는 직업에 보람을 느꼈다. 이 사건에서 땅을 수용당한 농민은 버섯종균을 농가에게 직접 공급하면서 그 판매액을 세무서에 신고해온 사람이었다. 고등법원은 세무서 신고 자료가 매출액을 입증하는 자료가 된다고 판단했다. 2008

년 6월 소장을 제출한 후 2년에 걸쳐 변론을 한 결과였다.

나는 법원에, 농민이 버섯종균 대금을 송금받은 예금통장, 그로부터 종균을 산 농민들의 진술서, 버섯농장의 금전출납부, 농장 직원의 진술서, 세금 신고 자료, 버섯농장에 사용한 면세 기름 자료, 그리고 애초 버섯농장에 와서 버섯종균 현물 68만 개를 보았다는 감정평가서 등 농민이 실제로 버섯종균을 팔았음을 입증하는 데 도움이 되는 자료를 모아 제출했다.

그러나 토지수용위원회와 토지주택공사, 도로공사, 그리고 국가는 아랑곳하지 않는다. 지금도 여전히 토지를 수용당한 현장에서는 농민들의 실제 소득을 인정하지 않는다.

토건국가는 이 모든 문제를 보상금 몇 푼 더 받으려는 욕심으로 부각시킨다. 이것이 토건국가의 철학이다. 그들은 자본이 생태계를 대체할 수 있다고 믿는다. 모든 것이 돈일 뿐이다. 새로운 식품법은 이런 관점과 끊임없이 맞설 것이다.

6부

식품 영업자

15. 농어민과
조리사

마침내 식품을 생산하는 사람들의 이야기를 할 차례다. 6부는 식품 체계를 만드는 사람들, 식품위생법의 용어를 빌리자면 '식품 영업자'를 위한 장이다. 이들은 생업으로 식품체계에 종사하고 있다.

일찍이 애덤 스미스는 《국부론》(1776)에서, 우리가 하루하루 식사를 해결할 수 있는 것은 푸줏간과 술도가와 빵집 주인들의 자비심 덕분이 아니라, 그들의 자기 이익을 위한 고려 덕택이라고 했다.[1] 이처럼 식품 영업자들이 없다면 식품체계는 작동을 멈춘다. 그러면 소비자들은 식품을 구할 수 없다.

안전한 식품을 지속적으로 공급한다는 식품체계의 이상을 실제로 구현하는 사람은 식품 영업자들이다. 따라서 식품법은 부단히 식품 영업자가 지켜야 할 규범을 제시해 그들을 규제하고 유도한다.

지금의 식품법은 식품 영업자를 기능에 따라 여러 가지로 나눈다.

식품 영업자

아래는 그 일부다.

- 식품위생법 : 식품 제조가공업자, 즉석판매 제조가공업자, 식품 운반업자, 식품 소분판매업자, 식품 보전업자, 식품 접객업자, 위탁급식업자
- 축산물위생관리법 : 축산물 보관업자, 축산물 운반업자, 축산물 판매업자, 도축업자, 집유업자, 축산물 가공업자, 식육 포장처리업자
- 수도법 : 수도사업자
- 먹는 물 관리법 : 먹는 샘물 제조업자, 먹는 샘물 수입판매업자
- 먹는 해양심층수의 개발 및 관리에 관한 법률 : 먹는 해양심층수 제조업자
- 염관리법 : 염 제조업자
- 주세법 : 주류 제조자
- 건강기능 식품에 관한 법률 : 건강기능 식품 전문제조업자, 건강기능 식품 벤처제조업자, 건강기능 식품 수입업자, 건강기능 식품 일반판매업자, 건강기능 식품 유통전문 판매업자

식품 제조자로서의 농어민
—

식품체계는 농민과 어민에게 그 구성원으로서의 지위를 인정하지 않고 있다. 3장에서 보았듯이, 식품위생법은 영업을 정의하면서 '농업과 수산업에 속하는 식품 채취업은 제외한다'고 했다(2조). 농어민은 식품위생법상의 영업자가 아니다. 채취업자에 불과하다. 농어민은 식

품위생법이 주도하는 식품체계에 초대받지 못했다.

2008년 여름, 메주를 쑤어 파는 경기도의 농민을 알게 되었다. 그는 집안 대대로, 농약을 치지 않은 콩으로 재래식 메주를 쑤어 팔아왔다. 그는 메주를 정성껏 만들어 자신을 믿고 찾아오는 도시 소비자들에게 팔았다. 심지어 그 지역의 농촌지도소 공무원이 찾아와 재래식 메주 제조법을 배우고 간 적도 있다. 그런데 2008년 어느 날, 군청 위생과 공무원이 집에 찾아와 메주를 누구에게 팔았는지 묻고 갔다. 그날 이후 삶은 더 이상 평온하지 못했다. 경찰서 형사 앞에서 피의자 신분으로 조사를 받아야 했고, 검찰청으로 소환당했다. 군청에 식품 제조자로 신고하지 않고 메주를 만들었다는 죄목이었다.

그의 메주에서는 소비자에게 해로운 그 어떤 물질도 나오지 않았다. 그러나 그는 미신고 식품 제조자로 기소되어 처벌을 받았다. 나는 그것을 무기력하게 지켜보아야 했다. 그저 경찰서 조사실에서 그의 옆에 앉아 경찰에게 선처를 빌어볼 뿐이었다.

식품위생법은 '식품 제조자의 시설 기준'이라는 것을 만들어놓고, 그 기준을 갖추어 신고를 한 영업자만 식품 제조업자라고 부른다. 이 별도의 시설 기준을 마련해 신고하지 못한 농어민은 식품 영업자가 되지 못하도록 한다. 현재 식품위생법 시행령에서, 농어민이 신고 없이 할 수 있는 일은 자연식품을 "단순히 자르거나 껍질을 벗기거나 말리거나 소금에 절이거나 숙성하거나 가열(살균의 목적 또는 성분의 현격한 변화를 유발하기 위한 목적의 경우를 제외한다)하는"것뿐이다. 쌀을 빻아서 미숫가루를 만들어 파는 것도 식품 제조업 신고를 해야 한다.

농가에서 야채효소 등을 만드는 유기농업 농민들이 있다. 그런데

2004년, 건강기능 식품에 관한 법률에 따라 사실상 불법화되었다. 이 법은 야채효소를 이른바 건강기능 식품 유형으로 분류했다. 그리고 이를 제조하려면 건강기능 식품 전문제조업 허가를 식품의약품안전청장으로부터 받도록 했다. 그런데 법률에 따른 허가를 받으려면 제조설비, 공장부지 및 품질관리인 고용 등의 조건을 갖추어야 한다. 유기농업을 하는 소농이 마련할 수 없는 허가 조건이었다. 소농은 하루아침에 7년 이하의 징역형을 받을 처지가 되었다.

그러나 자연식품 생산자인 농어민과 조리식품 생산자인 조리사는 식품체계에서 가장 중요한 사람들이다. 농어민이 사라지면 안전한 식품을 지속적으로 제공받을 수 없으며, 농촌 지역사회를 유지할 수 없다. 농촌이 사람 살 곳이 되지 못한 사회가 좋은 식품체계를 누릴 수 있을 것이라고 기대하는 것은 연목구어(緣木求魚)와 같다. 또 조리사의 지위가 높아져야 식품체계와 소농의 긴밀한 연계가 가능하고 조리식품을 더 많이 먹게 된다.

새로운 식품법은 농어민에게 특혜를 주려는 것이 아니다. 농어민에게 식품체계의 핵심 구성원으로서의 책임을 요구한다. 그러나 그것은 우리의 소농적 특성을 인식한 것이어야 한다. 이미 식품위생법 시행규칙 별표14의 '식품 제조가공업의 시설 기준'에는, 농어민이 국내산 농수산물을 주된 원료로 식품을 직접 제조하는 경우 시장·군수·구청장은 그 시설 기준을 따로 정할 수 있다는 규정이 있다.

그러나 이 조항을 만든 지 15년이 지난 지금, 농어민을 위한 시설 기준을 마련한 시장·군수·구청장을 알지 못한다. 전국의 주요 농촌 지방자치단체에 농어민을 위해 식품 제조시설 기준을 따로 만들었는지

물었다. 그런 기준을 만들어두었다고 대답한 곳은 한 군데도 없었다.[2]

새로운 식품법은 소농을 식품체계의 문 밖으로 쫓아내지 않으며, 그들이 활동할 공간을 집 안에 마련할 것이다.

무책임한 소농 만들기

식품법은 소농을 소비자의 요구에 둔감하고 무책임한 집단으로 만들었다. 농약관리법은 소농이 소비자들이 먹을 자연식품에 농약을 치도록 조장한다. 법은 농약 안전 사용 기준을 위반한 농민에게 100만 원 이하의 과태료를 부과하도록 규정하고 있을 뿐이다. 그리고 허용 기준 이상으로 농약이 검출된 자연식품을 '위해 식품'이라고 부르지도 않는다. 그저 부적합 농산물, 부적합 수산물이라고 부른다. 해로운 농수산물을 공급한 농어가를 그저 부적합 농어가라고 부른다.[3]

해로운 자연식품을 생산한 농어민을 제재하지도 않는다. 해당 식품을 더 이상 출하하지 못하게 할 뿐이다. 식육에 대한 잔류 물질 또는 미생물 검사 결과, 허용 기준을 어긴 축산농가를 형사고발하는 규정이 없다.[4]

농림수산식품부의 고시 '농산물 등의 안전성 조사 업무 처리 요령'에 따르면, 심지어 '부적합 농산물이 빈발하는 지역'에 대해서도 농가에 생산 중단 명령 등의 조치를 하지 않는다. 농약 안전 사용 요령 교육이 전부다. 역시 농림수산식품부 고시인 '수산물 안전성 조사 업무 처리 요령'도 마찬가지다. 해당 어업인에 대해 안전성 계도 실시가 전부다. 부적합 수산물에 대한 출하 연기·용도 전환 또는 폐기 등의 조치를 할 뿐이다. 농림수산식품부 고시 '식육 중 잔류 물질 검사 요령'도 마찬가지다. 위해 식육을 공급한 농가라고 하더라도 정밀검사가 완료될 때까지 출하 당시 함께 사육하고 있는 다른 가축에 대해 출하를 제한할 뿐이다.

국립수의과학검역원에 고시 '배합사료 제조용 동물용 의약품 등 사용 기준'과 '동물용 의약품의 안전 사용 기준'을 이유로 부과한 행정처분 및 형사고발 조치 내역을 공개하라고 요청했더니, 작성·보유하고 있는 정보가 아니므로 정보의 부존재에 따른 비공개 대상이라고 알려 왔다.[5]

이처럼 위해 자연식품을 공급한 농어민도 엄격한 처벌을 받지 않는다. 이것은 농어민을 위한 것인가? 그렇지 않다. 오히려 소농을 무책임한 존재로 만들어 소비자로부터 외면당하게 만든다.

소농에게 협동할 자유를!

—

소농이 항상 피해자인 것은 아니다. 많은 소농이 현실을 방관하며, 자신의 이익을 위해 현실을 최대한 이용한다. 더 많은 지원을 요구하면서 그 목적이 농업을 지키는 데 있다고 주장한다. 그러나 자신의 아들이 농사를 짓겠다고 하면 다리를 분질러버리겠다고 말한다. 자신조차 아이들에게 물려주기를 원치 않는 농업을 대체 누가 지킬 것인가?

농촌에서 살아본 적이 없는 사람들이 사회의 다수가 되고 있다. 그들은 특별히 농업과 농촌에 대한 애정을 가지고 있지 않다. 그들은 식량자급률이 낮으면 외국에서 식량을 사먹으면 된다고 생각한다. 농업은 어떻게 이들과 함께 갈 것인가?

소농이라고 면책되는 때는 지나갔다. 소농은 적극적으로 도시 소비자와 더 밀접하게 결합하지 않으면 안 된다. 자신이 어떻게 작물과 가축을 돌보는지 소비자에게 알릴 수 있는 소농, 소비자의 신뢰를 창조하고 소비자 속에서 부가가치를 실현하는 소농이 필요하다.

소농은 소량 생산이라는 한계를 어떻게 극복할 수 있을까? 만일 그들이 지역의 다른 소농을 탈락시키고 자신의 농지를 늘리는 방식을 사용한다면, 그 결과는 불행할 것이다. 소농은 이웃의 소농 없이 존속하기 힘들다.

소농은 기본적으로 독립적인 존재로, 자신이 결정해서 자연식품을 생산한다. 그런데 그것만이 전부는 아니다. 소농이 동네의 소농과 협동에서 얻을 것이 있는데, 그것은 두 가지로 생각할 수 있다.

하나는 소비자와의 결합도를 높여 유통과 가공, 조리, 외식 판매에서 더 많은 부가가치가 소농에게 떨어지도록 할 수 있다. 소농이 혼자 마늘농사도 짓고 마늘장아찌도 만들어서 소비자에게 꾸준히 팔기란 어렵다. 그러나 마늘농가 몇 집이 같이 하면 가능하다. 소농이 모여 녹색식품 생산 방식으로 가공을 하는 것이 매우 중요하다. 고립된 소농한 사람이 도시 소비자와 지속적인 유대를 갖기는 어렵지만, 너댓 농가가 함께 도시 소비자를 계속 관리하는 것은 가능하다.

둘째, 서로에게 필요한 농지를 더 잘 빌려 쓸 수 있다. 소농과 소농 사이의 농지 임대차를 통해 농지를 더 효율적으로 이용할 수 있다. 지역 농협이 농지임대차센터를 운영해서 조합원 사이의 농지 임대차를 촉진하고 중개하면 많은 도움이 될 것이다. 각 지역에서 활발하게 농지 임대차 시장이 움직여, 농지를 임대하려는 소농과 임차하려는 소농이 쉽게 서로 조건에 맞는 상대방을 찾을 수 있다면, 소농의 한계를 줄일 수 있다.

과연 소농은 협동해서 성공할 수 있을까? 지금은 단언할 수 없다. 그러나 확실한 것은, 그동안 소농들은 협동할 자유가 없었다는 사실이다. 농림수산식품부 장관의 인가가 없으면 농협을 만들 수 없다. 어민의 수협과 어촌계도 마찬가지다. 게다가 농협법 시행령은 지역 농협을 설립하려면 조합원이 1천 명 이상일 것을 요건으로 한다. 품목 조합도 200명 이상이어야 한다. 정관도 모범 정관에 따라야 한다. 게다가 농림수산식품부 장관은 농협과 산림조합의 조합원 총회나 이사회의 결의에 대해 부당하다는 이유로 결의의 전부 또는 일부를 취소하거나 집행을 정지시킬 수 있다(농업협동조합법 163조, 산림조합법 124조). 이 조항은 1961년 7월 29일에 제정되어 지금까지 유효하다.

새로운 식품법은 소농을 속박하는 규범을 폐지할 것이다. 자연식품 공급자로서의 지위와 협동할 자유를 돌려줄 것이다. 소농은 식품체계에서 책임성 있는 주체로 행동할 것이다. 자신에게 적합한 방식으로 식품 영업자로 등록해서 식품 공급 일지를 작성하고 환경식품 안전규범을 준수할 것이다. 그리고 소득이 많은 농가들은 세금을 낼 것이다.

'위생원'으로 불린 조리식품의 공급자

—

전국의 학교에 약 1만 명의 조리사가 정규직 공무원 혹은 계약직으로 일한다. 조리사는 학교급식 주방장이다. 그러나 2009년 9월까지 이들의 공무원법상 명칭은 '위생원'이었다. 공무원 임용령은 그들에게 '조리'라는 낱말을 허락하지 않았다. 조리공무원들은 2009년 9월에야 비로소 조리실무원 혹은 조리장이라는 이름을 가질 수 있었다.[6]

지금도 현행 학교급식법 시행령 8조상의 영양교사 직무 규정은 법률에서 정한 조리사라는 용어조차 사용하기를 거부한다.

뿐만 아니라 공무원 임용에서도 조리사는 차별을 받는다. 공무원 임용 시험령은 직무에 관한 자격증 소지자를 특별채용하는 제도를 두고 있다. 일반직 공무원과 기능직 공무원의 특별채용 시험으로 나누어 응시할 수 있는 자격증을 규정한다. 그런데 식품위생 직렬의 일반직 및 기능직 공무원 특별채용 시험의 경우, 조리사 자격증은 해당 사항이 없다. 반면 위생사 자격증에는 열려 있다. 조리사 자격증 소지자에게 허용된 것은 조리 직렬의 기능직 공무원인데, 그것도 기능 6급에 대해서는 인정하지 않고 7급부터 10급까지만 가능하다. 반면 위생사와 영양사는 위생 직렬의 기능 5급에 응시할 수 있다.[7]

1장을 읽은 독자들은 조리사에게 급식 식재료 검수권이 없으며, 2010년의 국민영양관리법에서 이것을 영양사의 법률적 권리로 정했음을 기억할 것이다. 그리고 조리실 종사자의 지도감독권이 조리사가 아니라 영양사에게 있다는 사실도 기억할 것이다.

농어민이 자연식품의 공급자라면, 조리식품의 공급자는 조리사다.

식품 영업자

도시화와 공업화에 따라 조리사라고 하는 중요한 계층이 식품체계에 등장한다. 조리사야말로 농장을 식탁과 이어주는 실체다. 조리사는 메뉴와 요리를 개발하고, 그에 가장 적합한 식재료를 선택하는 과정에서 식탁에 가장 적합한 농장을 발굴한다.

그러나 지금의 식품영업자법은 식품체계에서 중요한 역할을 담당하는 조리사의 역할을 인정하지 않고 있다. 영양사의 직무를 법률로 정한 국민영양관리법이라는 법률을 만들면서도 조리사에 대해서는 그 직무 규정조차 없다. 보건사회부 장관은 1989년에, 법률의 근거 없이 식품위생법 시행규칙에서 식단 작성, 검식, 식재료의 검수 및 관리를 영양사의 직무로 규정했다. 반면, 식품체계에서 조리사가 담당할 직무 규정은 어떤 법에도 없다.

학교급식 책임자로서 조리사의 역할

—

새로운 식품법은 조리식품 생산자로서 조리사의 역할을 중시한다. 조리사에게 직무와 권한을 보장한다.

학교급식법 제7조 제1항은 "식품위생법 제36조의 규정에 따른 조리사를 둔다"는 배치 조항을 신설했고, 그 취지는 학교급식 체계에 관한 전반적인 개선을 위한 것이므로, 조리사 배치에 따른 직무 규정을 둔다.

식품위생법에 따르면, 조리사는 그 조리 업무를 행함에 있어서 식중독이나 그 밖의 위생 관련 중대사고 발생에 책임이 있는 경우에는 그 면허를 취소당하거나 6월 이내의 업무정지를 당한다. 이처럼 조리사에게 고유한 법적 책임이 발생하므로 이런 책임에 상응하는 직무와 권한이 필요하다.

안전하고 맛있는 학교급식을 위해서는 학교급식 담당 인력의 직무 개발과 협력이 필요하다. 어떻게 하면 아이들에게 더 맛있고 건강한 급식을 제공할 것인가를 연구하는 조리 계획, 전통음식 조리 개발, 식재료 식품 검수, 조리실 전반의 위생 관리, 조리원에 대한 조리 교육, 조리 결과에 대한 검식, 그리고 학생들에 대한 조리 교육이 학교급식 조리사의 직무다. 전통음식 조리 개발을 조리사 직무로 규정하는 것은 '국민 식생활 개선'이라는 학교급식법의 제정 목적에도 맞는다.

이런 바탕 위에서, 조리사는 영양교사와의 업무 협의와 협력을 통해 안전하고 맛있는 학교급식에 이바지할 것이다. 조리사는 가공식품 위주인 학교급식을 풍부하고 다양한 자연식품과 조리식품으로 변모시킬 것이다. 아이들은 지역의 자연식품을 먹으며 소농의 삶을 배울 것이다. 조리사는 소농과 학교급식을 이어줄 것이다. 조리사의 예민한 손이 담당하는 검수는 지역의 소농으로 하여금 아이들에게 가장 좋은 자연식품을 생산하도록 할 것이다.

새로운 식품법에서는 그 누구도 조리하는 사람을 무시하지 않을 것이며, 학교급식 조리사는 제 손을 움직여 성실하게 일해서 기품있게 살려는 사람들에게 선망의 직업이 될 것이다.

식품 영업자

16. 식품체계의 법치주의

　이제 마지막 장에 이르렀다. 이 장의 주제는 식품 영업자에게 보장해야 할 실질적 법치주의다. 그저 법의 형식을 갖추는 것 이상의 실질적 법치주의가 필요하다.

　'보건범죄 단속에 관한 특별조치법'이라는 법이 있다. 여기에는 식품위생법의 《식품공전》을 위반해 식품을 소매가격으로 연간 5천만 원어치 이상 만든 식품 공급자를 무기 또는 3년 이상의 징역에 처하는 조항이 있다(2조). 그 식품으로 사람이 병들었거나 죽었는지는 묻지 않는다. 자신이 만든 식품이 실제로는 단 0퍼센트도 해가 없더라도 무기징역의 위협에 노출된다. 《식품공전》에 나온 규격과 기준을 위반해 5천만 원어치 이상의 식품을 만들면 그렇게 처벌한다.

　그런데 《식품공전》은 식품의약품안전청이 만든다. 식품체계의 질서를 행정기관이 좌우하고, 법률은 뒷전으로 물러나 있어야 한다면, 식품 영업자들은 법의 보호를 받지 못한다. 만사를 제쳐놓고 행정기관에 매달릴 수밖에 없다. 자신에게 유리한 안전 기준이 설정되도록 행정권을 포위하려고 경쟁할 것이고, 경쟁에 이긴 자의 이익이 안전성 기준이 될 것이다. 한 연구는 "식품위생법에는 전혀 법치국가의 원칙이 적용되지 않고 있다 할 수 있다"고 했다.[8]

'보건범죄 단속에 관한 특별조치법'에는 사형 규정도 있다. 《식품공전》을 위반한 식품을 만든 사람은 그 식품으로 인해 사람이 죽거나 병들었을 경우 사형, 무기 또는 5년 이상의 징역에 처하도록 한다. 해로운 식품을 만들어 사람을 죽일 고의가 없었더라도 처벌 대상이다. 사망을 예견할 수 있었다면, 이 조항을 적용한다. 일반적으로 형법에서 업무상 과실이나 중대한 과실로 사람을 죽음에 이르게 한 경우도 5년 이하의 금고나 2천만 원 이하의 벌금에 처하도록 한 것(268조)에 비하면 매우 가혹한 법이다.

이처럼 《식품공전》은 그에 맞지 않게 식품을 만드는 사람을 경우에 따라 사형이나 무기형으로 처벌할 수 있는 어마어마한 규범이다.

이런 현실에서 실질적 법치주의가 《식품공전》을 통제하지 못한다면, 식품체계는 《식품공전》의 독재체제가 될 것이다. 식품 영업자들은 식품의약품안전청의 자의적인 행정독재 아래 엎드려야 할 것이다. 이런 곳에서는 식품산업이 정상적으로 발전할 수 없다.

새로운 식품체계는 엄벌주의가 아니라 법치주의의 보호를 제공한다. 사형이니 무기징역이니 하는 엄벌주의는 식품법 체계의 잘못과 모순을 식품 영업자에게 떠넘기는 방편에 지나지 않는다.

식품 영업자

실질적 법치주의란 무엇인가?

—

법치주의를 제공하는 첫걸음은 《식품공전》의 불명확하고도 모순된 형식과 내용을 폐지하는 것이다.

《식품공전》보다 이해하기 어려운 규정은 찾기 어렵다. 제1조, 제2조의 순서로 규정하는 조문 형식이 아니다 보니 체계를 잡기 힘들다. 예를 들어, 아이들이 가장 많이 찾는 간식의 하나인 빙과류의 정의를 보려면 '제 5. 1. 4). (4)' 항을 봐야 한다. 독자들에게 제안한다. 지금 잠시 책을 덮고, 옆사람이나 식구에게 말해보라. "빙과류가 법으로 무엇인지 알려면 《식품공전》제 5. 1. 4). (4) 항을 보면 돼." 그 말을 들은 사람이 《식품공전》에서 빙과류의 정의를 찾아내는지 지켜보라.

게다가 《식품공전》은 내용 또한 이해하기 어렵다. 예를 들어 '제 5. 1. 5). (3)' 항을 보면, 빙과와 같은 과자의 규격을 정하면서 "허용 외 타르 색소 : 검출되어서는 안 된다(캔디류, 추잉껌에 한한다)"는 규정이 있다.

이 조항의 의미는 무엇인가? 무엇이 '허용 외 타르 색소'인가? 그것은 《식품첨가물공전》에서 승인한 타르 색소가 아닌 것을 의미하나? 만일 그렇다면 위 조항의 의미는 캔디류와 추잉껌에서는 그것이 검출되어서는 안 되지만, 나머지 과자류인 과자나 빙과에서는 검출되어도 좋다는 뜻인가? 만일 그렇다면 《식품첨가물공전》에서 허용한 색소 이외의 사용을 금지하는 식품위생법 6조 1항의 운명은 어떻게 되는가? 과자나 빙과에는 허용 외 타르 색소를 사용하더라도 아이들의 건강에 해가 없다고 식품위생심의위원회가 결정했다는 것인가? 만일 그렇다면 도대체 어떤 허용 외 타르 색소가 안전하다고 결정했단 말인가?

심지어 《식품첨가물공전》의 합성착향료 규정을 보면, 처음부터 끝까지 오로지 영어로만 되어 있다.

게다가 《식품공전》은 여러 곳에서 국제식품규격위원회의 기준을 따른다고 한다. 그러나 막상 그런 국제식품규격위원회의 기준은 《식품공전》어디서도 찾아볼 수 없다.

농약의 잔류 허용 기준을 보면, 《식품공전》에서 잔류 허용 기준을 마련하지 않은 농약에는 국제식품규격위원회의 기준을 적용한다. 심지어 자신이 정한 농약 허용 기준을 국제식품규격위원회 기준이 없을 경우에만 적용한다는 규정도 있다.[9]

《식품공전》에 국제식품규격위원회의 기준이 전혀 나와 있지 않으므로 식품 영업자들이 스위스 제네바와 이탈리아 로마에서 열리는 국제식품규격위원회 총회가 국제식품규격위원회 기준을 어떻게 고치는지 바로바로 검색해야 할 지경이다. 그렇게 하지 않아, 국제식품규격위원회가 정한 기준을 위반해서 식품을 만들 경우, 이것은 《식품공전》을 위반한 것이 되고 사형이나 무기징역으로 처벌될 위험이 있다.

그 뜻을 쉽게 알 수 없는 형식과 내용으로 《식품공전》과 《식품첨가물공전》을 만들어놓고, 이를 위반한 식품을 5천만 원어치 이상 만들었다는 이유로 식품 영업자를 무기징역에 처할 수 있는 체제가 우리 눈앞에 있다. 만일 그 식품을 먹은 사람이 다치면, 사형을 선고할 수 있다.

이를 혁파하는 것이 실질적 법치주의다. 식품 영업자가 지켜야 할 규범이 무엇인지를 법률에서 명확하게 규정해 적법과 불법의 판단 기준을 제공하고 이를 지키는 식품 영업자를 보호해야 한다.

식품 영업자

위해 식품 공급죄

—

법치주의를 보장하는 식품법은, 식품위생법의 대표적인 처벌 규정인 '위해 식품 공급죄'를 정한 아래 조문부터 고쳐야 한다. 식품 영업자에게 매우 중요한 조항이니 원문의 일부를 읽어보자(4조). 이를 위반할 경우 7년 이하의 징역형을 받을 수 있다.

누구든지 다음 각 호의 어느 하나에 해당하는 식품 등을 판매하거나 판매할 목적으로 채취·제조·수입·가공·사용·조리·저장·소분·운반 또는 진열해서는 아니 된다.
1. 썩거나 상하거나 설익어서 인체의 건강을 해칠 우려가 있는 것.
2. 유독·유해 물질이 들어 있거나 묻어 있는 것 또는 그러할 염려가 있는 것. 다만, 식품의약품안전청장이 인체의 건강을 해칠 우려가 없다고 인정하는 것은 제외한다.
3. 병(病)을 일으키는 미생물에 오염되었거나 그러할 염려가 있어 인체의 건강을 해칠 우려가 있는 것.
4. 불결하거나 다른 물질이 섞이거나 첨가(添加)된 것 또는 그 밖의 사유로 인체의 건강을 해칠 우려가 있는 것.
5. (이하 생략)

위 네 조항 중 실무에서 가장 비중이 큰 것은 제2호다. 그러나 식품위생법에는 무엇이 '유독·유해 물질'인지에 대한 정의가 없고, 그 판단 기준조차 없다. 그리고 식품의약품안전청장이 무엇을 기준으로 어떤 절차를 거쳐 유독·유해 물질이 들어 있지만 '인체의 건강을 해칠 우려가 없다고 인정'하는지에 대해 아무런 규정이 없다.

콩나물에 카벤다짐과 치오파네이트 메틸이라는 농약 성분을 뿌려 기른 사건이 있었다. 이 성분이 유독·유해 물질인지가 재판의 쟁점이었다. 그런데 이 성분의 인체에 대한 독성을 보고한 연구는 없었다. 그리고 콩나물에서 검출된 농약 성분은 0.37g/g으로서 당시 《식품공전》 개정안상의 강낭콩에 대한 허용 기준치인 2.0g/g보다도 극히 적었다. 이 점만 놓고 본다면 유독·유해 물질이 아니었다. 하급심 판사들도 그렇게 판결했다.

그러나 대법원은 이를 뒤집었다. 이 성분이 농약관리법에서 정한 보통독성 농약에 해당한다는 이유로 유독·유해 물질이라고 판단했다.[10] 이처럼 유독·유해 물질 여부에 대해 판사들조차 견해가 갈린다. 식품영업자가 이를 판단하기란 매우 어렵다.

이것은 법치주의가 아니다. 무엇이 유독·유해 물질이며, 그것에 해당하는지의 여부를 판별하는 기준을 법률에서 정해야 한다. 7년 이하의 징역형을 받을 수 있는 중대한 범죄 영역의 경계선을 전적으로 식품의약품안전청장의 손에 맡겨둘 것이 아니라 법률에서 정해야 한다.

그런데 느닷없이 보건복지부 장관은 식품위생법 시행규칙에서 이렇게 규정한다(3조).

유독·유해 물질이 들어 있거나 묻어 있는 식품 등 또는 그러할 염려가 있는 식품 등으로서 법 제4조 제2호 단서에 따라 인체의 건강을 해칠 우려가 없다고 식품의약품안전청장이 인정하여 판매 등의 금지를 하지 아니할 수 있는 것은 다음 각 호의 어느 하나에 해당하는 것으로 한다.

1. 법 제7조 제1항·제2항 또는 법 제9조 제1항·제2항에 따른 식품 등의 제조·가공 등에 관한 기준 및 성분에 관한 규격(이하 "식품 등의 기준 및 규격"이라 한다)에 적합한 것.
2. 제1호의 식품 등의 기준 및 규격이 정해지지 아니한 것으로서 식품의약품안전청장이 법 제57조에 따른 식품위생심의위원회(이하 "식품위생심의위원회"라 한다)의 심의를 거쳐 유해의 정도가 인체의 건강을 해칠 우려가 없다고 인정한 것.

위해 식품 공급죄 해당 여부를 전적으로 식품의약품안전청장이 정하는 구조다. 먼저 제1호를 보자. '식품 등의 기준 및 규격'을 정하는 사람이 식품의약품안전청장이라는 것은 독자들도 알고 있다. 제2호의 기준 및 규격이 아직 없는 물질에 대한 개별적 결정도 그에게 위임했다. 이 책의 6장을 읽은 독자들은 위 제2호의 식품위생심의위원회에는 식품의약품안전청장의 지시를 받는 관료들이 위원으로 버티고 있다는 것을 알고 있다.

식품 영업자는 식품의약품안전청장의 입만 쳐다볼 수밖에 없다. 이런 법적 불안상태는 정당하지 않다. 식품 영업자들이 무엇이 유독·유해 물질인지를 판단할 기준을 식품위생법에서 찾을 수 있어야 한다. 그리고 무엇을 기준으로 식품의약품안전청장이 유독·유해 물질 여부와 그것이 사람의 건강을 해칠 우려 여부를 결정하는지를 법률로 규정해야 한다. 그래서 식품 영업자들이 법률을 보면 상당한 정도로 자신이 지켜야 할 규범이 무엇인지 알 수 있도록 해야 한다.

허위 표시죄

—

식품법에는 곳곳에 '허위 표시죄'라는 것이 길목을 지키고 있다. 독자들은 허위 표시라고 하면 사실과 다르게 거짓으로 표시했을 때에만 성립하는 것으로 생각하기 쉽다.

그러나 식품위생법을 보면, 식품의약품안전청장이 고시한 식품의 표시 기준에 따라 표시를 하지 않은 경우에도 허위 표시죄로 처벌된다. 식품에 의약품과 혼동할 우려가 있는 표시를 하는 경우도 허위 표시죄로 처벌한다는 것은 이 책의 10장에서 보았다. 허위 표시죄가 성립하면 3년 이하의 징역 또는 3천만 원 이하의 벌금에 처한다(97조). 축산물위생관리법에서는 7년 이하의 징역 또는 1억 원 이하의 벌금에 처한다.

그러나 9장에서 밝혔듯이, 식품의약품안전청의 '식품 등의 표시 기준'이라는 것은 원칙도 없고 자의적이며, 용어도 모호하기 짝이 없다. 식품 영업자가 그 내용을 바르게 이해하기 어렵다. 이미 사회적으로 '식품'으로 승인된 것을 의약품과 혼동하게 했다며 허위 표시죄로 처벌하는 모순의 극치를 보여준다. '자연상태의 농림수산물', '비닐 랩(Wrap) 등으로 포장(진공포장 제외)하여 관능으로 내용물을 확인할 수 있도록 투명하게 포장한 것' 등 그 의미를 알기 어려운 말이 많다. 전체 체계도 한눈에 들어오지 않는다. 딸기를 실제로 사용하지 않고 단지 딸기착향료만으로 딸기맛을 낸 제품이라도 '딸기향 우유'라는 명칭을 붙여도 좋다고 한 문제의 규정은 '식품 등의 표시 기준' 어디에 있을까? '별지 1. 1. 가. 1). 다). (3)'항에 있다. 이렇게 만들어놓고도

식품 영업자

허위 표시죄로 식품 영업자에게 중형을 선고한다.

게다가 식품위생법 외에도 너무나 많은 식품 표시 위반죄가 있어 식품 영업자는 자신의 식품에 적용해야 할 표시법을 모두 찾아볼 엄두조차 내지 못한다. 농산물품질관리법에도 식품 표시 위반죄가 있다. 원산지 표시와 유전자변형 농산물 표시를 허위로 하거나 혼동할 우려가 있는 표시를 하거나 유전자변형 농산물의 표시를 한 농산물에 다른 농산물을 혼합해 판매하는 경우 등은 7년 이하의 징역형 또는 1억 원 이하의 벌금형 대상이다.

수산물품질관리법은 원산지 표시와 유전자변형 수산물 표시를 허위로 하거나 혼동할 우려가 있는 표시를 하거나 유전자변형 수산물의 표시를 한 수산물에 다른 수산물을 혼합해 판매하는 경우 등은 7년 이하의 징역형 또는 1억 원 이하의 벌금형 대상이다(53조).

2010년 8월 15일부터는 농수산물의 원산지 표시에 관한 법률에서 농수산물의 원산지 표시를 거짓으로 하거나 위장해서 판매하는 행위에 대해 7년 이하의 징역형 또는 1억 원 이하의 벌금형에 처하고, 원산지 표시를 거짓으로 하여 농수산물이나 그 가공품을 조리해 판매하는 행위는 3년 이하의 징역 또는 3천만 원 이하의 벌금에 처한다(14조, 15조).

양곡관리법에서는 사실과 다르거나 과장되거나 소비자를 기만하거나 오인·혼동시킬 우려가 있는 표시나 광고를 한 자는 1년 이하의 징역 또는 1천만 원 이하의 벌금에 처한다(34조).

식품표시법을 통합해서 식품 영업자에게 명확하고 체계적인 표시 규범을 제공해야 한다.

영업자 준수사항 위반죄

—

앞에서 본 위해 식품 공급죄와 허위 표시죄 외에도, 식품 영업자가 노출돼 있는 중대한 처벌 조항이 또 하나 있다. '식품 영업자의 준수사항'이라는 것을 시행규칙에 정해놓고 이를 어긴 경우 형사처벌한다.

식품위생법은 영업의 위생 관리 및 질서 유지와 국민보건위생 증진을 위해 보건복지가족부령이 정하는 사항을 지키도록 하고, 이를 어길 경우 3년 이하의 징역 또는 3천만 원 이하의 벌금에 처할 수 있게 했다. 축산물위생관리법에도 같은 규정이 있다.

식품 영업자의 준수사항은 아래처럼 축산법 시행규칙, 축산물위생관리법 시행규칙, 식품위생법 시행규칙, 농촌진흥청 고시 등에 흩어져 있다. 모두 행정기관이 그 내용을 정하는 것들이다.

- 축산법 시행규칙 : 가축 사육 농민의 준수사항
- 축산물위생관리법 시행규칙 : 축산식품 보관업자, 축산식품 운반업자, 축산식품 판매업자, 도축업자, 집유업자, 축산물 가공업자, 식육 포장처리업자의 각 준수사항
- 식품위생법 시행규칙 : 즉석판매 제조·가공업자, 식품 소분·판매·운반업자, 식품 자동판매기 영업자, 집단급식소 식품 판매업자, 식품 조사처리업자, 식품 접객업자, 위탁급식 영업자, 식품 제조가공 영업자, 식품첨가물 제조가공업자의 각 준수사항

그렇다면 위 준수사항에는 구체적으로 어떤 것들이 포함돼 있을까?

그 안에는 식품 영업에 관한 모든 것이 다 들어 있다. 식품위생법 시행 규칙에 나오는, 식품 제조가공 영업자의 준수사항에는 식품을 텔레비전·인쇄물 등으로 광고하는 경우에는 유통기한을 확인해 제품을 구입하도록 권장하는 내용을 포함시켜야 한다는 조항, 이유식을 신문·잡지·라디오 또는 텔레비전을 통해 광고하는 경우에는 조제분유와 동일한 명칭 또는 유사한 명칭을 사용해 소비자가 혼동할 우려가 있는 광고를 해서는 안 된다는 조항도 있다. 이런 것들은 식품표시법령에서 규정해야 할 성질이다.

게다가 위험도 평가가 완료될 때까지 일시적으로 금지된 제품에 대해서는 이를 제조·가공·유통·판매해서는 안 된다는 조항이 있다. 이렇게 중요한 조항은 당연히 식품위생법에서 규정해야 한다.

이처럼 식품 영업자의 준수사항이라는 편법을 동원해서 관료들은 입법자로서 식품 영업자 위에 군림한다. 식품 영업자를 처벌하는 법규를 행정기관이 만드는 셈이다. 그런 것까지 준수사항으로 규정되어 있을 거라고 예측하기도 어려운 것들을 마구마구 편의주의적으로 처벌법규를 만든다.

이것은 법치주의를 정면으로 거스르는 행위다. 그래서 헌법재판소 아홉 명의 재판관 중 다섯 명은 2010년, 이것은 헌법에 위반된다고 판단했다. 형사처벌의 범죄 구성 요건에 해당하는 내용을 법률로 직접 구체적으로 명확하게 규정하지 아니하고 보건복지가족부령에 포괄적으로 위임한 것은 잘못이라고 했다. 죄형법정주의가 요구하는 명확성의 원칙과 포괄위임입법 금지의 원칙에 어긋난다고 판결했다.[11]

식품 영업자의 준수사항을 위헌 무효로 만들 수 있는 여섯 표에서

한 표가 부족했다. 그 결과 식품 영업자의 준수사항은 아직 법적으로는 살아 있지만, 사실 그것은 죽은 것이다. 그러나 그것을 어겼다는 이유로 식품 영업자는 끝내 형사처벌되었다.

식품 영업자의 준수사항이라는 편법을 중단해야 한다. 해당 법률에, 그리고 식품 규격과 식품 표시의 해당 영역 규범에 규정해야 한다.

식품 영업자에게 법치주의를 제공하지 않으면 식품산업은 발전하기 어렵다. 식량자급률 26.7퍼센트는 개선되지 않는다.

선택하고 자치하고 연대하는 소비자

식품법 100년의 무게는 무겁다. 기득권은 오랜 세월 쌓이고 또 쌓였다. 관료주의는 제 살길을 찾는 데 무서울 정도로 능란하다. 식품법은 의약품과 가공식품의 이익을 보장하는 수단이 되었다. 첨가물 소주와 바나나맛 우유는 식품체계의 강자가 되었다. 급식 공간은 영양사의 독재가 자리 잡았고, 학교급식 조리사들은 어떤 자연식품과 조리식품을 요리할 것인지 결정할 자유가 없다. 농지개혁이 준 벅찬 꿈을 꾸던 소농들은 식품체계의 문 밖으로 내쫓겼다. 소농은 백발노인이 되어 죽을 날을 기다리고 있으며, 그 옆에서 농협은 돈을 세고 있을 뿐이다. 축산은 진작 유전자조작 옥수수의 등에 올라탔다.

돌아보면 지난 5년간 나름대로는 노력했고 성과도 있었다. 그러나 혼자로는 벽을 넘을 수 없다는 것을 체험했다. 고립된 한 사람의 소비자는 자기 아이들에게 무엇을 먹일 것인가를 스스로 결정하겠다는 소박한 희망을 실현할 수 없다. 발암 가능물질을 급식 식기세척제 원료로 사용하는 것을 막을 수 없다. 발암 가능물질 위험 생수 제품의 이름조차 알 수 없다. 한 사람의 소비자는 더없이 약하고 무능한 존재다. 소비자 선택 또는 소비자 주권이라고 말하지만, 거대한 식품체계 속에 던져진 소비자 개개인은 참말로 무기력하다. 식품체계는 그가 가진 식품 정보 자체를 통제한다.

그렇다면 어떻게 할 것인가? 역설적이게도 식품체계를 바로 세울 힘은 한 사람 한 사람의 소비자에게서 나온다. 소비자의 품에는 선택과 자치와 연대라는 세 개의 보물주머니가 있다.

첫째, 소비자들은 아무리 취약한 정보에 바탕을 두더라도 어떤 형태로든 매일 식품을 선택한다. 소비자들로부터 선택받지 못한 식품은 살아남을 수 없다. 아무리 식품 정보 자체를 통제당하는 현실이라고 해도, 소비자가 자신의 판단으로 식품을 선택하고 결정할 공간은 존재한다. 이것이 소비자의 옷에 달린 첫 번째 보물주머니다.

소비자는 생태계를 덜 착취하며 지역의 지속을 뒷받침하는 식품을 선택하기 위해 노력할 수 있다. 유전자조작 옥수수로 키운 육류를 덜 먹기 위해 결심할 수 있다. 가공식품보다는 자연식품과 조리식품을 더 소비하기 위해 애쓸 수 있다. 생활협동조합의 조합원으로 가입할 수 있고 생협 매장을 더 이용하기 위해 노력할 수 있다.

단 한 사람의 소비자라도 식품 정보 공개를 끊임없이 요구하고, 잘못된 식품체계를 고쳐달라는 민원을 제기하고, 바른 학교급식을 요구할 수 있다. 급식은 교장이나 영양사가 하는 것이 아니다. 지역 사람들이 함께 한다. 지방자치단체 및 지방교육자치단체가 학부모와 함께 학교급식의 주체다. 한 사회의 공동 책임이다. 학부모로서의 소비자는 좋은 급식을 요구할 수 있다. 좋은 급식은 좋은 농업으로 연결된다. 소비자의 자녀는 자연식품과 조리식품의 맛을 급식에서 체험할 수 있다. 식품법 혁명은 소비자 한 사람으로부터 시작한다.

둘째, 소비자는 작지만 귀한 자치의 공간을 직접 만들 수 있다. 이 자치의 주머니야말로 새로운 식품체계의 주춧돌이다. 아파트의 같은 층, 친정의 자매들, 시댁의 동서들 또는 인터넷 카페의 회원들과 같이 소농을 직접 도울 수 있다. 소비자는 단지 이마트나 슈퍼마켓 진열대에서 물건을 고르는 그런 존재만이 아니다. 소농과 함께 자치의 식품체계를 만들 수 있다.

열 명의 주부가 힘을 모으면, 평생 한 가구의 소농을 부양할 수 있다. 대신 소농은 열 명의 주부가 평생 필요로 하는 쌀과 야채를 책임질 수 있다. 소비자들이 한 농가와 평생 서로에게 의지하며 자치를 실현할 수 있다. 소비자들은 소농의 생존을 보장하고, 소농은 소비자들이 원하는 식품을 생산해 공급한다. 소농이 농사를 짓고 생활을 유지하는 데 필요한 돈을 소비자들이 보장한다.

이를테면 한 소농이 1년 농사를 짓고 생활하며 아이를 교육시키는 데 필요한 돈이 3천만 원이라면, 열 명의 소비자가 각자 1년에 300만 원, 한 달에 25만 원을 소농에게 보낸다. 대신 소농은 열 명이 한 해에 먹을 쌀, 보리, 야채, 과일을 제철에 맞춰 보낸다. 이런 식으로 소비자 열 명이 한 사람의 소농을 돌볼 수 있다.

도시의 여러 생활협동조합(생협)이 이러한 자치를 적극 격려하고 북돋는다면 이 짜임새는 더 안정될 것이다. 소농은 열 명의 도시 소비자가 산산조각으로 흩어질 것을 걱정하지 않아도 되기 때문이다. 생협에서 소비자는 생협 매장을 이용해 생협 물류의 순환을 돕는 사람일 뿐 아니라, 이웃 소비자와 소농을 소개받아 직접 적극적으로 자치를 실현할 수도 있다. 소농 입장에서도 단지 생협에 농산물을 출하하는 역할에 머물지 않고 소비자와의 직접적인 자치를 여러 공간을 통해 끊임없이 확보할 필요가 있다.

소비자의 세 번째 보물주머니에는 연대가 있다. 100년의 기득권을 허물어 좋은 식품법을 만들려면 민주주의 없이는 안 된다. 민주주의로 자치의 공간을 끊임없이 확장해야 한다. 이를테면 지방자치의 민주주의를 통해 친환경 무상급식을 확보해서, 자치를 급식 공간에 확대한다. 학교급식은 지역사회 자치의 공간이다. 아이들에게 무엇을 먹일지를 지역사회가 결정한다.

이런 자치의 공간이 자꾸자꾸 넓어지면 낡은 체계는 결국 무너진다. 타르 색소 어린이 식품 규격과 희석식 소주 규격을 폐지할 수 있다. 유전자조작 식품 없는 식품체계를 이룩할 수 있다. 소비자는 소농, 녹색 식품 생산업체, 조리사, 수의사, 동물보호단체, 한의사들과 연대해야 한다. 소비자는 이들과 서로 머리를 맞대고 대화해서 그 역량을 모을 수 있다.

이 책의 결론은 선택하고 자치하고 연대하는 소비자다. 이 세 개의 보물주머니에서 자치 주머니가 가장 중요하다. 선택은 불완전하며 거기에만 머무르면 식품체계에 휩쓸리기 쉽다. 자치가 없는 연대는 공허하다. 자치하는 소비자가 정의로운 식품체계를 만든다.

책을 닫으며

주

책을 열며

1 환경부 고시 1998–31호

1부 무미일 無米日

1 허금, 〈백미 대맥 및 율 사료가 실험용 백서에 미치는 영양학적 생물화학적 연구〉, 1968, 《한국영양학회지》 제1권 제1호 p. 9–18
2 이러한 관점에 선 선구적 연구로는 정영일·황수철의 《푸드시스템 발전을 위한 조사연구》, 사단법인 농정연구 포럼, 1998과 〈푸드시스템의 관점에서 본 식료 정책의 방향〉, 《21세기 농정 패러다임의 모색》, 심포지엄 시리즈 6, 사단법인 농정연구 포럼, 1999.가 있다.
3 이기열, 〈동남아세아의 영양문제〉, 1970, 《한국영양학회지》 제3권 제3~4호 p. 119
4 채범석, 〈단백영양불량〉, 1974, 《한국영양학회지》 제7권 제1호, p. 8
5 유정렬, 〈이상환경 하의 영양문제 연구〉, 1971, 《한국영양학회지》 제4권 제4호, p. 22
6 이열, 〈혼합비율에 따르는 각종 곡류의 영양가에 대하여〉, 1972, 《한국영양학회지》 제5권 제3호, p. 135
7 주진순 외 4인, 〈국민식생활 향상을 위한 곡류 제품의 경제적 영양 강화에 관한 연구〉, 1973, 《한국영양학회지》 제6권 제1호, p. 3
8 함정례, 〈산간지 농촌 주민의 영양실태 조사〉, 1973, 《한국영양학회지》 제6권 제3호 p. 44
9 유총근, 〈불균형 식이에 의한 백서 체내의 Homeostasis에 대한 연구〉, 1974, 《한국영양학회지》 제7권 제2호, p.38
10 정금주, 〈쌀 중심의 식생활과 성인병 예방 효과를 중심으로〉, 2001, 《대한 지역사회 영양학회지》 제6권 제5호, p. 890
11 이철호·권태완, 《한국 식품학 입문》, 2003, 고려대학교 출판부
12 김숙희, 〈우리나라 영양교육 및 정책〉, 1987, 《한국영양학회지》 제20권 제3호
13 박상희, 〈박정희 정권의 국가주의적 동원 체제에 대한 비판적 연구— 혼분식 장려 정책을 중심으로〉,

2008, 인하대 대학원 석사 논문, p. 88

14 《농업연감》, 1969

15 강연숙, 〈우리나라 단체급식소에 있어서의 영양관리 실태조사〉, 1970, 《한국영양학회지》 제3권 제
3~4호

16 주진순, 〈식생활 구조 개선의 시안〉, 1973, 《한국영양학회지》 제6권 제2호, p.88

17 이양자, 〈지역사회의 영양과 건강〉, 1988, 《한국영양학회지》 제21권 제6호, p.374

18 김병구, 〈국민 건강을 위한 영양사의 역할과 현황〉, 1988, 《한국영양학회지》 제21권 제6호, p.391

19 김병구, 앞의 책, p. 385

20 박재홍 · 남현근, 〈식품 중 유해성 중금속에 관한 연구〉, 1977, 《한국영양학회지》 제10권, 제3호, p.7–9

21 윤숙경, 〈김치의 오염에 관한 연구〉, 1980, 《한국영양학회지》 제13권, 제1호, p.51–58

22 박상희, 앞의 책, p. 91

23 《농림수산식품 주요 통계》, 2009

24 보건복지부, 《알코올 문제 없는 행복한 가정을 위한 파랑새 플랜》, 2006

25 보건복지부, 《정신질환 실태조사 역학조사 요약보고서》, 2007

26 인제대학교–보건복지부, 《알코올 소비 및 음주 관련 폐해 통계지표의 정보화》, 2002

27 청소년위원회, 《청소년 음주 실태조사 및 분석 연구》, 2005

28 《2009 바이오 안전성 백서》, 한국바이오안전성정보센터, 2009

29 국사편찬위원회, 《영조실록》 34권

30 《조선과 만주》 186호, 1923년 5월호, p.37

31 《조선 사상통신》 1927년 2월 1일자, p. 4

32 《조선과 만주》 263호, 1929년 10월호, p. 49–53

33 이 부분은 이승연, 〈1909~1930년대 초 일제의 주조업 정책과 조선 주조업〉, 서울대 대학원 석사 논문,
1992를 주로 참조 · 인용했다

34 《한국농업연감》, 1955

35 최병택, 《일제하 조선 임야 조사사업과 산림 정책》, 2009

36 국사편찬위원회, 《태종실록》 29권

37 백두현, 《음식디미방 주해》, 2006, p. 214

38 이강자 외, 《국역 증보 산림경제》, 2003, p. 368

39 국사편찬위원회, 《영조실록》 114권

40 국사편찬위원회, 《태종실록》 31권

41 전순의, 《식료찬요》, 1460, 김종덕 역, 고농서국역총서 9, 2004

42 애덤 스미스, 《국부론》(상), 김수행 역, 2009, p.240, p.252, p.258

43 식품안전정책위원회 사무국–13 (2010. 03. 03)

44 보건사회부, 《식품 및 식품첨가물 생산 실적》, 1997

45 한국농촌경제연구원, 《식품수급표》, 2004

46 농림부, 《농림업 주요 통계》, 2006

47 김창길·권태진, 〈한반도의 자원순환형 친환경농업의 발전 방향과 과제〉, 《농촌경제》 제31권 제1호, p.15

48 김기동, 〈동물용 의약품의 축산물에의 잔류로 인한 공중보건상의 문제점과 그 대책〉, 서울대 보건대학원 석사 논문, 1984

49 윤숙경, 〈김치의 오염에 관한 연구〉, 1980, 《한국영양학회지》 제13권 제1호, p. 58

50 한국농촌경제연구원, 《식품수급표》, 2007

51 유엔 식량기구, 《식량 전망》, 2009. 6.

2부 개고기와 유전자조작 식품

1 아주대학교 의과대학, 〈고섬유소 쌀의 기능성 및 인체생리 활성 효과 규명〉, 2004, p.36

2 대법원 2007. 9. 6. 선고 2007도3831 판결

3 전순의, 앞의 책, p. 34

4 백두현, 앞의 책, pp183-196

5 정약용, 박석무 편역, 《유배지에서 보낸 편지》, 2010, p. 230

6 서울고등법원 1995. 7. 14. 선고 94노611 판결

7 대구지방법원 2003. 7. 16. 선고 2002노2690 판결

8 대법원 1979. 2. 27. 선고 78도1690 판결

9 이 부분은 한국동물복지협회에서 2008년에 의뢰한 '식용 목적 개 도축·유통 규제를 위한 동물보호법 활용 연구'의 연구 내용을 참고했다.

10 식품의약품안전청 운영지원과-2794 (2010. 02. 24)

11 식품의약품안전청 신소재식품과-884 (2010. 3. 29)

12 농촌진흥청 연구개발과-605 (2010. 02. 22)

13 농촌진흥청 연구개발과-875 (2010. 03. 02)

14 식품안전정책위원회 사무국-13 (2010. 03. 03)

15 식품안전정책위원회 사무국-18 (2010. 03. 16)

16 송기호, 《곱창을 위한 변론》, 2008, pp. 94-98

17 농림부, 유전자변형 농산물의 환경 위해성 평가심사 지침

3부 2,872명의 식중독

1 서울중앙지방법원 2006. 8. 17. 선고 2005가합32369 판결
2 서울중앙지방법원 2006. 12. 8. 선고 2005가합57993 판결
3 식품의약품안전청 공고 제2009-66호 (2009. 03. 02)
4 기획재정부 환경에너지세제과-116 (2010. 03. 08)
5 보건복지부 식품정책과-923 (2010. 03. 12)
6 농림수산식품부 안전위생과-885 (2010. 02. 17)
7 국립수의과학검역원 동물약품관리과-1392 (2010. 02. 16)
8 국립수의과학검역원 축산물안전과-936 (2010. 02. 18)
9 국립수의과학검역원 축산물안전과-1235 (2010. 03. 08)
10 국토해양부 해양영토개발과-533 (2010. 02. 17)
11 보건복지가족부 구강생활건강과-729 (2010. 02. 17)
12 농림수산식품부 친환경농업과-631 (2010. 02. 18)
13 농림수산식품부 축산경영과-1526 (2010. 03. 09)
14 환경부 물산업지원팀-248 (2010. 02. 17)
15 송기호, 앞의 책, pp. 63-64
16 이 소장은 이 사건의 변론을 담당한 송병춘 변호사가 작성한 것이다.
17 서울서부지방법원, 2007. 11. 28. 선고 2007가소21686 판결
18 일본 후생노동성 고시, '식품, 첨가물 등의 규격 기준 제1식품 C 식품일반의 보존 기준 3항'
19 환경부 고시, 취급 제한·금지 물질에 관한 규정
20 국립수의과학검역원 동물약품관리과-1861 (2010. 03. 05)
21 농촌진흥청 공고, 직권에 의한 농약 품목 등록 취소 및 제한 처분 고시 행정 예고 (2010. 02. 11)
22 농촌진흥청 2010. 2. 11. 고시, 농촌진흥청 공고 제2010-22호, 직권에 의한 농약 품목 등록 취소 및 제한 처분 고시 행정 예고
23 환경부 토양지하수과-770 (2010. 03. 16)
24 환경부 토양지하수과-899 (2010. 03. 29)

4부 녹색식품 표시

1 한국농촌경제연구원, 《식품수급표》, 2007

2 대법원 1990. 9. 25. 선고 90도1771 판결

3 대법원 2005. 9. 30. 선고 2004도892 판결

4 대법원 2006. 11. 24. 선고 2005도844 판결

5 전주지방법원 2009. 9. 18. 선고 2009노609 판결

6 이 부분은 농촌진흥청이 2006년에 발간한 《농식품 효능 효과 광고규정 개선을 통한 농산물 판매 활성화
   방안 연구》(p. 150) 등을 주로 참조했다. 이 연구에는 저자도 참여했다.

7 《농림수산식품 주요 통계》, 2009

8 국제식품규격위원회 유기농 기준 별표 1

9 국제식품규격위원회 유기농 기준 1.5조

10 친환경농업육성법 시행규칙 별표 3

11 국립농산물품질관리원 고시, 친환경농산물 인증 등에 관한 세부 실시 요령

12 친환경농업육성법 시행규칙 별표3 인증 기준 및 국립농산물품질관리원장 고시 유기축산물 인증 부가
    기준

13 친환경유기농자재 목록 공시 기준 및 품질 규격

14 국세청 1212029-000299 (2010. 02. 17) / 기획재정부 환경에너지세제과-77 (2010. 02. 18)

15 방송통신위원회 방송채널정책과-422 (2010. 03. 12)

16 보건복지부 정신건강정책과의 2010년 3월 8일 정보공개서

17 보건복지부 정신건강정책과-982 (2010. 3. 9.)

5부 가축의 안녕

1 가축전염병예방법 제22조 제2항 단서

2 국립수의과학검역원, 〈가축 및 축산물 내 주요 항생제 내성 실태조사 및 평가〉, 2009

3 국립수산물품질관리원 총무과-1009 (2010. 02. 19)

4 농림수산식품부 고시, 지정 검역물의 수입 금지 지역 제5조

5 국립식물검역원, 〈중국산 양벚 생과실 개별 병해충 위험 평가 결과 보고서〉, 2009

6 식물방역법 시행규칙, 수입 금지 식물 중 중국산 양벚 생과실의 수입 금지 제외 기준

7 국립환경과학원 바이오안전연구과-84 (2010. 03. 02)

8 국립환경과학원 바이오안전연구과-95 (2010. 03. 05)

9 국립농산물품질관리원 원산지관리과-394 (2010. 02. 18)

10 환경부 토양지하수과-646 (2010. 03. 05)

11 국토해양부 해양환경정책과-934 (2010. 03. 09)

12 국토해양부 연안계획과-981 (2010.03.10)

13 대법원 1989. 7. 11. 선고 88다카14250

14 황갑수, 《수산업법 해설》, 2004, p. 307

15 수원지방법원 2010. 4. 27. 선고 2008구합4863 판결 / 서울행정법원 2009. 8. 20. 선고 2008구합
22570 판결

16 서울고등법원 2010. 7. 22. 선고 2009누28607 판결

6부 식품 영업자

1 애덤 스미스, 《국부론(상)》, 김수행 역, 2009, p. 19

2 제주시 위생관리과-5708 (2010. 03. 12) / 음성군 주민생활복지과-14518 (2010. 03. 08) / 아산시 민
원위생과-7571 (2010. 03. 10) / 순창군 장류식품과-2618 (2010. 03. 09) / 거창군 민원봉사과-5888
(2010. 03. 08) / 상주시 보건위생과-4580 (2010. 03. 03) / 여주군 주민생활지원과-14126 (2010. 03.
02) / 횡성군 주민생활지원실-13004 (2010. 03. 05)

3 농림수산식품부 고시, 농산물 등의 안전성 조사 업무 처리 요령, 수산물 안전성 조사 업무 처리 요령

4 농림수산식품부 표시검역과-868 (2010. 02. 19)

5 국립수의과학검역원 동물약품관리과-1496 (2010. 02. 19)

6 공무원 임용령 및 지방 공무원 임용령 각 별표2

7 김현국, 〈조리 분야의 제도 현황과 개선 대책〉, 《2009 전국 학교 조리사 세미나 자료집》

8 이종영, 《식품위생법의 개선 방안》, 1996

9 《식품공전》 별표4 주3

10 대법원 1995. 11. 7. 선고 95도1966 판결

11 헌법재판소 2010. 3. 25. 선고 2008헌가5 결정

판례 찾아보기

용어 찾아보기

261

용어 찾아보기

부록

식품안전기본법

—

식품위생법

식품안전기본법

(법률 제10310호)

제1장 총칙

제1조(목적) 이 법은 식품의 안전에 관한 국민의 권리·의무와 국가 및 지방자치단체의 책임을 명확히 하고, 식품안전정책의 수립·조정 등에 관한 기본적인 사항을 규정함으로써 국민이 건강하고 안전하게 식생활(食生活)을 영위하게 함을 목적으로 한다.

제2조(정의) 이 법에서 사용하는 용어의 뜻은 다음과 같다. 〈개정 2010. 1. 18〉
1. "식품"이란 모든 음식물을 말한다. 다만, 의약으로서 섭취하는 것을 제외한다.
2. "사업자"란 다음 각 목의 어느 하나에 해당하는 것의 생산·채취·제조·가공·수입·운반·저장·조리 또는 판매(이하 "생산·판매 등"이라 한다)를 업으로 하는 자를 말한다.
   가. 「식품위생법」에 따른 식품·식품첨가물·기구·용기 또는 포장
   나. 「농산물품질관리법」에 따른 농산물
   다. 「수산물품질관리법」에 따른 수산물
   라. 「축산법」에 따른 축산물
   마. 「비료관리법」에 따른 비료
   바. 「농약관리법」에 따른 농약
   사. 「사료관리법」에 따른 사료
   아. 「약사법」 제85조에 따른 동물용 의약품
   자. 식품의 안전성에 영향을 미칠 우려가 있는 농·수·축산업의 생산자재
   차. 그 밖에 식품과 관련된 것으로서 대통령령으로 정하는 것
3. "소비자"란 사업자가 제공하는 제2호 각 목에 해당하는 것(이하 "식품 등"이라 한다)을 섭취하거나 사용하는 자를 말한다. 다만, 자기의 영업에 사용하기 위하여 식품 등을 제공받는 경우를 제외한다.
4. "관계중앙행정기관"이란 기획재정부·교육과학기술부·농림수산식품부·지식경제부·보건복지부·환경부·농촌진흥청 및 식품의약품안전청을 말하고, "관계행정기관"이란 식품 등에 관한 행정권한을 가지는 행정기관을 말한다.
5. "식품안전법령 등"이란 「식품위생법」, 「건강기능 식품에 관한 법률」, 「어린이 식생활안전관리 특별

법」, 「전염병예방법」, 「국민건강증진법」, 「식품산업진흥법」, 「농산물품질관리법」, 「축산물위생관리
법」, 「가축전염병예방법」, 「축산법」, 「사료관리법」, 「농약관리법」, 「약사법」, 「비료관리법」, 「인삼산업
법」, 「양곡관리법」, 「친환경농업육성법」, 「수산물품질관리법」, 「보건범죄 단속에 관한 특별조치법」,
「학교급식법」, 「학교보건법」, 「수도법」, 「먹는물관리법」, 「염관리법」, 「주세법」, 「대외무역법」, 「산업
표준화법」, 「유전자변형 생물체의 국가간 이동 등에 관한 법률」, 그 밖에 식품 등의 안전과 관련되는 법
률과 위 법률의 위임사항 또는 그 시행에 관한 사항을 규정하는 명령·조례 또는 규칙 중 식품 등의 안
전과 관련된 규정을 말한다.

6. "위해성 평가"란 식품 등에 존재하는 위해 요소가 인체의 건강을 해하거나 해할 우려가 있는지 여부와
   그 정도를 과학적으로 평가하는 것을 말한다.

7. "추적조사"란 식품 등의 생산·판매 등의 과정에 관한 정보를 추적하여 조사하는 것을 말한다.

제3조(다른 법률과의 관계)

① 식품 등의 안전에 관하여 제2조 제5호에 따른 법률에 특별한 규정이 있는 경우를 제외하고는 이 법으로
   정하는 바에 따른다.

② 식품안전법령 등을 제정 또는 개정하는 경우 이 법의 취지에 부합하도록 하여야 한다.

제4조(국가 및 지방자치단체의 책무)

① 국가 및 지방자치단체는 국민이 건강하고 안전한 식생활을 영위할 수 있도록 식품 등의 안전에 관한 정책
   (이하 "식품안전정책"이라 한다)을 수립하고 시행할 책무를 진다.

② 국가 및 지방자치단체는 식품안전정책을 수립·시행할 경우 과학적 합리성, 일관성, 투명성, 신속성 및 사
   전예방의 원칙이 유지되도록 하여야 한다.

③ 국가 및 지방자치단체는 식품 등의 제조·가공·사용·조리·포장·보존 및 유통 등에 관한 기준과 식품 등
   의 성분에 관한 규격(이하 "식품 등의 안전에 관한 기준·규격"이라 한다)을 「세계무역기구 설립을 위한 마라케
   쉬협정」에 따른 국제식품규격위원회의 식품 규격 등 국제적 기준에 맞게 제정 또는 개정하고 시행하도록
   노력하여야 한다.

④ 국가 및 지방자치단체는 중복적인 출입·수거·검사 등으로 인하여 사업자에게 과도한 부담을 주지 아니
   하도록 노력하여야 한다.

제5조(국민의 권리와 사업자의 책무)

① 국민은 국가나 지방자치단체의 식품안전정책의 수립·시행에 참여하고, 식품안전정책에 대한 정보에 관
   하여 알 권리가 있다.

② 사업자는 국민의 건강에 유익하고 안전한 식품 등을 생산·판매 등을 하여야 하고, 취급하는 식품 등의 위
   해 여부에 대하여 항상 확인하고 검사할 책무를 진다.

제2장 식품안전정책의 수립 및 추진체계

제6조(식품안전관리기본계획 등)

① 관계중앙행정기관의 장은 3년마다 소관 식품 등에 관한 안전관리계획을 수립하여 국무총리에게 제출하여야 한다.

② 국무총리는 제1항에 따라 제출받은 관계중앙행정기관의 식품 등에 관한 안전관리계획을 종합하여 제7조에 따른 식품안전정책위원회의 심의를 거쳐 식품안전관리기본계획(이하 "기본계획"이라 한다)을 수립한 후 관계중앙행정기관의 장에게 통보하여야 한다.

③ 기본계획은 다음 각 호의 사항을 포함하여야 한다.

    1. 식생활의 변화와 전망

    2. 식품안전정책의 목표 및 기본방향

    3. 식품안전법령 등의 정비 등 제도개선에 관한 사항

    4. 사업자에 대한 지원 등 식품 등의 안전성 확보를 위한 지원방법에 관한 사항

    5. 식품 등의 안전에 관한 연구 및 기술개발에 관한 사항

    6. 식품 등의 안전을 위한 국제협력에 관한 사항

    7. 그 밖에 식품 등의 안전성 확보를 위하여 필요한 사항

④ 관계중앙행정기관의 장 및 지방자치단체의 장은 기본계획을 기초로 하여 매년 식품안전관리시행계획(이하 "시행계획"이라 한다)을 수립·시행하여야 한다.

⑤ 관계중앙행정기관의 장 및 지방자치단체의 장은 기본계획 및 시행계획을 추진하기 위한 인력과 재원을 우선적으로 확보하도록 노력하여야 한다.

⑥ 제1항부터 제5항까지의 규정으로 정한 것 외에 기본계획 및 시행계획의 수립·시행에 관하여 필요한 사항은 대통령령으로 정한다.

제7조(식품안전정책위원회)

① 식품안전정책을 종합·조정하기 위하여 국무총리 소속으로 식품안전정책위원회(이하 "위원회"라 한다)를 둔다.

② 위원회는 다음 각 호의 사항을 심의·조정한다.

    1. 기본계획에 관한 사항

    2. 식품 등의 안전 관련 주요 정책에 관한 사항

    3. 국민건강에 중대한 영향을 미칠 수 있는 식품안전법령 등 및 식품 등의 안전에 관한 기준·규격의 제정·개정에 관한 사항

    4. 국민건강에 중대한 영향을 미칠 수 있는 식품 등에 대한 위해성 평가에 관한 사항

5. 중대한 식품 등의 안전사고에 대한 종합 대응방안에 관한 사항

6. 그 밖에 식품 등의 안전에 관한 중요한 사항으로 위원장이 부의하는 사항

제8조(위원회의 구성 등)

① 위원회는 위원장 1명을 포함한 20명 이내의 위원으로 구성한다.

② 위원회의 위원장은 국무총리가 되고, 위원은 다음 각 호의 자가 된다. 〈개정 2010. 1. 18〉

  1. 기획재정부 장관·교육과학기술부 장관·법무부 장관·농림수산식품부 장관·보건복지부 장관·환경
     부 장관·식품의약품안전청장 및 국무총리실장

  2. 식품 등의 안전에 관한 학식과 경험이 풍부한 자 중에서 국무총리가 위촉하는 자

③ 위원장이 필요하다고 인정하는 때에는 관계행정기관의 장, 관계 공무원 및 전문가 등을 위원회의 회의에
   출석시켜 발언하게 할 수 있다.

제9조(위원장의 직무)

① 위원장은 위원회의 회의를 소집하고 그 의장이 된다.

② 위원장이 부득이한 사유로 직무를 수행할 수 없는 때에는 위원장이 미리 지명한 위원이 그 직무를 대행
   한다.

제10조(위원의 임기와 의무)

① 위원의 임기는 2년으로 하되, 연임할 수 있다. 다만, 공무원인 위원은 그 직위에 재직하는 기간 동안 재임
   한다.

② 위원은 양심에 따라 공정하게 업무를 수행하여야 하고, 특정집단의 이익을 대변하여서는 아니 된다.

제11조(위원회의 회의)

① 위원회의 회의는 위원장이 필요하다고 인정하거나 재적위원 3분의 1 이상의 요청이 있는 경우 소집한다.

② 위원회의 회의는 재적위원 과반수의 출석으로 개의하고, 출석위원 과반수의 찬성으로 의결한다.

제12조(전문위원회)

① 위원회는 위원장이 요청하는 사항에 대하여 전문적인 검토를 하기 위하여 전문위원회를 둘 수 있다.

② 전문위원회의 구성·기능·운영에 관하여 필요한 사항은 대통령령으로 정한다.

제13조(위원회의 운영)

① 위원회의 사무를 처리하기 위하여 위원회에 사무기구를 둘 수 있다.

② 위원장은 위원회의 업무수행을 위하여 필요한 경우 관계행정기관·연구기관 또는 단체 등의 장과 협의하

여 그 소속 공무원 또는 소속 직원의 파견을 요청할 수 있다.

③ 이 법으로 정한 것 외에 위원회의 조직과 운영에 관하여 필요한 사항은 대통령령으로 정한다.

제14조(자료 및 조사·분석 요청) 위원회 및 전문위원회는 식품 등의 안전을 확보하기 위하여 관계행정기관
　　　에 자료를 요청하거나 제23조에 따른 시험·분석·연구기관에 위해성 평가에 필요한 조사·분석·검
　　　사를 요청할 수 있다.

제3장 긴급대응 및 추적조사 등

제15조(긴급대응)

① 정부는 식품 등으로 인하여 국민건강에 중대한 위해가 발생하거나 발생할 우려가 있는 경우 국민에 대한
　　피해를 사전에 예방하거나 최소화하기 위하여 긴급히 대응할 수 있는 체계를 구축·운영하여야 한다.

② 관계중앙행정기관의 장은 생산·판매 등이 되고 있는 식품 등이 유해물질을 함유한 것으로 알려지거나
　　그 밖의 사유로 위해 우려가 제기되고 그로 인하여 국민 불특정 다수의 건강에 중대한 위해가 발생하거나
　　발생할 우려가 있다고 판단되는 경우 다음 각 호의 사항이 포함된 긴급대응 방안을 마련하여 위원회의 심
　　의를 거쳐 해당 긴급대응 방안에 따라 필요한 조치를 하여야 한다. 다만, 위원회의 심의를 거치는 것이 긴
　　급대응의 목적을 달성할 수 없다고 판단되는 경우에는 필요한 조치를 한 후에 위원회의 심의를 거칠 수
　　있다.

　　1. 해당 식품 등의 종류

　　2. 해당 식품 등으로 인하여 인체에 미치는 위해의 종류 및 정도

　　3. 제16조에 따른 생산·판매 등의 금지가 필요한 경우 이에 관한 사항

　　4. 제18조에 따른 추적조사가 필요한 경우 이에 관한 사항

　　5. 소비자에 대한 긴급대응 대처 요령 등의 교육·홍보에 관한 사항

　　6. 그 밖에 식품 등의 위해 방지 및 확산을 막기 위하여 필요한 사항

③ 위원회는 관계중앙행정기관의 장이 제출한 긴급대응 방안을 지체없이 심의하고 그 내용과 관련된 다른
　　관계행정기관의 장에게 통보하며 일반 국민에게 공표하여야 한다.

④ 관계중앙행정기관의 장은 제2항에 따라 필요한 조치를 행한 후 그 결과를 지체없이 위원회에 보고하여
　　야 한다.

⑤ 관계행정기관의 장, 사업자 및 소비자는 긴급대응방안의 시행에 협력하여야 한다.

제16조(생산·판매 등의 금지)

① 관계행정기관의 장은 제15조 제2항에 따른 긴급대응이 필요하다고 판단되는 식품 등에 대하여 그 위해
   여부가 확인되기 전까지 해당 식품 등의 생산·판매 등을 금지할 수 있다.

② 사업자는 제1항에 따라 생산·판매 등이 금지된 식품 등의 생산·판매 등을 하여서는 아니 된다.

③ 제1항에 따라 생산·판매 등을 금지하고자 하는 관계행정기관의 장은 미리 대통령령으로 정하는 이해관
   계인의 의견을 들어야 한다.

④ 관계행정기관의 장은 식품 등으로부터 국민건강에 위해가 발생하지 아니하였거나 발생할 우려가 없어
   졌다고 인정하는 경우 해당 금지의 전부 또는 일부를 지체없이 해제하여야 한다.

⑤ 사업자는 제1항에 따른 금지조치에 대하여 이의가 있는 경우 대통령령으로 정하는 바에 따라 관계행정기
   관의 장에게 해당 금지의 전부 또는 일부의 해제를 요청할 수 있다.

제17조(검사 명령)

① 관계행정기관의 장은 다음 각 호의 어느 하나에 해당하는 식품 등의 생산·판매 등을 하는 사업자에 대하
   여 관계중앙행정기관의 장이 지정·고시하는 검사기관에서 검사를 받을 것을 명할 수 있다.

   1. 제15조 제2항에 따른 긴급대응이 필요하다고 판단되는 식품 등

   2. 국내외에서 위해 발생의 우려가 제기되었거나 제기된 식품 등

   3. 그 밖에 국민건강에 중대한 위해가 발생하거나 발생할 우려가 있는 식품 등으로서 대통령령으로 정하
      는 것

② 제1항에 따른 검사 명령을 받은 사업자는 대통령령으로 정하는 검사기한 내에 검사를 받아야 하며, 검사
   기관은 그 검사결과를 사업자 및 관계행정기관의 장에게 통보하여야 한다.

제18조(추적조사 등)

① 관계중앙행정기관의 장은 식품 등의 생산·판매 등의 이력(履歷)을 추적하기 위한 시책을 수립·시행하여
   야 한다.

② 관계행정기관의 장은 국민건강에 중대한 위해가 발생하거나 발생할 우려가 있는 식품 등에 대하여 추적
   조사를 실시하여야 한다. 이 경우 관련된 관계행정기관이 있는 때에는 합동조사 등의 방법에 의하여 함
   께 추적조사를 하여야 한다.

③ 관련된 관계행정기관의 장은 제2항 후단에 따른 추적조사에 적극 협조하여야 한다.

④ 사업자는 식품 등의 생산·판매 등의 과정을 확인할 수 있도록 필요한 사항을 기록·보관하여야 하고, 관
   계행정기관의 장이 그 기록의 열람 또는 제출을 요구하는 경우 이에 응할 수 있도록 관리하여야 한다.

⑤ 제4항에 따라 식품 등의 생산·구입 및 판매과정을 기록·보관하여야 하는 사업자의 범위 등은 대통령령
   으로 정한다.

제19조(식품 등의 회수)

① 사업자는 생산·판매 등을 한 식품 등이 식품안전법령 등으로 정한 식품 등의 안전에 관한 기준·규격 등
에 맞지 아니하여 국민건강에 위해가 발생하거나 발생할 우려가 있는 경우 해당 식품 등을 지체없이 회수
하여야 한다.

② 사업자는 제1항에 따라 식품 등을 회수하는 경우 대통령령으로 정하는 바에 따라 소비자에게 회수 사유,
회수 계획 및 회수 현황 등을 공개하여야 한다.

제4장 식품안전관리의 과학화

제20조(위해성 평가)

① 관계중앙행정기관의 장은 식품 등의 안전에 관한 기준·규격을 제정 또는 개정하거나 식품 등이 국민건
강에 위해를 발생시키는지의 여부를 판단하고자 하는 경우 사전에 위해성 평가를 실시하여야 한다. 다만,
제15조 제2항에 따른 긴급대응이 필요한 경우 사후에 위해성 평가를 할 수 있다.

② 제1항에도 불구하고 다음 각 호의 어느 하나에 해당하는 경우 위원회의 심의를 거쳐 위해성 평가를 하지
아니할 수 있다.

　　1. 식품 등의 안전에 관한 기준·규격 또는 위해의 내용으로 보아 위해성 평가를 실시할 필요가 없는 것이
명확한 경우

　　2. 국민건강에 위해를 발생시키는 것이 확실한 경우

③ 위해성 평가는 현재 활용 가능한 과학적 근거에 기초하여 객관적이고 공정·투명하게 실시하여야 한다.

제21조(신종식품의 안전관리) 관계중앙행정기관의 장은 유전자재조합 기술을 활용하여 생산된 농·수·축
산물, 그 밖에 식용으로 사용하지 아니하던 것을 새로이 식품으로 생산·판매 등을 하도록 허용하는
경우 국민건강에 위해가 발생하지 아니하도록 안전관리대책을 수립·시행하여야 한다.

제22조(식품 위해요소 중점관리 기준) 관계중앙행정기관의 장은 식품 등의 생산·판매 등의 과정에서 식품
등의 위해요소를 사전에 방지하기 위하여 중점적으로 관리하도록 하는 제도를 도입·시행하여야 하
고, 해당 제도를 적용하는 사업자에 대하여 기술 및 자금 등을 지원할 수 있다.

제23조(시험·분석·연구기관의 운용 등) 관계행정기관의 장은 식품 등의 안전에 관한 시험·분석 또는 연구
를 하는 소속 기관, 정부출연기관 또는 식품안전법령 등에서 지정한 기관(이하 "시험·분석·연구기관"

이라 한다)의 전문성과 효율성을 높이기 위하여 노력하여야 한다.

제5장 정보공개 및 상호협력 등

제24조(정보공개 등)

① 정부는 식품 등의 안전정보의 관리와 공개를 위하여 종합적인 식품 등의 안전정보관리체계를 구축·운영하여야 한다.

② 관계중앙행정기관의 장은 식품안전정책을 수립하는 경우 사업자, 소비자 등 이해당사자에게 해당 정책에 관한 정보를 제공하여야 한다.

③ 관계행정기관의 장은 사업자가 식품안전법령 등을 위반한 것으로 판명된 경우 해당 식품 등 및 사업자에 대한 정보를 「공공기관의 정보공개에 관한 법률」 제9조 제1항 제6호에도 불구하고 공개할 수 있다.

④ 관계행정기관의 장은 대통령령으로 정하는 일정 수 이상의 소비자가 정보공개 요청 사유, 정보공개 범위 및 소비자의 신분을 확인할 수 있는 증명서 구비 등 대통령령으로 정하는 요건을 갖추어 해당 관계행정기관이 보유·관리하는 식품 등의 안전에 관한 정보를 공개할 것을 요청하는 경우로서 해당 식품 등의 안전에 관한 정보가 국민 불특정 다수의 건강과 관련된 정보인 경우 「공공기관의 정보공개에 관한 법률」 제9조 제1항 제5호에도 불구하고 공개하여야 한다.

⑤ 시험·분석·연구기관은 시험·분석, 연구·개발 및 정보수집 등에 관하여 기관 상호간에 협력하고 관련 정보를 공유하여야 한다.

제25조(소비자 및 사업자의 의견 수렴)

① 관계중앙행정기관의 장은 소비자 및 사업자의 의견을 수렴하여 식품 등의 안전에 관한 기준·규격을 제정하거나 개정하여야 하고, 제정하거나 개정할 때는 그 사유 및 과학적 근거를 구체적으로 공개하여야 한다.

② 관계중앙행정기관의 장은 소비자의 선택권 등을 보장하기 위하여 식품 등에 대하여 표시 기준을 마련하도록 노력하여야 한다.

제26조(관계행정기관 간의 상호협력)

① 관계행정기관의 장은 식품안전정책을 수립·시행할 때 상호 긴밀히 협력하여야 하고, 식품 등의 안전에 관한 기준·규격을 제정하거나 개정하고자 하는 경우 관련된 행정기관의 장과 사전에 협의하여야 한다.

② 관계행정기관의 장은 외국정부 및 국제기구 등과의 교류·협력을 통하여 취득한 식품 등의 안전에 관한 정보 등 국내외 식품 등의 안전에 관한 정보를 대통령령으로 정하는 바에 따라 상호간에 공유하도록 하여

야 한다.

③ 식품안전법령 등을 위반한 사건을 수사하는 기관의 장은 해당 사건에 관한 내용을 공표하고자 하는 경우 해당 관계행정기관의 장과 사전에 협의하여야 한다.

제27조(소비자 및 사업자 등에 대한 지원)

① 관계행정기관의 장은 소비자의 건전하고 자주적이며 책임있는 식품 등의 안전활동을 지원·육성하기 위한 정책을 마련하여야 한다.

② 관계행정기관의 장은 사업자에 대하여 공동검사시설 등 대통령령으로 정하는 식품 등의 안전성 확보를 위한 시설투자 등에 소요되는 비용과 생산기술 등을 지원할 수 있다.

③ 관계행정기관의 장은 국제적 수준의 식품 등의 안전관리기술의 확보와 국민의 식생활 향상을 위하여 식품 등의 관련 연구기관 또는 단체 등에게 식품 등의 관련 연구에 필요한 재정적 지원을 할 수 있다.

제6장 소비자의 참여

제28조(소비자의 참여)

① 관계행정기관의 장은 식품 등의 안전에 관한 각종 위원회에 소비자를 참여시키도록 노력하여야 한다.

② 관계행정기관의 장은 대통령령으로 정하는 일정 수 이상의 소비자가 요청 사유·요청 범위 및 소비자의 신분을 확인할 수 있는 증명서 구비 등 대통령령으로 정하는 요건을 갖추어 식품 등에 대한 시험·분석 및 시료 채취(이하 "시험·분석 등"이라 한다)를 요청하는 경우 다음 각 호의 어느 하나에 해당하는 경우를 제외하고는 이에 응하여야 한다.

1. 시험·분석·연구기관이 소비자가 요청한 수준의 시험·분석 등을 할 수 있는 능력이 없는 경우

2. 시험·분석 등의 요청 건수가 과도하여 해당 시험·분석·연구기관의 업무에 중대한 지장을 초래하는 경우

3. 동일한 소비자가 동일한 목적으로 시험·분석 등을 반복적으로 요청하는 경우

4. 특정한 사업자를 이롭게 할 목적으로 시험·분석 등을 요청하는 경우 등 공익적 목적에 반하는 경우

③ 관계행정기관의 장은 제2항에 따라 해당 식품 등에 대한 시험·분석 등 요청에 응하는 경우 120일 이내에 시험·분석 등을 실시한 후 그 결과를 대통령령으로 정하는 바에 따라 같은 항의 소비자에게 통보하여야 한다. 이 경우 시험·분석 등의 수수료는 대통령령으로 정하는 바에 따라 시험·분석 등을 요청한 소비자가 부담한다.

제29조(신고인 보호) 사업자는 인체에 유해한 식품 등이나 사업자의 식품안전법령 등 위반행위를 관계행정기관에 신고하거나 그에 관한 자료를 제출한 신고인 등에 대하여 불이익한 처우를 하여서는 아니 된다.

제30조(포상금 지급) 관계행정기관의 장은 이 법 및 식품안전법령 등의 위반행위를 신고한 자에 대하여 대통령령으로 정하는 기준에 따라 포상금을 지급할 수 있다. 다만, 식품안전법령 등으로 별도로 정하고 있는 경우에는 해당 규정을 적용한다.

식품위생법

(법률 제10191호)

제1장 총칙

제1조(목적) 이 법은 식품으로 인하여 생기는 위생상의 위해(危害)를 방지하고 식품영양의 질적 향상을 도모
하며 식품에 관한 올바른 정보를 제공하여 국민보건의 증진에 이바지함을 목적으로 한다.

제2조(정의) 이 법에서 사용하는 용어의 뜻은 다음과 같다.
1. "식품"이란 모든 음식물(의약으로 섭취하는 것은 제외한다)을 말한다.
2. "식품첨가물"이란 식품을 제조·가공 또는 보존하는 과정에서 식품에 넣거나 섞는 물질 또는 식품을
   적시는 등에 사용되는 물질을 말한다. 이 경우 기구(器具)·용기·포장을 살균·소독하는 데에 사용되어
   간접적으로 식품으로 옮아갈 수 있는 물질을 포함한다.
3. "화학적 합성품"이란 화학적 수단으로 원소(元素) 또는 화합물에 분해반응 외의 화학반응을 일으켜서
   얻은 물질을 말한다.
4. "기구"란 다음 각 목의 어느 하나에 해당하는 것으로서 식품 또는 식품첨가물에 직접 닿는 기계·기구
   나 그 밖의 물건(농업과 수산업에서 식품을 채취하는 데에 쓰는 기계·기구나 그 밖의 물건은 제외한다)을 말한다.
   가. 음식을 먹을 때 사용하거나 담는 것
   나. 식품 또는 식품첨가물을 채취·제조·가공·조리·저장·소분(완제품을 나누어 유통을 목적으로 재포장
   하는 것을 말한다. 이하 같다)·운반·진열할 때 사용하는 것.
5. "용기·포장"이란 식품 또는 식품첨가물을 넣거나 싸는 것으로서 식품 또는 식품첨가물을 주고받을 때
   함께 건네는 물품을 말한다.
6. "위해"란 식품, 식품첨가물, 기구 또는 용기·포장에 존재하는 위험요소로서 인체의 건강을 해치거나
   해칠 우려가 있는 것을 말한다.
7. "표시"란 식품, 식품첨가물, 기구 또는 용기·포장에 적는 문자, 숫자 또는 도형을 말한다.
8. "영양표시"란 식품에 들어 있는 영양소의 양(量) 등 영양에 관한 정보를 표시하는 것을 말한다.
9. "영업"이란 식품 또는 식품첨가물을 채취·제조·수입·가공·조리·저장·소분·운반 또는 판매하거나
   기구 또는 용기·포장을 제조·수입·운반·판매하는 업(농업과 수산업에 속하는 식품 채취업은 제외한다)을
   말한다.

10. "영업자"란 제37조 제1항에 따라 영업허가를 받은 자나 같은 조 제4항에 따라 영업신고를 한 자를 말한다.

11. "식품위생"이란 식품, 식품첨가물, 기구 또는 용기·포장을 대상으로 하는 음식에 관한 위생을 말한다.

12. "집단급식소"란 영리를 목적으로 하지 아니하면서 특정 다수인에게 계속하여 음식물을 공급하는 다음 각 목의 어느 하나에 해당하는 곳의 급식시설로서 대통령령으로 정하는 시설을 말한다.

    가. 기숙사

    나. 학교

    다. 병원

    라. 그 밖의 후생기관 등

13. "식품이력추적관리"란 식품을 제조·가공 단계부터 판매 단계까지 각 단계별로 정보를 기록·관리하여 그 식품의 안전성 등에 문제가 발생할 경우 그 식품을 추적하여 원인을 규명하고 필요한 조치를 할 수 있도록 관리하는 것을 말한다.

14. "식중독"이란 식품 섭취로 인하여 인체에 유해한 미생물 또는 유독물질에 의하여 발생하였거나 발생한 것으로 판단되는 감염성 질환 또는 독소형 질환을 말한다.

제3조(식품 등의 취급)

① 누구든지 판매(판매 외의 불특정 다수인에 대한 제공을 포함한다. 이하 같다)를 목적으로 식품 또는 식품첨가물을 채취·제조·가공·사용·조리·저장·소분·운반 또는 진열을 할 때에는 깨끗하고 위생적으로 하여야 한다.

② 영업에 사용하는 기구 및 용기·포장은 깨끗하고 위생적으로 다루어야 한다.

③ 제1항 및 제2항에 따른 식품, 식품첨가물, 기구 또는 용기·포장(이하 "식품 등"이라 한다)의 위생적인 취급에 관한 기준은 보건복지부령으로 정한다. 〈개정 2010. 1. 18〉

제2장 식품과 식품첨가물

제4조(위해식품 등의 판매 등 금지) 누구든지 다음 각 호의 어느 하나에 해당하는 식품 등을 판매하거나 판매할 목적으로 채취·제조·수입·가공·사용·조리·저장·소분·운반 또는 진열하여서는 아니 된다.

1. 썩거나 상하거나 설익어서 인체의 건강을 해칠 우려가 있는 것

2. 유독·유해 물질이 들어 있거나 묻어 있는 것 또는 그러할 염려가 있는 것. 다만, 식품의약품안전청장이 인체의 건강을 해칠 우려가 없다고 인정하는 것은 제외한다.

3. 병(病)을 일으키는 미생물에 오염되었거나 그러할 염려가 있어 인체의 건강을 해칠 우려가 있는 것

4. 불결하거나 다른 물질이 섞이거나 첨가(添加)된 것 또는 그 밖의 사유로 인체의 건강을 해칠 우려가 있는 것

5. 제18조에 따른 안전성 평가 대상인 농·축·수산물 등 가운데 안전성 평가를 받지 아니하였거나 안전성 평가에서 식용(食用)으로 부적합하다고 인정된 것

6. 수입이 금지된 것 또는 제19조 제1항에 따른 수입신고를 하지 아니하고 수입한 것

7. 영업자가 아닌 자가 제조·가공·소분한 것

제5조(병든 동물 고기 등의 판매 등 금지) 누구든지 보건복지부령으로 정하는 질병에 걸렸거나 걸렸을 염려가 있는 동물이나 그 질병에 걸려 죽은 동물의 고기·뼈·젖·장기 또는 혈액을 식품으로 판매하거나 판매할 목적으로 채취·수입·가공·사용·조리·저장·소분 또는 운반하거나 진열하여서는 아니 된다. 〈개정 2010. 1. 18〉

제6조(기준·규격이 고시되지 아니한 화학적 합성품 등의 판매 등 금지) 누구든지 다음 각 호의 어느 하나에 해당하는 행위를 하여서는 아니 된다. 다만, 식품의약품안전청장이 제57조에 따른 식품위생심의위원회(이하 "심의위원회"라 한다)의 심의를 거쳐 인체의 건강을 해칠 우려가 없다고 인정하는 경우에는 그러하지 아니하다.

1. 제7조 제1항에 따라 기준·규격이 고시되지 아니한 화학적 합성품인 첨가물과 이를 함유한 물질을 식품첨가물로 사용하는 행위.

2. 제1호에 따른 식품첨가물이 함유된 식품을 판매하거나 판매할 목적으로 제조·수입·가공·사용·조리·저장·소분·운반 또는 진열하는 행위.

제7조(식품 또는 식품첨가물에 관한 기준 및 규격)

① 식품의약품안전청장은 국민보건을 위하여 필요하면 판매를 목적으로 하는 식품 또는 식품첨가물에 관한 다음 각 호의 사항을 정하여 고시한다. 다만, 식품첨가물 중 기구 및 용기·포장을 살균·소독하는 데에 쓰여서 간접적으로 식품으로 옮아갈 수 있는 물질은 그 성분명만을 고시할 수 있다.

1. 제조·가공·사용·조리·보존 방법에 관한 기준

2. 성분에 관한 규격

② 식품의약품안전청장은 제1항에 따라 기준과 규격이 고시되지 아니한 식품 또는 식품첨가물(식품에 직접 사용하는 화학적 합성품인 첨가물을 제외한다)에 대하여는 그 제조·가공업자에게 제1항 각 호의 사항을 제출하게 하여 제24조 제1항 제1호 및 제2항 제1호에 따라 지정된 식품위생검사기관의 검토를 거쳐 제1항에 따른 기준과 규격이 고시될 때까지 그 식품 또는 식품첨가물의 기준과 규격으로 인정할 수 있다.

③ 수출할 식품 또는 식품첨가물의 기준과 규격은 제1항 및 제2항에도 불구하고 수입자가 요구하는 기준과

규격을 따를 수 있다.

④ 제1항 및 제2항에 따라 기준과 규격이 정하여진 식품 또는 식품첨가물은 그 기준에 따라 제조·수입·가공·사용·조리·보존하여야 하며, 그 기준과 규격에 맞지 아니하는 식품 또는 식품첨가물은 판매하거나 판매할 목적으로 제조·수입·가공·사용·조리·저장·소분·운반·보존 또는 진열하여서는 아니 된다.

제3장 기구와 용기·포장

제8조(유독기구 등의 판매·사용 금지) 유독·유해 물질이 들어 있거나 묻어 있어 인체의 건강을 해칠 우려가 있는 기구 및 용기·포장과 식품 또는 식품첨가물에 직접 닿으면 해로운 영향을 끼쳐 인체의 건강을 해칠 우려가 있는 기구 및 용기·포장을 판매하거나 판매할 목적으로 제조·수입·저장·운반·진열하거나 영업에 사용하여서는 아니 된다.

제9조(기구 및 용기·포장에 관한 기준 및 규격)

① 식품의약품안전청장은 국민보건을 위하여 필요한 경우에는 판매하거나 영업에 사용하는 기구 및 용기·포장에 관하여 다음 각 호의 사항을 정하여 고시한다.

　　1. 제조방법에 관한 기준

　　2. 기구 및 용기·포장과 그 원재료에 관한 규격

② 식품의약품안전청장은 제1항에 따라 기준과 규격이 고시되지 아니한 기구 및 용기·포장에 대하여는 그 제조·가공업자에게 제1항 각 호의 사항을 제출하게 하여 제24조 제1항 제1호 및 제2항 제1호에 따라 지정된 식품위생검사기관의 검토를 거쳐 제1항에 따라 기준과 규격이 고시될 때까지 해당 기구 및 용기·포장의 기준과 규격으로 인정할 수 있다.

③ 수출할 기구 및 용기·포장과 그 원재료에 관한 기준과 규격은 제1항 및 제2항에도 불구하고 수입자가 요구하는 기준과 규격을 따를 수 있다.

④ 제1항 및 제2항에 따라 기준과 규격이 정하여진 기구 및 용기·포장은 그 기준에 따라 제조하여야 하며, 그 기준과 규격에 맞지 아니한 기구 및 용기·포장은 판매하거나 판매할 목적으로 제조·수입·저장·운반·진열하거나 영업에 사용하여서는 아니 된다.

제4장 표시

제10조(표시 기준)
① 식품의약품안전청장은 국민보건을 위하여 필요하면 다음 각 호의 어느 하나에 해당하는 표시에 관한 기준을 정하여 고시할 수 있다.
　1. 판매를 목적으로 하는 식품 또는 식품첨가물의 표시
　2. 제9조 제1항에 따라 기준과 규격이 정하여진 기구 및 용기·포장의 표시
　3. 생물의 유전자 중 유용한 유전자만을 취하여 다른 생물체의 유전자와 결합시키는 등의 유전자 재조합 기술을 활용하여 재배·육성한 농·축·수산물 등을 원료로 하여 제조·가공한 식품 또는 식품첨가물(이하 "유전자재조합 식품 등"이라 한다)의 표시
② 제1항에 따라 표시에 관한 기준이 정하여진 식품 등은 그 기준에 맞는 표시가 없으면 판매하거나 판매할 목적으로 수입·진열·운반하거나 영업에 사용하여서는 아니 된다.

제11조(식품의 영양표시 등)
① 식품의약품안전청장은 보건복지부령으로 정하는 식품의 영양표시에 관하여 필요한 기준을 정하여 고시할 수 있다. 〈개정 2010. 1. 18〉
② 식품을 제조·가공·소분 또는 수입하는 영업자가 식품을 판매하거나 판매할 목적으로 수입·진열·운반하거나 영업에 사용하는 경우에는 제1항에 따라 정하여진 영양표시 기준을 지켜야 한다.
③ 식품의약품안전청장은 국민들이 제1항에 따른 영양표시를 식생활에서 활용할 수 있도록 교육과 홍보를 하여야 한다.

제12조 삭제 〈2010. 2. 4〉

제13조(허위표시 등의 금지)
① 누구든지 식품 등의 명칭·제조방법, 품질·영양표시 및 식품이력추적관리 표시에 관하여는 허위표시 또는 과대광고를 하지 못하고, 포장에 있어서는 과대포장을 하지 못하며, 식품 또는 식품첨가물에는 의약품과 혼동할 우려가 있는 표시를 하거나 광고를 하여서는 아니 된다. 식품 또는 식품첨가물의 영양가·원재료·성분·용도에 관하여도 같다. 〈개정 2010. 2. 4〉
② 제1항에 따른 허위표시, 과대광고 및 과대포장의 범위와 그 밖에 필요한 사항은 보건복지부령으로 정한다. 〈개정 2010. 1. 18〉

제5장 식품 등의 공전(公典)

제14조(식품 등의 공전) 식품의약품안전청장은 다음 각 호의 기준 등을 실은 식품 등의 공전을 작성·보급하여야 한다.

    1. 제7조 제1항에 따라 정하여진 식품 또는 식품첨가물의 기준과 규격

    2. 제9조 제1항에 따라 정하여진 기구 및 용기·포장의 기준과 규격

    3. 제10조 제1항에 따라 정하여진 식품 등의 표시 기준

제6장 검사 등

제15조(위해 평가)

① 식품의약품안전청장은 국내외에서 유해물질이 함유된 것으로 알려지는 등 위해의 우려가 제기되는 식품 등이 제4조 또는 제8조에 따른 식품 등에 해당한다고 의심되는 경우에는 그 식품 등의 위해요소를 신속히 평가하여 그것이 위해식품 등인지를 결정하여야 한다.

② 식품의약품안전청장은 제1항에 따른 위해 평가가 끝나기 전까지 국민건강을 위하여 예방조치가 필요한 식품 등에 대하여는 판매하거나 판매할 목적으로 채취·제조·수입·가공·사용·조리·저장·소분·운반 또는 진열하는 것을 일시적으로 금지할 수 있다. 다만, 국민건강에 급박한 위해가 발생하였거나 발생할 우려가 있다고 식품의약품안전청장이 인정하는 경우에는 그 금지조치를 하여야 한다.

③ 식품의약품안전청장은 제2항에 따른 일시적 금지조치를 하려면 미리 심의위원회의 심의·의결을 거쳐야 한다. 다만, 국민건강을 급박하게 위해할 우려가 있어서 신속히 금지조치를 하여야 할 필요가 있는 경우에는 먼저 일시적 금지조치를 한 뒤 지체없이 심의위원회의 심의·의결을 거칠 수 있다.

④ 심의위원회는 제3항 본문 및 단서에 따라 심의하는 경우 대통령령으로 정하는 이해관계인의 의견을 들어야 한다.

⑤ 식품의약품안전청장은 제1항에 따른 위해 평가나 제3항 단서에 따른 사후 심의위원회의 심의·의결에서 위해가 없다고 인정된 식품 등에 대하여는 지체없이 제2항에 따른 일시적 금지조치를 해제하여야 한다.

⑥ 제1항에 따른 위해 평가의 대상, 방법 및 절차, 그 밖에 필요한 사항은 대통령령으로 정한다.

제16조(소비자의 위생검사 등 요청)

① 식품의약품안전청장은 대통령령으로 정하는 일정 수 이상의 소비자 또는 소비자단체가 식품 등 또는 영

업시설 등에 대하여 제22조에 따른 출입·검사·수거 등(이하 이 조에서 "위생검사 등"이라 한다)을 요청하는 경우에는 이에 따라야 한다. 다만, 다음 각 호의 어느 하나에 해당하는 경우에는 그러하지 아니하다.

1. 같은 소비자 또는 소비자단체가 특정 영업자의 영업을 방해할 목적으로 같은 내용의 위생검사 등을 반복적으로 요청하는 경우

2. 식품의약품안전청장이 기술 또는 시설, 재원(財源) 등의 사유로 위생검사 등을 할 수 없다고 인정하는 경우

② 식품의약품안전청장은 제1항에 따라 위생검사 등의 요청에 따르는 경우 14일 이내에 위생검사 등을 하고 그 결과를 대통령령으로 정하는 바에 따라 위생검사 등의 요청을 한 소비자 또는 소비자단체에 알려야 한다.

③ 위생검사 등의 요청 요건 및 절차, 그 밖에 필요한 사항은 대통령령으로 정한다.

제17조(위해식품 등에 대한 긴급대응)

① 식품의약품안전청장은 판매하거나 판매할 목적으로 채취·제조·수입·가공·조리·저장·소분 또는 운반(이하 이 조에서 "제조·판매 등"이라 한다)되고 있는 식품 등이 다음 각 호의 어느 하나에 해당하는 경우에는 긴급대응 방안을 마련하고 필요한 조치를 하여야 한다. 〈개정 2010. 1. 18〉

1. 국내외에서 식품 등 위해 발생 우려가 보건복지부령으로 정하는 과학적 근거에 따라 제기되었거나 제기된 경우

2. 그 밖에 식품 등으로 인하여 국민건강에 중대한 위해가 발생하거나 발생할 우려가 있는 경우로서 대통령령으로 정하는 경우

② 제1항에 따른 긴급대응 방안은 다음 각 호의 사항이 포함되어야 한다.

1. 해당 식품 등의 종류

2. 해당 식품 등으로 인하여 인체에 미치는 위해의 종류 및 정도

3. 제3항에 따른 제조·판매 등의 금지가 필요한 경우 이에 관한 사항

4. 소비자에 대한 긴급대응 요령 등의 교육·홍보에 관한 사항

5. 그 밖에 식품 등의 위해 방지 및 확산을 막기 위하여 필요한 사항

③ 식품의약품안전청장은 제1항에 따른 긴급대응이 필요하다고 판단되는 식품 등에 대하여는 그 위해 여부가 확인되기 전까지 해당 식품 등의 제조·판매 등을 금지할 수 있다.

④ 영업자는 제3항에 따른 식품 등에 대하여는 제조·판매 등을 하여서는 아니 된다.

⑤ 식품의약품안전청장은 제3항에 따라 제조·판매 등을 금지하려면 미리 대통령령으로 정하는 이해관계인의 의견을 들어야 한다.

⑥ 영업자는 제3항에 따른 금지조치에 대하여 이의가 있는 경우에는 대통령령으로 정하는 바에 따라 식품의약품안전청장에게 해당 금지의 전부 또는 일부의 해제를 요청할 수 있다.

⑦ 식품의약품안전청장은 식품 등으로 인하여 국민건강에 위해가 발생하지 아니하였거나 발생할 우려가 없

어졌다고 인정하는 경우에는 제3항에 따른 금지의 전부 또는 일부를 해제하여야 한다.

⑧ 식품의약품안전청장은 국민건강에 급박한 위해가 발생하거나 발생할 우려가 있다고 인정되는 위해식품에 관한 정보를 국민에게 긴급하게 전달하여야 하는 경우로서 대통령령으로 정하는 요건에 해당하는 경우에는「방송법」제2조 제3호에 따른 방송사업자 중 대통령령으로 정하는 방송사업자에 대하여 이를 신속하게 방송하도록 요청하거나「전기통신사업법」제5조에 따른 기간통신사업자 중 대통령령으로 정하는 기간통신사업자에 대하여 이를 신속하게 문자 또는 음성으로 송신하도록 요청할 수 있다.

⑨ 제8항에 따라 요청을 받은 방송사업자 및 기간통신사업자는 특별한 사유가 없는 한 이에 응하여야 한다.

제18조(유전자재조합 식품 등의 안전성 평가 등)

① 식품의약품안전청장은 유전자재조합 식품 등을 식용(食用)으로 수입·개발·생산하는 자에게 최초로 유전자재조합 식품 등을 수입하는 경우 등 대통령령으로 정하는 경우에는 해당 식품 등에 대하여 안전성 평가를 받게 할 수 있다.

② 식품의약품안전청장은 제1항에 따른 유전자재조합 식품 등의 안전성 평가에 대한 심사를 위하여 식품의약품안전청에 유전자재조합 식품 등 안전성평가자료심사위원회(이하 "안전성평가자료심사위원회"라 한다)를 둔다.

③ 안전성평가자료심사위원회의 구성·기능·운영에 필요한 사항은 대통령령으로 정한다.

④ 제1항에 따른 안전성 평가의 대상, 안전성 평가를 위한 자료 제출의 범위 및 심사절차 등에 관하여는 식품의약품안전청장이 정하여 고시한다.

제19조(수입 식품 등의 신고 등)

① 판매를 목적으로 하거나 영업에 사용할 목적으로 식품 등을 수입하려는 자는 보건복지부령으로 정하는 바에 따라 식품의약품안전청장에게 신고하여야 한다. 〈개정 2010. 1. 18〉

② 식품의약품안전청장은 제1항에 따라 신고된 식품 등에 대하여 통관 절차가 끝나기 전에 관계 공무원이나 검사기관으로 하여금 필요한 검사를 하게 하여야 한다. 다만, 기구 또는 용기·포장은 통관 절차가 끝난 뒤에도 검사하게 할 수 있다.

③ 식품의약품안전청장은 제1항에 따라 신고된 식품 등이 다음 각 호의 어느 하나에 해당하는 경우에는 제2항에도 불구하고 검사의 전부 또는 일부를 생략할 수 있다. 〈개정 2010. 1. 18〉

　1. 제4조부터 제6조까지 및 제8조에 따른 위해식품 등에 해당하지 아니하고, 제7조, 제9조, 제36조 및 제48조에 적합하며, 제13조를 위반하지 아니하였다고 식품의약품안전청장이 미리 확인하여 등록(이하 "수입식품 등 사전확인 등록"이라 한다)한 경우(수산동식물은 수출국 정부가 인정하는 경우를 포함하되, 수출국이 우리나라에서 수입하는 수산동식물에 대하여 같은 제도를 인정하는 경우만 해당한다)

　2. 식품의약품안전청장이 인정하여 고시한 국내외 검사기관에서 검사를 받아 그 검사성적서 또는 검사증명서를 제출하는 경우

3. 제20조 제2항에 따라 등록한 우수수입업소가 수입한 경우

4. 그 밖에 제1호부터 제3호까지에 준하는 사항으로서 보건복지부령으로 정하는 사유에 해당하는 경우

④ 제2항 및 제3항에 따른 검사의 종류·대상·방법과 수입식품 등 사전확인등록의 기준·절차 등에 관하여 필요한 사항은 보건복지부령으로 정한다. 〈개정 2010. 1. 18〉

제20조(우수수입업소 등록 등)

① 제19조에 따라 수입신고한 자는 해당 수입 식품 등의 안전성 확보 등을 위하여 식품의약품안전청장이 정하는 기준에 따라 수출국 제조업소에 대하여 위생관리 상태를 점검할 수 있다.

② 제1항에 따라 위생관리 상태를 점검하는 업소는 식품의약품안전청장에게 우수수입식품업소(이하 "우수수입업소"라 한다)로 등록할 수 있다.

③ 우수수입업소의 등록을 하려는 자는 보건복지부령으로 정하는 바에 따라 식품의약품안전청장에게 신청하여야 한다. 등록한 사항 중 보건복지부령으로 정하는 중요한 사항을 변경하려는 경우에도 또한 같다. 〈개정 2010. 1. 18〉

④ 식품의약품안전청장은 우수수입업소가 다음 각 호의 어느 하나에 해당하는 경우에는 그 등록을 취소하거나 시정을 명할 수 있다. 다만, 우수수입업소가 제1호에 해당할 경우 등록을 취소하여야 한다. 〈개정 2010. 1. 18〉

1. 거짓이나 그 밖의 부정한 방법으로 등록을 한 경우

2. 제75조에 따라 영업정지 2개월 이상의 행정처분을 받은 경우

3. 그 밖에 제1호 및 제2호에 준하는 사항으로서 보건복지부령으로 정하는 사항을 지키지 아니한 경우

⑤ 우수수입업소의 등록 절차·방법, 수출국 제조업소의 생산·가공시설 안전성 기준 등 세부 사항은 보건복지부령으로 정한다. 〈개정 2010. 1. 18〉

제21조(특정 식품 등의 수입·판매 등 금지)

① 식품의약품안전청장은 특정 국가 또는 지역에서 채취·제조·가공·사용·조리 또는 저장된 식품 등이 그 특정 국가 또는 지역에서 위해한 것으로 밝혀졌거나 위해의 우려가 있다고 인정되는 경우에는 그 식품 등을 수입·판매하거나 판매할 목적으로 제조·가공·사용·조리·저장·소분·운반 또는 진열하는 것을 금지할 수 있다.

② 식품의약품안전청장은 제15조 제1항에 따른 위해 평가 또는 제19조 제2항에 따른 검사 후 식품 등에서 제4조 제2호에 따른 유독·유해 물질이 검출된 경우에는 해당 식품 등의 수입을 금지하여야 한다. 다만, 인체의 건강을 해칠 우려가 없다고 식품의약품안전청장이 인정하는 경우는 그러하지 아니하다.

③ 식품의약품안전청장은 제1항 및 제2항에 따른 금지를 하려면 미리 관계중앙행정기관의 장의 의견을 듣고 심의위원회의 심의·의결을 거쳐야 한다. 다만, 국민건강을 급박하게 위해할 우려가 있어서 신속히 금지조치를 하여야 할 필요가 있는 경우 먼저 금지조치를 한 뒤 지체없이 심의위원회의 심의·의결을 거칠

수 있다.

④ 제3항 본문 및 단서에 따라 심의위원회가 심의하는 경우 대통령령으로 정하는 이해관계인은 심의위원회에 출석하여 의견을 진술하거나 문서로 의견을 제출할 수 있다.

⑤ 식품의약품안전청장은 직권으로 또는 제1항 및 제2항에 따라 수입·판매 등이 금지된 식품 등에 대하여 이해관계가 있는 국가 또는 수입한 영업자의 신청을 받아 그 식품 등에 위해가 없는 것으로 인정되면 심의위원회의 심의·의결을 거쳐 제1항 및 제2항에 따른 금지의 전부 또는 일부를 해제할 수 있다.

⑥ 식품의약품안전청장은 제1항 및 제2항에 따른 금지나 제5항에 따른 해제를 하는 경우에는 고시하여야 한다.

⑦ 식품의약품안전청장은 제1항 및 제2항에 따라 수입·판매 등이 금지된 해당 식품 등의 제조업소, 이해관계가 있는 국가 또는 수입한 영업자가 원인 규명 및 개선사항을 제시할 경우에는 제1항 및 제2항에 따른 금지의 전부 또는 일부를 해제할 수 있다. 이 경우 개선사항에 대한 확인이 필요한 때에는 현지 조사를 할 수 있다.

제22조(출입·검사·수거 등)

① 식품의약품안전청장(대통령령으로 정하는 그 소속 기관의 장을 포함한다. 이하 이 조에서 같다), 특별시장·광역시장·도지사·특별자치도지사(이하 "시·도지사"라 한다) 또는 시장·군수·구청장(자치구의 구청장을 말한다. 이하 같다)은 식품 등의 위해방지·위생관리와 영업질서의 유지를 위하여 필요하면 다음 각 호의 구분에 따른 조치를 할 수 있다. 〈개정 2009. 5. 21〉

1. 영업자나 그 밖의 관계인에게 필요한 서류나 그 밖의 자료의 제출 요구

2. 관계 공무원으로 하여금 다음 각 목에 해당하는 출입·검사·수거 등의 조치

　가. 영업소(사무소, 창고, 제조소, 저장소, 판매소, 그 밖에 이와 유사한 장소를 포함한다)에 출입하여 판매를 목적으로 하거나 영업에 사용하는 식품 등 또는 영업시설 등에 대하여 하는 검사

　나. 가목에 따른 검사에 필요한 최소량의 식품 등의 무상 수거

　다. 영업에 관계되는 장부 또는 서류의 열람

② 식품의약품안전청장은 시·도지사 또는 시장·군수·구청장이 제1항에 따른 출입·검사·수거 등의 업무를 수행하면서 식품 등으로 인하여 발생하는 위생 관련 위해방지 업무를 효율적으로 하기 위하여 필요한 경우에는 관계행정기관의 장, 다른 시·도지사 또는 시장·군수·구청장에게 행정응원(行政應援)을 하도록 요청할 수 있다. 이 경우 행정응원을 요청받은 관계행정기관의 장, 시·도지사 또는 시장·군수·구청장은 특별한 사유가 없으면 이에 따라야 한다.

③ 제1항 및 제2항의 경우에 출입·검사·수거 또는 열람하려는 공무원은 그 권한을 표시하는 증표를 지니고 이를 관계인에게 내보여야 한다.

④ 제2항에 따른 행정응원의 절차, 비용 부담 방법, 그 밖에 필요한 사항은 대통령령으로 정한다.

제23조(식품 등의 재검사)

① 식품의약품안전청장(대통령령으로 정하는 그 소속 기관의 장을 포함한다. 이하 이 조에서 같다), 시·도지사 또는 시장·군수·구청장은 제19조 또는 제22조에 따라 식품 등을 검사한 결과 해당 식품 등이 제7조 또는 제9조에 따른 식품 등의 기준이나 규격에 맞지 아니하면 대통령령으로 정하는 바에 따라 해당 영업자에게 그 검사 결과를 통보하여야 한다.

② 제1항에 따른 통보를 받은 영업자가 그 검사 결과에 이의가 있으면 식품의약품안전청장이 인정하는 국내외 검사기관에서 발급한 검사성적서 또는 검사증명서를 첨부하여 식품의약품안전청장, 시·도지사 또는 시장·군수·구청장에게 재검사를 요청할 수 있다.

③ 제2항에 따른 재검사 요청을 받은 식품의약품안전청장, 시·도지사 또는 시장·군수·구청장은 대통령령으로 정하는 바에 따라 재검사를 할 것인지를 결정하여 그 결과를 해당 영업자에게 통보하여야 한다.

④ 식품의약품안전청장, 시·도지사 또는 시장·군수·구청장은 제3항에 따라 해당 식품 등을 재검사하기로 결정한 경우에는 지체없이 재검사를 하고, 재검사 결과를 해당 영업자에게 통보하여야 한다. 이 경우 재검사 수수료와 보세창고료 등 재검사에 따르는 비용은 영업자가 부담한다.

제24조(식품위생검사기관의 지정 등)

① 식품 등의 안전성을 확보하고 위해식품 등을 판명하기 위하여 제7조 및 제9조에 따른 기준 및 규격 등의 검사(이하 "식품위생검사"라 한다)를 행하는 기관(이하 "식품위생검사기관"이라 한다)은 다음 각 호와 같다. 〈개정 2010. 1. 18〉

1. 보건복지부령으로 정하는 식품위생검사기관
2. 식품위생검사를 효율적으로 행하게 하기 위하여 식품의약품안전청장이 지정하는 식품위생검사기관

② 제1항 제2호에 따른 식품위생검사기관은 식품위생검사 업무범위별로 다음과 같이 구분하여 지정할 수 있다.

1. 식품위생전문검사기관 : 제19조 제2항 및 제22조 제1항에 따른 검사 중 식품위생 검사에 해당하는 검사
2. 자가품질위탁검사기관 : 제31조 제2항에 따른 식품위생 검사

③ 제2항에 따른 식품위생검사기관이 갖추어야 할 식품위생검사시설, 식품위생검사 전문인력(이하 "검사원"이라 한다)과 식품위생검사기관의 지정·평가 등에 관하여 필요한 사항은 보건복지부령으로 정한다. 〈개정 2010. 1. 18〉

제25조(식품위생검사기관 지정의 유효기간)

① 제24조 제2항에 따라 지정된 식품위생검사기관의 지정에 관한 유효기간은 지정받은 날부터 3년으로 한다.

② 제1항에 따른 유효기간은 보건복지부령으로 정하는 바에 따라 1년을 초과하지 아니하는 범위에서 1회에 한하여 그 기간을 연장할 수 있다. 〈개정 2010. 1. 18〉

③ 제1항 및 제2항에 따라 유효기간이 만료되는 식품위생검사기관으로서 제24조 제3항에 따른 식품위생검사시설 및 검사원에 관한 요건을 갖춘 식품위생검사기관에 대하여는 제24조에 따라 다시 지정할 수 있다.

제26조(식품위생검사기관의 출입 등) 식품의약품안전청장(대통령령으로 정하는 그 소속 기관의 장을 포함한다)은 제24조 제2항에 따라 지정된 식품위생검사기관이 행하는 식품위생검사의 적정성과 신뢰성 등을 확보하기 위하여 필요하다고 인정하는 경우 식품위생검사를 행하는 자 또는 그 밖의 관계인에 대하여 필요한 보고를 하게 하거나 관계 공무원으로 하여금 식품위생검사기관의 사무소·검사장소 또는 그 밖에 이와 유사한 장소에 출입하여 식품위생검사시설, 검사원, 검사일지 및 기록서 등을 검사하게 하거나 필요에 따라 식품위생검사와 관련된 장부나 서류 등을 열람하게 할 수 있다.

제27조(식품위생검사기관의 지정 취소 등) 식품의약품안전청장은 제24조 제2항에 따라 지정된 식품위생검사기관이 다음 각 호의 어느 하나에 해당하는 경우 보건복지부령으로 정하는 바에 따라 지정을 취소하거나 6개월 이내의 기간을 정하여 식품위생검사업무의 정지를 명하거나 시정명령 등 필요한 조치를 할 수 있다. 다만, 제1호부터 제3호까지에 해당하는 경우에는 그 지정을 취소하여야 한다. 〈개정 2010. 1. 18〉
1. 거짓이나 그 밖의 부정한 방법으로 지정을 받은 경우
2. 고의 또는 중대한 과실로 거짓의 식품위생검사에 관한 성적서를 발급한 경우
3. 식품위생검사 업무정지 처분기간 중에 식품위생검사업무를 행하는 경우
4. 보건복지부령으로 정하는 식품위생검사업무에 관한 규정을 위반한 경우

제28조(지정 제한) 식품의약품안전청장은 다음 각 호의 어느 하나에 해당하는 기관을 제24조 제2항에 따른 식품위생검사기관으로 지정하여서는 아니 된다.
1. 제27조에 따라 지정이 취소된 식품위생검사기관을 설립·운영한 자(법인인 경우 그 대표자를 포함한다)가 그 지정이 취소된 날부터 3년이 지나지 아니하고 식품위생검사기관을 설립·운영하고자 하는 기관
2. 제27조에 따라 지정이 취소된 날부터 3년 이내에 같은 장소에서 식품위생검사기관을 설립·운영하고자 하는 기관

제29조(검사기관의 승계)
① 제24조 제2항에 따라 식품위생검사기관으로 지정받은 자(이하 "검사기관 운영자"라 한다)가 사망하거나 식품위생검사기관 운영을 양도하거나 또는 법인의 합병이 있는 경우에는 그 상속인·양수인 또는 합병 후 존속하는 법인이나 합병에 따라 설립되는 법인은 그 검사기관 운영자의 지위 중 이 법에 따른 지위를 승계한다.
② 다음 각 호의 어느 하나에 해당하는 절차에 따라 식품위생검사기관 영업시설의 전부를 인수(引受)한 자로

서 제24조에 따른 지정요건을 갖춘 자는 그 검사기관 운영자의 지위 중 이 법에 따른 지위를 승계한다.

1. 「민사집행법」에 따른 경매

2. 「채무자 회생 및 파산에 관한 법률」에 따른 환가(換價)

3. 「국세징수법」, 「관세법」 또는 「지방세법」에 따른 압류재산의 매각

4. 그 밖에 제1호부터 제3호까지의 절차에 준하는 절차

③ 제1항 및 제2항에 따라 검사기관 운영자의 지위를 승계한 자는 1개월 이내에 보건복지부령으로 정하는 바에 따라 식품의약품안전청장에게 신고하여야 한다. 〈개정 2010. 1. 18〉

제30조(검사원의 교육)

① 제24조 제2항에 따라 지정된 식품위생검사기관의 대표자 또는 검사원은 매년 식품위생 검사의 방법 등에 관한 교육을 받아야 한다.

② 제1항에 따른 검사방법 등에 관한 교육의 실시기관 및 내용 등은 보건복지부령으로 정한다. 〈개정 2010. 1. 18〉

제31조(자가품질검사 의무)

① 식품 등을 제조·가공하는 영업자는 보건복지부령으로 정하는 바에 따라 제조·가공하는 식품 등이 제7조 또는 제9조에 따른 기준과 규격에 맞는지를 검사하여야 한다. 〈개정 2010. 1. 18〉

② 식품의약품안전청장 및 시·도지사는 제1항에 따른 검사를 해당 영업을 하는 자가 직접 행하는 것이 부적합한 경우 제24조 제2항 제2호에 따른 자가품질위탁검사기관에 위탁하여 검사하게 할 수 있다.

③ 제1항 및 제2항에 따른 검사의 항목·절차, 그 밖에 검사에 필요한 사항은 보건복지부령으로 정한다. 〈개정 2010. 1. 18〉

제32조(식품위생감시원)

① 제22조 제1항에 따른 관계 공무원의 직무와 그 밖에 식품위생에 관한 지도 등을 하기 위하여 식품의약품안전청(대통령령으로 정하는 그 소속 기관을 포함한다), 특별시·광역시·도·특별자치도(이하 "시·도"라 한다) 또는 시·군·구(자치구를 말한다. 이하 같다)에 식품위생감시원을 둔다.

② 제1항에 따른 식품위생감시원의 자격·임명·직무범위, 그 밖에 필요한 사항은 대통령령으로 정한다.

제33조(소비자식품위생감시원)

① 식품의약품안전청장(대통령령으로 정하는 그 소속 기관의 장을 포함한다. 이하 이 조에서 같다), 시·도지사 또는 시장·군수·구청장은 식품위생관리를 위하여 「소비자기본법」 제29조에 따라 등록한 소비자단체의 임직원 중 해당 단체의 장이 추천한 자나 식품위생에 관한 지식이 있는 자를 소비자식품위생감시원으로 위촉할 수 있다.

② 제1항에 따라 위촉된 소비자식품위생감시원(이하 "소비자식품위생감시원"이라 한다)의 직무는 다음 각 호와

같다.

1. 제36조 제1항 제3호에 따른 식품접객업을 하는 자(이하 "식품접객 영업자"라 한다)에 대한 위생관리 상태 점검

2. 유통 중인 식품 등이 표시기준에 맞지 아니하거나 허위표시 또는 과대광고 금지 규정을 위반한 경우 관할 행정관청에 신고하거나 그에 관한 자료 제공

3. 제32조에 따른 식품위생감시원이 하는 식품 등에 대한 수거 및 검사 지원

4. 그 밖에 식품위생에 관한 사항으로서 대통령령으로 정하는 사항

③ 소비자식품위생감시원은 제2항 각 호의 직무를 수행하는 경우 그 권한을 남용하여서는 아니 된다.

④ 제1항에 따라 소비자식품위생감시원을 위촉한 식품의약품안전청장, 시·도지사 또는 시장·군수·구청 장은 소비자식품위생감시원에게 직무 수행에 필요한 교육을 하여야 한다.

⑤ 식품의약품안전청장, 시·도지사 또는 시장·군수·구청장은 소비자식품위생감시원이 다음 각 호의 어느 하나에 해당하면 그 소비자식품위생감시원을 해촉(解囑)하여야 한다.

1. 추천한 소비자단체에서 퇴직하거나 해임된 경우

2. 제2항 각 호의 직무와 관련하여 부정한 행위를 하거나 권한을 남용한 경우

3. 질병이나 부상 등의 사유로 직무 수행이 어렵게 된 경우

⑥ 소비자식품위생감시원이 제2항 제1호의 직무를 수행하기 위하여 식품접객 영업자의 영업소에 단독으로 출입하려면 미리 식품의약품안전청장, 시·도지사 또는 시장·군수·구청장의 승인을 받아야 한다.

⑦ 소비자식품위생감시원이 제6항에 따른 승인을 받아 식품접객영업자의 영업소에 단독으로 출입하는 경 우에는 승인서와 신분을 표시하는 증표를 지니고 이를 관계인에게 내보여야 한다.

⑧ 소비자식품위생감시원의 자격, 직무 범위 및 교육, 그 밖에 필요한 사항은 대통령령으로 정한다.

제34조(시민식품감사인)

① 대통령령으로 정하는 영업자는 식품위생에 관한 전문 지식이 있는 다음 각 호의 어느 하나에 해당하는 자 중 식품의약품안전청장 또는 시·도지사가 지정하는 자를 해당 영업소의 식품 등의 위생관리 상태를 점 검하는 시민식품감사인으로 위촉할 수 있다.

1.「소비자기본법」제29조에 따라 등록한 소비자단체의 장이 추천하는 자

2.「비영리민간단체 지원법」제2조에 따른 비영리민간단체 중 식품위생 관련 단체의 장이 추천하는 자

3.「고등교육법」제2조에 따른 학교의 식품 관련 학과에서 조교수 이상으로 재직하는 자

② 제1항에 따라 위촉된 시민식품감사인(이하 "시민식품감사인"이라 한다)은 제1항에 따른 영업자의 영업소에 대한 위생관리 상태를 분기마다 한 번 이상 점검하고, 점검 결과 위생 상태가 나쁘거나 식품안전을 위하 여 개선이 필요한 사항에 대하여는 영업자에게 개선 등 필요한 조치를 하도록 권고할 수 있다.

③ 시민식품감사인은 해당 영업자가 제2항에 따른 권고사항을 이행하지 아니하면 식품의약품안전청장, 시·도지사 또는 시장·군수·구청장에게 그 사실을 보고하여야 한다.

④ 시민식품감사인은 업무로 알게 된 영업자의 영업에 관한 비밀을 타인에게 누설하거나 업무목적이 아닌 용도로 사용하여서는 아니 된다.

⑤ 제1항에 따라 시민식품감사인을 위촉하거나 위촉된 시민식품감사인을 해촉하는 영업자는 다음 각 호의 사항을 보건복지부령으로 정하는 바에 따라 식품의약품안전청장, 시·도지사 또는 시장·군수·구청장에게 보고하여야 한다. 〈개정 2010. 1. 18〉

  1. 위촉한 시민식품감사인의 위촉 날짜와 인적사항

  2. 제2항에 따라 시민식품감사인이 개선하도록 권고한 내용과 이에 따라 개선한 사항

  3. 시민식품감사인을 해촉하는 경우 해촉 날짜와 사유

⑥ 식품의약품안전청장(대통령령으로 정하는 그 소속 기관의 장을 포함한다), 시·도지사 또는 시장·군수·구청장은 제1항에 따라 시민식품감사인을 위촉한 영업자의 영업소에 대하여 관계 공무원으로 하여금 보건복지부령으로 정하는 일정 기간 동안 제22조에 따른 출입·검사·수거 등을 하지 아니하게 할 수 있다. 다만, 다음 각 호의 어느 하나에 해당하는 경우에는 그러하지 아니하다. 〈개정 2010. 1. 18〉

  1. 시민식품감사인을 위촉한 영업자가 시민식품감사인의 권고사항에 따르지 아니한 경우

  2. 시민식품감사인이 제2항에 따른 직무를 성실하게 수행하지 아니하거나 직무와 관련하여 부정한 행위를 한 경우

  3. 시민식품감사인을 위촉한 영업자가 제조·가공하여 유통 중인 제품을 수거하여 검사한 결과 위해 요인이 있다고 확인된 경우

⑦ 시민식품감사인의 자격, 위촉 절차 및 직무 범위, 그 밖에 필요한 사항은 대통령령으로 정한다.

제35조(소비자 위생점검 참여 등)

① 대통령령으로 정하는 영업자는 식품위생에 관한 전문적인 지식이 있는 자 또는 「소비자기본법」 제29조에 따라 등록한 소비자단체의 장이 추천한 자로서 식품의약품안전청장이 정하는 자에게 위생관리 상태를 점검받을 수 있다.

② 제1항에 따른 점검 결과 식품의약품안전청장이 정하는 기준에 적합하여 합격한 경우 해당 영업자는 그 합격사실을 보건복지부령으로 정하는 바에 따라 해당 영업소에서 제조·가공한 식품 등에 표시하거나 광고할 수 있다. 〈개정 2010. 1. 18〉

③ 식품의약품안전청장(대통령령으로 정하는 그 소속 기관의 장을 포함한다), 시·도지사 또는 시장·군수·구청장은 제1항에 따라 위생점검을 받은 영업소 중 식품의약품안전청장이 정하는 기준에 따른 우수등급의 영업소에 대하여는 관계 공무원으로 하여금 보건복지부령으로 정하는 일정 기간 동안 제22조에 따른 출입·검사·수거 등을 하지 아니하게 할 수 있다. 〈개정 2010. 1. 18〉

④ 제1항에 따른 위생점검의 시기 등은 대통령령으로 정한다.

제7장 영업

제36조(시설 기준)

① 다음의 영업을 하려는 자는 보건복지부령으로 정하는 시설 기준에 맞는 시설을 갖추어야 한다. 〈개정 2010. 1. 18〉

　1. 식품 또는 식품첨가물의 제조업, 가공업, 운반업, 판매업 및 보존업

　2. 기구 또는 용기·포장의 제조업

　3. 식품접객업

② 제1항 각 호에 따른 영업의 세부 종류와 그 범위는 대통령령으로 정한다.

제37조(영업허가 등)

① 제36조 제1항 각 호에 따른 영업 중 대통령령으로 정하는 영업을 하려는 자는 대통령령으로 정하는 바에 따라 영업 종류별 또는 영업소별로 식품의약품안전청장 또는 특별자치도지사·시장·군수·구청장의 허가를 받아야 한다. 허가받은 사항 중 대통령령으로 정하는 중요한 사항을 변경할 때에도 또한 같다.

② 식품의약품안전청장 또는 특별자치도지사·시장·군수·구청장은 제1항에 따른 영업허가를 하는 때에는 필요한 조건을 붙일 수 있다.

③ 제1항에 따라 영업허가를 받은 자가 폐업하거나 허가받은 사항 중 같은 항 후단의 중요한 사항을 제외한 경미한 사항을 변경할 때에는 식품의약품안전청장 또는 특별자치도지사·시장·군수·구청장에게 신고하여야 한다.

④ 제36조 제1항 각 호에 따른 영업 중 대통령령으로 정하는 영업을 하려는 자는 대통령령으로 정하는 바에 따라 영업 종류별 또는 영업소별로 식품의약품안전청장 또는 특별자치도지사·시장·군수·구청장에게 신고하여야 한다. 신고한 사항 중 대통령령으로 정하는 중요한 사항을 변경하거나 폐업할 때에도 또한 같다.

⑤ 제1항 또는 제4항에 따라 식품 또는 식품첨가물의 제조업·가공업의 허가를 받거나 신고를 한 자가 식품 또는 식품첨가물을 제조·가공하는 경우에는 보건복지부령으로 정하는 바에 따라 식품의약품안전청장 또는 특별자치도지사·시장·군수·구청장에게 그 사실을 보고하여야 한다. 보고한 사항 중 보건복지부령으로 정하는 중요한 사항을 변경하는 경우에도 또한 같다. 〈개정 2010. 1. 18〉

⑥ 식품의약품안전청장 또는 특별자치도지사·시장·군수·구청장은 영업자(제4항에 따라 영업신고를 한 자만 해당한다)가 「부가가치세법」 제5조에 따라 관할세무서장에게 폐업신고를 하거나 관할세무서장이 사업자등록을 말소한 경우에는 신고 사항을 직권으로 말소할 수 있다.

제38조(영업허가 등의 제한)

① 다음 각 호의 어느 하나에 해당하면 제37조 제1항에 따른 영업허가를 하여서는 아니 된다.

  1. 해당 영업시설이 제36조에 따른 시설 기준에 맞지 아니한 경우

  2. 제75조 제1항 또는 제2항에 따라 영업허가가 취소(제44조 제2항 제1호를 위반하여 영업허가가 취소된 경우
  와 제75조 제1항 제18호에 따라 영업허가가 취소된 경우는 제외한다)되고 6개월이 지나기 전에 같은 장소에서
  같은 종류의 영업을 하려는 경우. 다만, 영업시설 전부를 철거하여 영업허가가 취소된 경우에는 그러
  하지 아니하다.

  3. 제44조 제2항 제1호를 위반하여 영업허가가 취소되거나 제75조 제1항 제18호에 따라 영업허가가 취
  소되고 2년이 지나기 전에 같은 장소에서 제36조 제1항 제3호에 따른 식품접객업을 하려는 경우

  4. 제75조 제1항 또는 제2항에 따라 영업허가가 취소(제4조부터 제6조까지, 제8조 또는 제44조 제2항 제1호를
  위반하여 영업허가가 취소된 경우와 제75조 제1항 제18호에 따라 영업허가가 취소된 경우는 제외한다)되고 2년이
  지나기 전에 같은 자(법인인 경우에는 그 대표자를 포함한다)가 취소된 영업과 같은 종류의 영업을 하려는
  경우

  5. 제44조 제2항 제1호를 위반하여 영업허가가 취소되거나 제75조 제1항 제18호에 따라 영업허가가 취
  소된 후 3년이 지나기 전에 같은 자(법인인 경우에는 그 대표자를 포함한다)가 제36조 제1항 제3호에 따른
  식품접객업을 하려는 경우

  6. 제4조부터 제6조까지 또는 제8조를 위반하여 영업허가가 취소되고 5년이 지나기 전에 같은 자(법인인
  경우에는 그 대표자를 포함한다)가 취소된 영업과 같은 종류의 영업을 하려는 경우

  7. 제36조 제1항 제3호에 따른 식품접객업 중 국민의 보건위생을 위하여 허가를 제한할 필요가 뚜렷하다
  고 인정되어 시·도지사가 지정하여 고시하는 영업에 해당하는 경우

  8. 영업허가를 받으려는 자가 금치산자이거나 파산선고를 받고 복권되지 아니한 자인 경우

② 다음 각 호의 어느 하나에 해당하는 경우에는 제37조 제4항에 따른 영업신고를 할 수 없다.

  1. 제75조 제1항 또는 제2항에 따른 영업소 폐쇄명령(제44조 제2항 제1호를 위반하여 영업소 폐쇄명령을 받은 경
  우와 제75조 제1항 제18호에 따라 영업소 폐쇄명령을 받은 경우는 제외한다)을 받고 6개월이 지나기 전에 같은
  장소에서 같은 종류의 영업을 하려는 경우. 다만, 영업시설 전부를 철거하여 영업소 폐쇄명령을 받은
  경우에는 그러하지 아니하다.

  2. 제44조 제2항 제1호를 위반하여 영업소 폐쇄명령을 받거나 제75조 제1항 제18호에 따라 영업소 폐
  쇄명령을 받은 후 1년이 지나기 전에 같은 장소에서 제36조 제1항 제3호에 따른 식품접객업을 하려
  는 경우

  3. 제75조 제1항 또는 제2항에 따른 영업소 폐쇄명령(제4조부터 제6조까지, 제8조 또는 제44조 제2항 제1호를
  위반하여 영업소 폐쇄명령을 받은 경우와 제75조 제1항 제18호에 따라 영업소 폐쇄명령을 받은 경우는 제외한다)을
  받고 2년이 지나기 전에 같은 자(법인인 경우에는 그 대표자를 포함한다)가 폐쇄명령을 받은 영업과 같은 종
  류의 영업을 하려는 경우

4. 제44조 제2항 제1호를 위반하여 영업소 폐쇄명령을 받거나 제75조 제1항 제18호에 따라 영업소 폐쇄
명령을 받고 2년이 지나기 전에 같은 자(법인인 경우에는 그 대표자를 포함한다)가 제36조 제1항 제3호에
따른 식품접객업을 하려는 경우

5. 제4조부터 제6조까지 또는 제8조를 위반하여 영업소 폐쇄명령을 받고 5년이 지나지 아니한 자(법인인
경우에는 그 대표자를 포함한다)가 폐쇄명령을 받은 영업과 같은 종류의 영업을 하려는 경우

제39조(영업 승계)

① 영업자가 영업을 양도하거나 사망한 경우 또는 법인이 합병한 경우에는 그 양수인·상속인 또는 합병 후
존속하는 법인이나 합병에 따라 설립되는 법인은 그 영업자의 지위를 승계한다.

② 제29조 제2항 각 호의 어느 하나에 해당하는 절차에 따라 영업시설의 전부를 인수한 자는 그 영업자의 지
위를 승계한다. 이 경우 종전의 영업자에 대한 영업허가 또는 그가 한 신고는 그 효력을 잃는다.

③ 제1항 또는 제2항에 따라 그 영업자의 지위를 승계한 자는 보건복지부령으로 정하는 바에 따라 1개월 이
내에 그 사실을 식품의약품안전청장 또는 특별자치도지사·시장·군수·구청장에게 신고하여야 한다.
〈개정 2010. 1. 18〉

④ 제1항 및 제2항에 따른 승계에 관하여는 제38조를 준용한다. 다만, 상속인이 제38조 제1항 제8호에 해당
하면 상속받은 날부터 3개월 동안은 그러하지 아니하다.

제40조(건강진단)

① 보건복지부령으로 정하는 영업자 및 그 종업원은 건강진단을 받아야 한다. 다만, 다른 법령에 따라 같은
내용의 건강진단을 받는 경우에는 이 법에 따른 건강진단을 받은 것으로 본다. 〈개정 2010. 1. 18〉

② 제1항에 따라 건강진단을 받은 결과 타인에게 위해를 끼칠 우려가 있는 질병이 있다고 인정된 자는 그 영
업에 종사하지 못한다.

③ 영업자는 제1항을 위반하여 건강진단을 받지 아니한 자나 제2항에 따른 건강진단 결과 타인에게 위해를
끼칠 우려가 있는 질병이 있는 자를 그 영업에 종사시키지 못한다.

④ 제1항에 따른 건강진단의 실시방법 등과 제2항 및 제3항에 따른 타인에게 위해를 끼칠 우려가 있는 질병
의 종류는 보건복지부령으로 정한다. 〈개정 2010. 1. 18〉

제41조(식품위생교육)

① 대통령령으로 정하는 영업자 및 유흥종사자를 둘 수 있는 식품접객업 영업자의 종업원은 매년 식품위생
에 관한 교육(이하 "식품위생교육"이라 한다)을 받아야 한다.

② 제36조 제1항 각 호에 따른 영업을 하려는 자는 미리 식품위생교육을 받아야 한다. 다만, 부득이한 사유
로 미리 식품위생교육을 받을 수 없는 경우에는 영업을 시작한 뒤에 보건복지부 장관이 정하는 바에 따라
식품위생교육을 받을 수 있다. 〈개정 2010. 1. 18〉

③ 제1항 및 제2항에 따라 교육을 받아야 하는 자가 영업에 직접 종사하지 아니하거나 두 곳 이상의 장소에서 영업을 하는 경우에는 종업원 중에서 식품위생에 관한 책임자를 지정하여 영업자 대신 교육을 받게 할 수 있다. 다만, 집단급식소에 종사하는 조리사 및 영양사가 식품위생에 관한 책임자로 지정되어 제56조 제1항 단서에 따라 교육을 받은 경우에는 제1항 및 제2항에 따른 해당 연도의 식품위생교육을 받은 것으로 본다.

④ 제2항에도 불구하고 조리사 또는 영양사의 면허를 받은 자가 제36조 제1항 제3호에 따른 식품접객업을 하려는 경우에는 식품위생교육을 받지 아니하여도 된다.

⑤ 영업자는 특별한 사유가 없는 한 식품위생교육을 받지 아니한 자를 그 영업에 종사하게 하여서는 아니 된다.

⑥ 제1항 및 제2항에 따른 교육의 내용, 교육비 및 교육 실시 기관 등에 관하여 필요한 사항은 보건복지부령으로 정한다. 〈개정 2010. 1. 18〉

제42조(품질관리 및 보고)

① 식품 또는 식품첨가물을 제조·가공하는 영업자와 그 종업원은 원료관리, 제조공정, 그 밖에 식품 등의 위생적 관리를 위하여 보건복지부령으로 정하는 사항을 지켜야 한다. 〈개정 2010. 1 .18〉

② 제1항에 따른 영업자는 보건복지부령으로 정하는 바에 따라 식품 및 식품첨가물을 생산한 실적 등을 식품의약품안전청장 또는 시·도지사에게 보고하여야 한다. 〈개정 2010. 1. 18〉

제43조(영업 제한)

① 시·도지사는 영업 질서와 선량한 풍속을 유지하는 데에 필요한 경우에는 영업자 중 식품접객영업자와 그 종업원에 대하여 영업시간 및 영업행위를 제한할 수 있다.

② 제1항에 따른 제한 사항은 대통령령으로 정하는 범위에서 해당 시·도의 조례로 정한다.

제44조(영업자 등의 준수사항)

① 식품접객 영업자 등 대통령령으로 정하는 영업자와 그 종업원은 영업의 위생관리와 질서유지, 국민의 보건위생 증진을 위하여 보건복지부령으로 정하는 사항을 지켜야 한다. 〈개정 2010. 1. 18〉

② 식품접객영업자는 「청소년보호법」 제2조에 따른 청소년(이하 이 항에서 "청소년"이라 한다)에게 다음 각 호의 어느 하나에 해당하는 행위를 하여서는 아니 된다.

　1. 청소년을 유흥접객원으로 고용하여 유흥행위를 하게 하는 행위

　2. 「청소년보호법」 제2조 제5호 가목(1)에 따른 청소년 출입·고용 금지업소에 청소년을 출입시키거나 고용하는 행위

　3. 「청소년보호법」 제2조 제5호 나목(1)에 따른 청소년 고용 금지업소에 청소년을 고용하는 행위

　4. 청소년에게 주류(酒類)를 제공하는 행위

③ 누구든지 영리를 목적으로 제36조 제1항 제3호의 식품접객업을 하는 장소(유흥종사자를 둘 수 있도록 대통령령으로 정하는 영업을 하는 장소는 제외한다)에서 손님과 함께 술을 마시거나 노래 또는 춤으로 손님의 유흥을 돋우는 접객행위(공연을 목적으로 하는 가수, 악사, 댄서, 무용수 등이 하는 행위는 제외한다)를 하거나 다른 사람에게 그 행위를 알선하여서는 아니 된다.

④ 제3항에 따른 식품접객영업자는 유흥종사자를 고용·알선하거나 호객행위를 하여서는 아니 된다.

⑤ 주문자상표부착방식으로 수출국에 제조·가공을 위탁하여 제19조에 따라 식품 등(이하 "주문자상표부착식품 등"이라 한다)을 수입·판매하는 영업자는 다음 각 호의 사항을 지켜야 한다.

   1. 주문자상표부착식품 등을 제조·가공하는 업체에 대하여 식품의약품안전청장이 정하는 위생점검에 관한 기준에 따라 대통령령으로 정한 기관 또는 단체로 하여금 현지 위생점검 등을 실시하여야 한다.

   2. 주문자상표부착식품 등에 대하여 제31조에 따른 검사를 실시하고, 그 기록을 2년간 보관하여야 한다.

제45조(위해식품 등의 회수)

① 판매의 목적으로 식품 등을 제조·가공·소분·수입 또는 판매한 영업자는 해당 식품 등이 제4조부터 제6조까지, 제7조 제4항, 제8조 또는 제9조 제4항을 위반한 사실(식품 등의 위해와 관련이 없는 위반사항을 제외한다)을 알게 된 경우에는 지체없이 유통 중인 해당 식품 등을 회수하거나 회수하는 데에 필요한 조치를 하여야 한다. 이 경우 영업자는 회수계획을 식품의약품안전청장, 시·도지사 또는 시장·군수·구청장에게 미리 보고하여야 하며, 회수 결과를 보고받은 시·도지사 또는 시장·군수·구청장은 이를 지체없이 식품의약품안전청장에게 보고하여야 한다.

② 식품의약품안전청장, 시·도지사 또는 시장·군수·구청장은 제1항에 따른 회수에 필요한 조치를 성실히 이행한 영업자에 대하여 해당 식품 등으로 인하여 받게 되는 제75조 또는 제76조에 따른 행정처분을 대통령령으로 정하는 바에 따라 감면할 수 있다.

③ 제1항에 따른 회수대상 식품 등·회수계획·회수절차 및 회수결과 보고 등에 관하여 필요한 사항은 보건복지부령으로 정한다. 〈개정 2010. 1. 18〉

제46조(식품 등의 이물 발견 보고 등)

① 판매의 목적으로 식품 등을 제조·가공·소분·수입 또는 판매하는 영업자는 소비자로부터 판매제품에서 식품의 제조·가공·조리·유통 과정에서 정상적으로 사용된 원료 또는 재료가 아닌 것으로서 섭취할 때 위생상 위해가 발생할 우려가 있거나 섭취하기에 부적합한 물질[이하 "이물(異物)"이라 한다]을 발견한 사실을 신고받은 경우 지체없이 이를 식품의약품안전청장, 시·도지사 또는 시장·군수·구청장에게 보고하여야 한다.

② 「소비자기본법」에 따른 한국소비자원 및 소비자단체는 소비자로부터 이물 발견의 신고를 접수하는 경우 지체없이 이를 식품의약품안전청장에게 통보하여야 한다.

③ 시·도지사 또는 시장·군수·구청장은 소비자로부터 이물 발견의 신고를 접수하는 경우 이를 식품의약품

안전청장에게 통보하여야 한다.

④ 식품의약품안전청장은 제1항부터 제3항까지의 규정에 따라 이물 발견의 신고를 통보받은 경우 이물혼입 원인 조사를 위하여 필요한 조치를 취하여야 한다.

⑤ 제1항에 따른 이물 보고의 기준·대상 및 절차 등에 필요한 사항은 보건복지부령으로 정한다. 〈개정 2010. 1. 18〉

제47조(위생등급)

① 식품의약품안전청장 또는 특별자치도지사·시장·군수·구청장은 보건복지부령으로 정하는 위생등급 기준에 따라 위생관리 상태 등이 우수한 식품 등의 제조·가공업소, 식품접객업소 또는 집단급식소를 우수업소 또는 모범업소로 지정할 수 있다. 〈개정 2010. 1. 18〉

② 식품의약품안전청장(대통령령으로 정하는 그 소속 기관의 장을 포함한다), 시·도지사 또는 시장·군수·구청장은 제1항에 따라 지정한 우수업소 또는 모범업소에 대하여 관계 공무원으로 하여금 보건복지부령으로 정하는 일정 기간 동안 제22조에 따른 출입·검사·수거 등을 하지 아니하게 할 수 있으며, 시·도지사 또는 시장·군수·구청장은 제89조 제3항 제1호에 따른 영업자의 위생관리시설 및 위생설비시설 개선을 위한 융자 사업과 같은 항 제6호에 따른 음식문화 개선과 좋은 식단 실천을 위한 사업에 대하여 우선 지원 등을 할 수 있다. 〈개정 2010. 1. 18〉

③ 식품의약품안전청장 또는 특별자치도지사·시장·군수·구청장은 제1항에 따라 우수업소 또는 모범업소로 지정된 업소가 그 지정 기준에 미치지 못하거나 영업정지 이상의 행정처분을 받게 되면 지체없이 그 지정을 취소하여야 한다.

④ 제1항 및 제3항에 따른 우수업소 또는 모범업소의 지정 및 그 취소에 관한 사항은 보건복지부령으로 정한다. 〈개정 2010. 1. 18〉

제48조(위해요소 중점관리 기준)

① 식품의약품안전청장은 식품의 원료관리 및 제조·가공·조리·유통의 모든 과정에서 위해한 물질이 식품에 섞이거나 식품이 오염되는 것을 방지하기 위하여 각 과정의 위해요소를 확인·평가하여 중점적으로 관리하는 기준(이하 "위해요소 중점관리 기준"이라 한다)을 식품별로 정하여 고시할 수 있다.

② 보건복지부령으로 정하는 식품을 제조·가공·조리·유통하는 영업자는 제1항에 따라 식품의약품안전청장이 식품별로 고시한 위해요소 중점관리 기준을 지켜야 한다. 〈개정 2010. 1. 18〉

③ 식품의약품안전청장은 제2항에 따라 위해요소 중점관리 기준을 지켜야 하는 영업자와 그 밖에 위해요소 중점관리 기준을 지키기 원하는 영업자의 업소를 식품별 위해요소 중점관리 기준 적용업소(이하 "위해요소 중점관리 기준 적용업소"라 한다)로 지정할 수 있다.

④ 식품의약품안전청장은 위해요소 중점관리 기준 적용업소로 지정받은 영업자에게 보건복지부령으로 정하는 바에 따라 그 지정 사실을 증명하는 서류를 발급하여야 한다. 〈개정 2010. 1. 18〉

⑤ 위해요소 중점관리 기준 적용업소의 영업자와 종업원은 보건복지부령으로 정하는 교육훈련을 받아야 한다. 〈개정 2010. 1. 18〉

⑥ 식품의약품안전청장은 제3항에 따라 위해요소 중점관리 기준 적용업소의 지정을 받거나 받으려는 영업자에게 위해요소 중점관리에 필요한 기술적·경제적 지원을 할 수 있다.

⑦ 위해요소 중점관리 기준 적용업소의 지정요건·지정절차, 제5항에 따른 영업자 및 종업원에 대한 교육실시 기관, 교육훈련 방법·절차, 교육훈련비 및 제6항에 따른 기술적·경제적 지원에 필요한 사항은 보건복지부령으로 정하다. 〈개정 2010. 1. 18〉

⑧ 식품의약품안전청장은 위해요소 중점관리 기준 적용업소의 효율적 운영을 위하여 위해요소 중점관리 기준의 준수 여부 등에 관한 조사·평가를 할 수 있으며, 그 결과 위해요소 중점관리 기준 적용업소가 다음 각 호의 어느 하나에 해당하면 그 지정을 취소하거나 시정을 명할 수 있다. 다만, 위해요소 중점관리 기준 적용업소가 제2호에 해당할 경우 지정을 취소하여야 한다. 〈개정 2010. 1. 18〉

1. 위해요소 중점관리 기준을 지키지 아니한 경우

2. 제75조에 따라 영업정지 2개월 이상의 행정처분을 받은 경우

3. 영업자와 그 종업원이 제5항에 따른 교육훈련을 받지 아니한 경우

4. 그 밖에 제1호부터 제3호까지에 준하는 사항으로서 보건복지부령으로 정하는 사항을 지키지 아니한 경우

⑨ 위해요소 중점관리 기준 적용업소가 아닌 업소의 영업자는 위해요소 중점관리 기준 적용업소라는 명칭을 사용하지 못한다.

⑩ 위해요소 중점관리 기준 적용업소의 영업자는 지정받은 식품을 다른 업소에 위탁하여 제조·가공하여서는 아니 된다. 다만, 위탁하려는 식품과 동일한 식품에 대하여 위해요소 중점관리 기준 적용업소로 지정된 업소에 위탁하여 제조·가공하려는 경우 등 대통령령으로 정하는 경우에는 그러하지 아니하다.

⑪ 식품의약품안전청장(대통령령으로 정하는 그 소속 기관의 장을 포함한다), 시·도지사 또는 시장·군수·구청장은 위해요소 중점관리 기준 적용업소에 대하여 관계 공무원으로 하여금 보건복지부령으로 정하는 일정 기간 동안 제22조에 따른 출입·검사·수거 등을 하지 아니하게 할 수 있으며, 시·도지사 또는 시장·군수·구청장은 제89조 제3항 제1호에 따른 영업자의 위생관리시설 및 위생설비시설 개선을 위한 융자 사업에 대하여 우선 지원 등을 할 수 있다. 〈개정 2010. 1. 18〉

⑫ 식품의약품안전청장은 위해요소 중점관리 기준 적용업소의 공정별·품목별 위해요소의 분석 및 기술지원 등의 업무를 「한국보건산업진흥원법」에 따른 한국보건산업진흥원 등 대통령령으로 정하는 기관에 위탁할 수 있다.

⑬ 식품의약품안전청장은 제12항에 따른 위탁기관에 대하여 예산의 범위에서 사용경비의 전부 또는 일부를 보조할 수 있다.

⑭ 제12항에 따른 위탁기관의 업무 등에 필요한 사항은 대통령령으로 정한다.

제49조(식품이력추적관리 등록 기준 등)

① 식품을 제조·가공 또는 판매하는 자 중 식품이력추적관리를 하려는 자는 보건복지부령으로 정하는 등록 기준을 갖추어 해당 식품을 식품의약품안전청장에게 등록할 수 있다. 〈개정 2010. 1. 18〉

② 제1항에 따라 등록한 식품을 제조·가공 또는 판매하는 자는 식품이력추적관리에 필요한 기록의 작성·보관 및 관리 등에 관하여 식품의약품안전청장이 정하여 고시하는 기준(이하 "식품이력추적관리 기준"이라 한다)을 지켜야 한다.

③ 제1항에 따라 등록을 한 자는 등록사항이 변경된 경우 변경사유가 발생한 날부터 1개월 이내에 식품의약품안전청장에게 신고하여야 한다.

④ 제1항에 따라 등록한 식품에는 식품의약품안전청장이 정하여 고시하는 바에 따라 식품이력추적관리의 표시를 할 수 있다.

⑤ 제1항에 따른 등록의 유효기간은 등록한 날부터 3년으로 한다. 다만, 그 품목의 특성상 달리 적용할 필요가 있는 경우에는 보건복지부령으로 정하는 바에 따라 그 기간을 연장할 수 있다. 〈개정 2010. 1. 18〉

⑥ 보건복지부 장관 또는 식품의약품안전청장은 제1항에 따라 등록을 한 자에게 예산의 범위에서 식품이력추적관리에 필요한 자금을 지원할 수 있다. 〈개정 2010. 1. 18〉

⑦ 식품의약품안전청장은 제1항에 따라 등록을 한 자가 식품이력추적관리 기준을 지키지 아니하면 그 등록을 취소하거나 시정을 명할 수 있다.

⑧ 식품이력추적관리의 등록절차·등록사항, 그 밖에 등록에 관하여 필요한 사항은 보건복지부령으로 정한다. 〈개정 2010. 1. 18〉

제50조(위생수준 안전평가)

① 식품의약품안전청장은 소비자에게 안전한 식품을 공급하고 식품위생 수준을 높이기 위하여 제37조에 따라 영업허가를 받거나 신고를 한 자 중 제48조에 따라 위해요소 중점관리 기준을 준수하여야 하는 영업자 등 대통령령으로 정하는 영업자에 대하여 식품 등의 제조·가공·조리 및 유통 등의 위생관리 수준과 안전한 식품공급 등에 대한 평가(이하 "위생수준 안전평가"라 한다)를 실시하여야 한다.

② 식품의약품안전청장은 위생수준 안전평가에 관한 기준을 정하여 고시한다.

③ 식품의약품안전청장은 위생수준 안전평가에 관한 업무를 대통령령으로 정하는 바에 따라 관계 전문기관이나 단체에 위탁할 수 있다. 이 경우 필요한 예산을 지원할 수 있다.

④ 식품의약품안전청장은 위생수준 안전평가를 실시하여 식품위생 수준 등이 우수하고 안전한 식품 등을 공급하는 영업소에 대하여 보건복지부령으로 정하는 우수등급 영업소로 결정하여 공표할 수 있다. 〈개정 2010. 1. 18〉

⑤ 제4항에 따른 우수등급 영업소는 보건복지부령으로 정한 로고 등을 해당 영업소와 그 영업소에서 제조·가공·조리 및 유통하는 식품 등에 표시하거나 그 사실을 광고할 수 있다. 이 경우 그 표시·광고 기간은 우수등급이 결정되어 통보받은 날부터 2년으로 한다. 〈개정 2010. 1. 18〉

⑥ 제1항에 따른 위생수준 안전평가 대상인 영업소의 영업자는 특별한 사유가 있는 경우 외에는 위생수준 안전평가에 응하여야 한다.

⑦ 위생수준 안전평가의 시기·범위 및 절차와 제4항에 따른 공표 등에 필요한 사항은 보건복지부령으로 정한다. 〈개정 2010. 1. 18〉

⑧ 식품의약품안전청장, 시·도지사 또는 시장·군수·구청장은 제1항에 따라 위생수준 안전평가를 받은 영업소에 대하여 그 평가를 받은 날부터 1년간 이 법을 위반한 사실이 밝혀지는 등 특별한 사유가 없는 한 제22조에 따른 출입·검사·수거 등을 면제할 수 있다.

⑨ 식품의약품안전청장, 시·도지사 또는 시장·군수·구청장은 제4항에 따른 우수등급 영업소에 대하여는 제75조 또는 제76조에 따른 행정처분을 보건복지부령으로 정하는 범위에서 감면할 수 있다. 〈개정 2010. 1. 18〉

제8장 조리사 등 〈개정 2010.3.26〉

제51조(조리사) 대통령령으로 정하는 식품접객 영업자와 집단급식소 운영자는 조리사(調理士)를 두어야 한다. 다만, 식품접객 영업자 또는 집단급식소 운영자 자신이 조리사로서 직접 음식물을 조리하는 경우에는 조리사를 두지 아니하여도 된다.

제52조(영양사) 대통령령으로 정하는 집단급식소 운영자는 영양사(營養士)를 두어야 한다. 다만, 집단급식소 운영자 자신이 영양사로서 직접 영양지도를 하는 경우에는 영양사를 두지 아니하여도 된다.

제53조(조리사의 면허)
① 조리사가 되려는 자는 「국가기술자격법」에 따라 해당 기능분야의 자격을 얻은 후 특별자치도지사·시장·군수·구청장의 면허를 받아야 한다.
② 제1항에 따른 조리사의 면허 등에 관하여 필요한 사항은 보건복지부령으로 정한다.
③ 삭제
④ 삭제

제54조(결격사유) 다음 각 호의 어느 하나에 해당하는 자는 조리사 면허를 받을 수 없다. 〈개정 2009. 12. 29〉
1. 「정신보건법」 제3조 제1호에 따른 정신질환자. 다만, 전문의가 조리사로서 적합하다고 인정하는 자는 그러하지 아니하다.

2. 「감염병의 예방 및 관리에 관한 법률」 제2조 제13호에 따른 감염병 환자. 다만, 같은 조 제3호 아목에
   따른 B형간염 환자는 제외한다.
3. 「마약류 관리에 관한 법률」 제2조 제2호에 따른 마약이나 그 밖의 약물 중독자
4. 조리사 면허의 취소처분을 받고 그 취소된 날부터 1년이 지나지 아니한 자

제55조(명칭 사용 금지) 조리사가 아니면 조리사 명칭을 사용하지 못한다.

제56조(교육)
① 보건복지부 장관은 식품위생 수준 및 자질의 향상을 위하여 필요한 경우 조리사와 영양사에게 교육을 받
   을 것을 명할 수 있다. 다만, 집단급식소에 종사하는 조리사와 영양사는 2년마다 교육을 받아야 한다. 〈개
   정 2010. 1. 18〉
② 제1항에 따른 교육의 대상자·실시기관·내용 및 방법 등에 관하여 필요한 사항은 보건복지부령으로 정
   한다. 〈개정 2010. 1. 18〉
③ 보건복지부 장관은 제1항에 따른 교육 등 업무의 일부를 대통령령으로 정하는 바에 따라 관계 전문기관
   이나 단체에 위탁할 수 있다. 〈개정 2010. 1. 18〉

제9장 식품위생심의위원회

제57조(식품위생심의위원회의 설치 등) 보건복지부 장관 또는 식품의약품안전청장의 자문에 응하여 다음
   각 호의 사항을 조사·심의하기 위하여 보건복지부에 식품위생심의위원회를 둔다. 〈개정 2010. 1.
   18〉
1. 식중독 방지에 관한 사항
2. 농약·중금속 등 유독·유해물질 잔류 허용 기준에 관한 사항
3. 식품 등의 기준과 규격에 관한 사항
4. 그 밖에 식품위생에 관한 중요 사항

제58조(심의위원회의 조직과 운영)
① 심의위원회에 식품 등의 국제 기준 및 규격을 조사·연구할 연구위원을 둘 수 있다.
② 이 법에서 정한 것 외에 심의위원회의 조직 및 운영에 필요한 사항은 대통령령으로 정한다.

제10장 식품위생단체 등

제1절 동업자조합

제59조(설립)

① 영업자는 영업의 발전과 국민보건 향상을 위하여 대통령령으로 정하는 영업 또는 식품의 종류별로 동업 자조합(이하 "조합"이라 한다)을 설립할 수 있다.

② 조합은 법인으로 한다.

③ 조합을 설립하려는 경우에는 대통령령으로 정하는 바에 따라 조합원 자격이 있는 자 10분의 1(20명을 초과하면 20명으로 한다) 이상의 발기인이 정관을 작성하여 보건복지부 장관의 설립인가를 받아야 한다. 〈개정 2010. 1. 18〉

④ 조합은 제3항에 따른 설립인가를 받는 날에 성립된다.

⑤ 조합은 정관으로 정하는 바에 따라 하부조직을 둘 수 있다.

제60조(조합의 사업) 조합은 다음 각 호의 사업을 한다. 〈개정 2010. 1. 18〉

1. 영업의 건전한 발전과 조합원 공동의 이익을 위한 사업
2. 조합원의 영업시설 개선에 관한 지도
3. 조합원을 위한 경영지도
4. 조합원과 그 종업원을 위한 교육훈련
5. 조합원과 그 종업원의 복지증진을 위한 사업
6. 보건복지부 장관이 위탁하는 조사·연구 사업
7. 제1호부터 제5호까지에 규정된 사업의 부대사업

제61조(대의원회)

① 조합원이 500명을 초과하는 조합은 정관으로 정하는 바에 따라 총회를 갈음할 수 있는 대의원회를 둘 수 있다.

② 대의원은 조합원이어야 한다.

제62조(「민법」의 준용) 조합에 관하여 이 법에서 규정하지 아니한 것에 대하여는 「민법」 중 사단법인에 관한 규정을 준용한다.

제63조(자율지도원 등)

① 조합은 조합원의 영업시설 개선과 경영에 관한 지도 사업 등을 효율적으로 수행하기 위하여 자율지도원을 둘 수 있다.

② 조합의 관리 및 운영 등에 필요한 기준은 대통령령으로 정한다.

제2절 식품공업협회

제64조(설립)

① 식품공업의 발전과 식품위생의 향상을 위하여 한국식품공업협회(이하 "협회"라 한다)를 설립한다.

② 제1항에 따라 설립되는 협회는 법인으로 한다.

③ 협회의 회원이 될 수 있는 자는 영업자 중 식품 또는 식품첨가물을 제조·가공하는 자로 한다.

④ 협회에 관하여 이 법에서 규정하지 아니한 것에 대하여는 「민법」 중 사단법인에 관한 규정을 준용한다.

제65조(협회의 사업) 협회는 다음 각 호의 사업을 한다.

    1. 식품공업에 관한 조사·연구

    2. 식품 및 식품첨가물과 그 원재료(原材料)에 대한 시험·검사 업무

    3. 식품위생과 관련한 교육

    4. 영업자 중 식품이나 식품첨가물을 제조·가공하는 자의 영업시설 개선에 관한 지도

    5. 회원을 위한 경영지도

    6. 제1호부터 제5호까지에 규정된 사업의 부대사업

제66조(준용) 협회에 관하여는 제63조 제1항을 준용한다. 이 경우 "조합"은 "협회"로, "조합원"은 "협회의 회원"으로 본다.

제3절 식품안전정보센터

제67조(식품안전정보센터의 설립)

① 식품의약품안전청장의 위탁을 받아 제49조에 따른 식품이력추적관리 업무와 식품안전에 관한 업무 중 제68조 제1항 각 호에 관한 업무를 효율적으로 수행하기 위하여 식품안전정보센터(이하 "센터"라 한다)를 둔다.

② 센터는 법인으로 한다.

③ 센터에 관하여 이 법에서 규정된 것 외에는 「민법」 중 재단법인에 관한 규정을 준용한다.

제68조(센터의 사업)

① 센터는 다음 각 호의 사업을 한다.

　　1. 국내외 식품안전정보의 수집·분석·정보제공 등

　　2. 식품이력추적관리 등을 위한 정보시스템의 구축·운영 등

　　3. 식품이력추적관리의 등록·관리 등

　　4. 식품이력추적관리에 관한 교육 및 홍보

　　5. 식품사고가 발생할 때 사고의 신속한 원인규명과 해당 식품의 회수·폐기 등을 위한 정보제공

　　6. 식품위해정보의 공동 활용 및 대응을 위한 기관·단체·소비자단체 등과의 협력 네트워크 구축·운영

　　7. 그 밖에 식품안전정보 및 식품이력추적관리에 관한 사항으로서 식품의약품안전청장이 정하는 사업

② 식품의약품안전청장은 센터의 설립·운영 등에 필요한 비용을 지원할 수 있다.

제69조(사업계획서 등의 제출)

① 센터는 보건복지부령으로 정하는 바에 따라 매 사업연도 개시 전에 사업계획서와 예산서를 식품의약품
　안전청장에게 제출하여 승인을 받아야 한다. 〈개정 2010. 1. 18〉

② 센터는 식품의약품안전청장이 지정하는 공인회계사의 검사를 받은 매 사업연도의 세입·세출결산서를
　식품의약품안전청장에게 제출하여 승인을 받아 결산을 확정한 후 그 결과를 다음 사업연도 5월 말까지
　국회에 보고하여야 한다.

제70조(지도·감독 등)

① 식품의약품안전청장은 센터에 대하여 감독상 필요한 때에는 그 업무에 관한 사항을 보고하게 하거나 자
　료의 제출, 그 밖에 필요한 명령을 할 수 있고, 소속 공무원으로 하여금 그 사무소에 출입하여 장부·서류
　등을 검사하게 할 수 있다.

② 제1항에 따라 출입·검사를 하는 공무원은 그 권한을 표시하는 증표를 지니고 이를 관계인에게 내보여야
　한다.

③ 센터에 대한 지도·감독에 관하여 그 밖에 필요한 사항은 보건복지부령으로 정한다. 〈개정 2010. 1. 18〉

제11장 시정명령과 허가취소 등 행정제재

제71조(시정명령)

① 식품의약품안전청장, 시·도지사 또는 시장·군수·구청장은 제3조에 따른 식품 등의 위생적 취급에 관한 기준에 맞지 아니하게 영업하는 자와 이 법을 지키지 아니하는 자에게는 필요한 시정을 명하여야 한다.

② 식품의약품안전청장, 시·도지사 또는 시장·군수·구청장은 제1항의 시정명령을 한 경우에는 그 영업을 관할하는 관서의 장에게 그 내용을 통보하여 시정명령이 이행되도록 협조를 요청할 수 있다.

제72조(폐기처분 등)

① 식품의약품안전청장, 시·도지사 또는 시장·군수·구청장은 영업을 하는 자가 제4조부터 제6조까지, 제7조 제4항, 제8조, 제9조 제4항, 제10조 제2항 또는 제13조를 위반한 경우에는 관계 공무원에게 그 식품 등을 압류 또는 폐기하게 하거나 용도·처리방법 등을 정하여 영업자에게 위해를 없애는 조치를 하도록 명하여야 한다.

② 식품의약품안전청장, 시·도지사 또는 시장·군수·구청장은 제37조 제1항 또는 제4항을 위반하여 허가받지 아니하거나 신고하지 아니하고 제조·가공·조리한 식품 또는 식품첨가물이나 여기에 사용한 기구 또는 용기·포장 등을 관계 공무원에게 압류하거나 폐기하게 할 수 있다.

③ 식품의약품안전청장, 시·도지사 또는 시장·군수·구청장은 식품위생상의 위해가 발생하였거나 발생할 우려가 있는 경우에는 영업자에게 유통 중인 해당 식품 등을 회수·폐기하게 하거나 해당 식품 등의 원료, 제조방법, 성분 또는 그 배합비율을 변경할 것을 명할 수 있다.

④ 제1항 및 제2항에 따른 압류나 폐기를 하는 공무원은 그 권한을 표시하는 증표를 지니고 이를 관계인에게 내보여야 한다.

⑤ 제1항 및 제2항에 따른 압류 또는 폐기에 필요한 사항과 제3항에 따른 회수·폐기 대상 식품 등의 기준 등은 보건복지부령으로 정한다. 〈개정 2010. 1. 18〉

⑥ 식품의약품안전청장, 시·도지사 또는 시장·군수·구청장은 제1항에 따라 폐기처분명령을 받은 자가 그 명령을 이행하지 아니하는 경우에는 「행정대집행법」에 따라 대집행을 하고 그 비용을 명령위반자로부터 징수할 수 있다.

제73조(위해식품 등의 공표)

① 식품의약품안전청장, 시·도지사 또는 시장·군수·구청장은 다음 각 호의 어느 하나에 해당되는 경우에는 해당 영업자에 대하여 그 사실의 공표를 명할 수 있다. 다만, 식품위생에 관한 위해가 발생한 경우에는 공표를 명하여야 한다.

　1. 제4조부터 제6조까지, 제7조 제4항, 제8조 또는 제9조 제4항 등을 위반하여 식품위생에 관한 위해가

발생하였다고 인정되는 때

2. 제45조 제1항에 따른 회수계획을 보고받은 때

② 제1항에 따른 공표방법 등 공표에 관하여 필요한 사항은 대통령령으로 정한다.

제74조(시설 개수명령 등)

① 식품의약품안전청장, 시·도지사 또는 시장·군수·구청장은 영업시설이 제36조에 따른 시설기준에 맞지 아니한 경우에는 기간을 정하여 그 영업자에게 시설을 개수(改修)할 것을 명할 수 있다.

② 건축물의 소유자와 영업자 등이 다른 경우 건축물의 소유자는 제1항에 따른 시설 개수명령을 받은 영업자 등이 시설을 개수하는 데에 최대한 협조하여야 한다.

제75조(허가취소 등)

① 식품의약품안전청장 또는 특별자치도지사·시장·군수·구청장은 영업자가 다음 각 호의 어느 하나에 해당하는 경우에는 대통령령으로 정하는 바에 따라 영업허가를 취소하거나 6개월 이내의 기간을 정하여 그 영업의 전부 또는 일부를 정지하거나 영업소 폐쇄(제37조 제4항에 따라 신고한 영업만 해당한다. 이하 이 조에서 같다)를 명할 수 있다. 〈개정 2010. 2. 4〉

1. 제4조부터 제6조까지, 제7조 제4항, 제8조, 제9조 제4항, 제10조 제2항 또는 제11조 제2항을 위반한 경우

2. 제13조 제1항을 위반한 경우

3. 제17조 제4항을 위반한 경우

4. 제19조 제1항을 위반한 경우

5. 제31조 제1항을 위반한 경우

6. 제36조를 위반한 경우

7. 제37조 제1항 후단, 제3항, 제4항 후단 및 제5항을 위반하거나 같은 조 제2항에 따른 조건을 위반한 경우

8. 제38조 제1항 제8호에 해당하는 경우

9. 제40조 제3항을 위반한 경우

10. 제41조 제5항을 위반한 경우

11. 제42조 제1항을 위반한 경우

12. 제43조에 따른 영업 제한을 위반한 경우

13. 제44조 제1항·제2항 및 제4항을 위반한 경우

14. 제45조 제1항 전단에 따른 회수 조치를 하지 아니한 경우

15. 제48조 제2항에 따른 위해요소 중점관리 기준을 지키지 아니한 경우

16. 제51조를 위반한 경우

17. 제71조 제1항, 제72조 제1항·제3항, 제73조 제1항 또는 제74조 제1항(제88조에 따라 준용되는 제71조 제1항, 제72조 제1항·제3항 또는 제74조 제1항을 포함한다)에 따른 명령을 위반한 경우

18. 「성매매알선 등 행위의 처벌에 관한 법률」 제4조에 따른 금지행위를 한 경우

② 식품의약품안전청장 또는 특별자치도지사·시장·군수·구청장은 영업자가 제1항에 따른 영업정지 명령을 위반하여 영업을 계속하면 영업허가를 취소하거나 영업소 폐쇄를 명할 수 있다.

③ 식품의약품안전청장 또는 특별자치도지사·시장·군수·구청장은 다음 각 호의 어느 하나에 해당하는 경우에는 영업허가를 취소하거나 영업소 폐쇄를 명할 수 있다.

1. 영업자가 정당한 사유 없이 6개월 이상 계속 휴업하는 경우

2. 영업자(제37조 제1항에 따라 영업허가를 받은 자만 해당한다)가 사실상 폐업하여 「부가가치세법」 제5조에 따라 관할세무서장에게 폐업신고를 하거나 관할세무서장이 사업자등록을 말소한 경우

④ 제1항 및 제2항에 따른 행정처분의 세부기준은 그 위반 행위의 유형과 위반 정도 등을 고려하여 보건복지부령으로 정한다. 〈개정 2010. 1. 18〉

제76조(품목 제조정지 등)

① 식품의약품안전청장 또는 특별자치도지사·시장·군수·구청장은 영업자가 다음 각 호의 어느 하나에 해당하면 대통령령으로 정하는 바에 따라 해당 품목 또는 품목류(제7조 또는 제9조에 따라 정하여진 식품 등의 기준 및 규격 중 동일한 기준 및 규격을 적용받아 제조·가공되는 모든 품목을 말한다. 이하 같다)에 대하여 기간을 정하여 6개월 이내의 제조정지를 명할 수 있다.

1. 제7조 제4항을 위반한 경우

2. 제9조 제4항을 위반한 경우

3. 제10조 제2항을 위반한 경우

4. 제13조 제1항을 위반한 경우

5. 제31조 제1항을 위반한 경우

② 제1항에 따른 행정처분의 세부기준은 그 위반행위의 유형과 위반 정도 등을 고려하여 보건복지부령으로 정한다. 〈개정 2010. 1. 18〉

제77조(영업허가 등의 취소 요청)

① 보건복지부 장관 또는 식품의약품안전청장은 「축산물위생관리법」, 「수산업법」 또는 「주세법」에 따라 허가 또는 면허를 받은 자가 제4조부터 제6조까지 또는 제7조 제4항을 위반한 경우에는 해당 허가 또는 면허 업무를 관할하는 중앙행정기관의 장에게 다음 각 호의 조치를 하도록 요청할 수 있다. 다만, 주류(酒類)는 「보건범죄 단속에 관한 특별조치법」 제8조에 따른 유해 등의 기준에 해당하는 경우로 한정한다. 〈개정 2010. 1. 18〉

1. 허가 또는 면허의 전부 또는 일부 취소

2. 일정 기간의 영업정지

3. 그 밖에 위생상 필요한 조치

② 제1항에 따라 요청받은 관계 중앙행정기관의 장은 특별한 사유가 없으면 이에 따라야 한다.

제78조(행정제재처분 효과의 승계) 영업자가 영업을 양도하거나 법인이 합병되는 경우에는 제75조 제1항 각 호, 같은 조 제2항 또는 제76조 제1항 각 호를 위반한 사유로 종전의 영업자에게 행한 행정 제재처분의 효과는 그 처분기간이 끝난 날부터 1년간 양수인이나 합병 후 존속하는 법인에 승계되며, 행정 제재처분 절차가 진행 중인 경우에는 양수인이나 합병 후 존속하는 법인에 대하여 행정 제재처분 절차를 계속할 수 있다. 다만, 양수인이나 합병 후 존속하는 법인이 양수하거나 합병할 때에 그 처분 또는 위반사실을 알지 못하였음을 증명하는 때에는 그러하지 아니하다.

제79조(폐쇄조치 등)

① 식품의약품안전청장, 시·도지사 또는 시장·군수·구청장은 제37조 제1항 또는 제4항을 위반하여 허가 받지 아니하거나 신고하지 아니하고 영업을 하는 경우 또는 제75조 제1항 또는 제2항에 따라 허가가 취소되거나 영업소 폐쇄명령을 받은 후에도 계속하여 영업을 하는 경우에는 해당 영업소를 폐쇄하기 위하여 관계 공무원에게 다음 각 호의 조치를 하게 할 수 있다.

1. 해당 영업소의 간판 등 영업 표지물의 제거나 삭제

2. 해당 영업소가 적법한 영업소가 아님을 알리는 게시문 등의 부착

3. 해당 영업소의 시설물과 영업에 사용하는 기구 등을 사용할 수 없게 하는 봉인(封印)

② 식품의약품안전청장, 시·도지사 또는 시장·군수·구청장은 제1항 제3호에 따라 봉인한 후 봉인을 계속 할 필요가 없거나 해당 영업을 하는 자 또는 그 대리인이 해당 영업소 폐쇄를 약속하거나 그 밖의 정당한 사유를 들어 봉인의 해제를 요청하는 경우에는 봉인을 해제할 수 있다. 제1항 제2호에 따른 게시문 등의 경우에도 또한 같다.

③ 식품의약품안전청장, 시·도지사 또는 시장·군수·구청장은 제1항에 따른 조치를 하려면 해당 영업을 하는 자 또는 그 대리인에게 문서로 미리 알려야 한다. 다만, 급박한 사유가 있으면 그러하지 아니하다.

④ 제1항에 따른 조치는 그 영업을 할 수 없게 하는 데에 필요한 최소한의 범위에 그쳐야 한다.

⑤ 제1항의 경우에 관계 공무원은 그 권한을 표시하는 증표를 지니고 이를 관계인에게 내보여야 한다.

제80조(면허취소 등)

① 보건복지부 장관 또는 특별자치도지사·시장·군수·구청장은 조리사 또는 영양사가 다음 각 호의 어느 하나에 해당하면 그 면허를 취소하거나 6개월 이내의 기간을 정하여 업무정지를 명할 수 있다. 다만, 조리사 또는 영양사가 제1호 또는 제5호에 해당할 경우 면허를 취소하여야 한다. 〈개정 2010. 1. 18〉

1. 제54조 각 호의 어느 하나에 해당하게 된 경우

2. 제56조에 따른 교육을 받지 아니한 경우

3. 식중독이나 그 밖에 위생과 관련한 중대한 사고 발생에 직무상의 책임이 있는 경우

4. 면허를 타인에게 대여하여 사용하게 한 경우

5. 업무정지 기간 중에 조리사 또는 영양사의 업무를 하는 경우

② 제1항에 따른 행정처분의 세부기준은 그 위반 행위의 유형과 위반 정도 등을 고려하여 보건복지부령으로 정한다. 〈개정 2010. 1. 18〉

제81조(청문) 식품의약품안전청장, 시·도지사 또는 시장·군수·구청장은 다음 각 호의 어느 하나에 해당하는 처분을 하려면 청문을 하여야 한다.

1. 제27조에 따른 식품위생검사기관의 지정 취소

2. 제48조 제8항에 따른 위해요소 중점관리 기준 적용업소의 지정 취소

3. 제75조 제1항부터 제3항까지의 규정에 따른 영업허가의 취소나 영업소의 폐쇄명령

4. 제80조 제1항에 따른 면허의 취소

제82조(영업정지 등의 처분에 갈음하여 부과하는 과징금 처분)

① 식품의약품안전청장, 시·도지사 또는 시장·군수·구청장은 영업자가 제75조 제1항 각 호 또는 제76조 제1항 각 호의 어느 하나에 해당하는 경우에는 대통령령으로 정하는 바에 따라 영업정지, 품목 제조정지 또는 품목류 제조정지 처분을 갈음하여 2억원 이하의 과징금을 부과할 수 있다. 다만, 제6조를 위반하여 제75조 제1항에 해당하는 경우와 제4조, 제5조, 제7조, 제10조, 제13조, 제37조 및 제42조부터 제44조까지의 규정을 위반하여 제75조 제1항 또는 제76조 제1항에 해당하는 중대한 사항으로서 보건복지부령으로 정하는 경우는 제외한다. 〈개정 2010. 1. 18〉

② 제1항에 따른 과징금을 부과하는 위반 행위의 종류·정도 등에 따른 과징금의 금액과 그 밖에 필요한 사항은 대통령령으로 정한다.

③ 식품의약품안전청장, 시·도지사 또는 시장·군수·구청장은 과징금을 징수하기 위하여 필요한 경우에는 다음 각 호의 사항을 적은 문서로 관할 세무관서의 장에게 과세 정보 제공을 요청할 수 있다.

1. 납세자의 인적사항

2. 사용 목적

3. 과징금 부과기준이 되는 매출금액

④ 식품의약품안전청장, 시·도지사 또는 시장·군수·구청장은 제1항에 따른 과징금을 기한 내에 납부하지 아니하는 때에는 대통령령으로 정하는 바에 따라 제1항에 따른 과징금 부과처분을 취소하고 제27조에 따른 식품위생검사 업무정지, 제75조 제1항 또는 제76조 제1항에 따른 영업정지 또는 제조정지 처분을 하여야 한다. 다만, 다음 각 호의 어느 하나에 해당하는 경우에는 국세 또는 지방세 체납처분의 예에 따라 이를 징수한다.

1. 제25조 제1항 및 제2항에 따른 식품위생검사기관의 유효기간이 지났거나 제27조에 따른 지정취소 등으로 식품위생검사업무 정지처분을 할 수 없는 경우

2. 제37조 제3항 및 제4항에 따른 폐업 등으로 제75조 제1항 또는 제76조 제1항에 따른 영업정지 또는 제조정지 처분을 할 수 없는 경우

⑤ 제1항 및 제4항 단서에 따라 징수한 과징금 중 식품의약품안전청장이 부과·징수한 과징금은 국가에 귀속되고, 시·도지사가 부과·징수한 과징금은 시·도의 식품진흥기금(제89조에 따른 식품진흥기금을 말한다. 이하 이 항에서 같다)에 귀속되며, 시장·군수·구청상이 부과·징수한 과징금은 시·도와 시·군·구의 식품진흥기금에 귀속된다. 이 경우 시·도 및 시·군·구에 귀속시키는 방법 등은 대통령령으로 정한다.

⑥ 시·도지사는 제91조에 따라 제1항에 따른 과징금을 부과·징수할 권한을 시장·군수·구청장에게 위임한 경우에는 그에 필요한 경비를 대통령령으로 정하는 바에 따라 시장·군수·구청장에게 교부할 수 있다.

제83조(위해식품 등의 판매 등에 따른 과징금 부과 등)

① 식품의약품안전청장, 시·도지사 또는 시장·군수·구청장은 위해식품 등의 판매 등 금지에 관한 제4조부터 제6조까지 또는 제8조를 위반한 경우 다음 각 호의 어느 하나에 해당하는 자에 대하여 그가 판매한 해당 식품 등의 소매가격에 상당하는 금액을 과징금으로 부과한다.

1. 제4조 제2호·제3호 및 제5호부터 제7호까지의 규정을 위반하여 제75조에 따라 영업정지 2개월 이상의 처분, 영업허가의 취소 또는 영업소의 폐쇄명령을 받은 자

2. 제5조, 제6조 또는 제8조를 위반하여 제75조에 따라 영업허가의 취소 또는 영업소의 폐쇄명령을 받은 자

② 제1항에 따른 과징금의 산출금액은 대통령령으로 정하는 바에 따라 결정하여 부과한다.

③ 제2항에 따라 부과된 과징금을 기한 내에 납부하지 아니하는 경우 또는 제37조 제3항 및 제4항에 따라 폐업한 경우에는 국세 또는 지방세 체납처분의 예에 따라 이를 징수한다.

④ 제2항에 따라 부과한 과징금의 귀속, 귀속 비율 및 징수 절차 등에 대하여는 제82조 제3항·제5항 및 제6항을 준용한다.

제84조(위반사실 공표) 식품의약품안전청장, 시·도지사 또는 시장·군수·구청장은 제72조, 제75조, 제76조, 제79조, 제82조 또는 제83조에 따라 행정처분이 확정된 영업자에 대한 처분 내용, 해당 영업소와 식품 등의 명칭 등 처분과 관련한 영업 정보를 대통령령으로 정하는 바에 따라 공표하여야 한다.

제12장 보칙

제85조(국고 보조) 보건복지부 장관 또는 식품의약품안전청장은 예산의 범위에서 다음 경비의 전부 또는 일부를 보조할 수 있다. 〈개정 2010. 1. 18〉

1. 제22조 제1항(제88조에서 준용하는 경우를 포함한다)에 따른 수거에 드는 경비
2. 제24조에 따라 지정된 식품위생검사기관의 검사와 실험에 드는 경비
3. 조합에서 실시하는 교육훈련에 드는 경비
4. 제32조 제1항에 따른 식품위생감시원과 제33조에 따른 소비자식품위생감시원 운영에 드는 경비
5. 센터의 설립·운영에 드는 경비
6. 제60조 제6호에 따른 조사·연구 사업에 드는 경비
7. 제63조 제1항(제66조에서 준용하는 경우를 포함한다)에 따른 조합 또는 협회의 자율지도원 운영에 드는 경비
8. 제72조(제88조에서 준용하는 경우를 포함한다)에 따른 폐기에 드는 경비

제86조(식중독에 관한 조사 보고)
① 다음 각 호의 어느 하나에 해당하는 자는 지체없이 관할 보건소장 또는 보건지소장에게 보고하여야 한다. 이 경우 의사나 한의사는 대통령령으로 정하는 바에 따라 식중독 환자나 식중독이 의심되는 자의 혈액 또는 배설물을 보관하는 데에 필요한 조치를 하여야 한다.
1. 식중독 환자나 식중독이 의심되는 자를 진단하였거나 그 사체를 검안(檢案)한 의사 또는 한의사
2. 집단급식소에서 제공한 식품 등으로 인하여 식중독 환자나 식중독으로 의심되는 증세를 보이는 자를 발견한 집단급식소의 설치·운영자
② 보건소장 또는 보건지소장은 제1항에 따른 보고를 받은 때에는 지체없이 그 사실을 보건복지부 장관, 식품의약품안전청장, 시·도지사 및 시장·군수·구청장에게 보고하고, 대통령령으로 정하는 바에 따라 원인을 조사하여 그 결과를 보고하여야 한다. 〈개정 2010. 1. 18〉
③ 식품의약품안전청장은 식중독 발생의 원인을 규명하기 위하여 식중독 의심환자가 발생한 원인시설 등에 대한 조사절차와 시험·검사 등에 필요한 사항을 정할 수 있다.

제87조(식중독대책협의기구 설치)
① 식품의약품안전청장은 식중독 발생의 효율적인 예방 및 확산방지를 위하여 교육과학기술부, 농림수산식품부, 보건복지부, 환경부, 식품의약품안전청, 시·도 등 유관기관으로 구성된 식중독대책협의기구를 설치·운영하여야 한다. 〈개정 2010. 1. 18〉
② 제1항에 따른 식중독대책협의기구의 구성과 세부적인 운영사항 등은 대통령령으로 정한다.

제88조(집단급식소)

① 집단급식소를 설치·운영하려는 자는 보건복지부령으로 정하는 바에 따라 특별자치도지사·시장·군수·구청장에게 신고하여야 한다. 〈개정 2010. 1. 18〉

② 집단급식소를 설치·운영하는 자는 집단급식소 시설의 유지·관리 등 급식을 위생적으로 관리하기 위하여 다음 각 호의 사항을 지켜야 한다. 〈개정 2010. 1. 18〉

 1. 식중독 환자가 발생하지 아니하도록 위생관리를 철저히 할 것

 2. 조리·제공한 식품의 매회 1인분 분량을 보건복지부령으로 정하는 바에 따라 144시간 이상 보관할 것

 3. 영양사를 두고 있는 경우 그 업무를 방해하지 아니할 것

 4. 영양사를 두고 있는 경우 영양사가 집단급식소의 위생관리를 위하여 요청하는 사항에 대하여는 정당한 사유가 없으면 따를 것

 5. 그 밖에 식품 등의 위생적 관리를 위하여 필요하다고 보건복지부령으로 정하는 사항을 지킬 것

③ 집단급식소에 관하여는 제3조부터 제6조까지, 제7조 제4항, 제8조, 제9조 제4항, 제10조 제2항, 제22조, 제40조, 제41조, 제48조, 제71조, 제72조 및 제74조를 준용한다.

④ 집단급식소의 시설 기준과 그 밖의 운영에 관한 사항은 보건복지부령으로 정한다. 〈개정 2010. 1. 18〉

제89조(식품진흥기금)

① 식품위생과 국민의 영양수준 향상을 위한 사업을 하는 데에 필요한 재원에 충당하기 위하여 시·도 및 시·군·구에 식품진흥기금(이하 "기금"이라 한다)을 설치한다.

② 기금은 다음 각 호의 재원으로 조성한다.

 1. 식품위생단체의 출연금

 2. 제82조, 제83조 및 「건강기능 식품에 관한 법률」 제37조에 따라 징수한 과징금

 3. 기금 운용으로 생기는 수익금

 4. 그 밖에 대통령령으로 정하는 수입금

③ 기금은 다음 각 호의 사업에 사용한다.

 1. 영업자(「건강기능 식품에 관한 법률」에 따른 영업자를 포함한다)의 위생관리시설 및 위생설비시설 개선을 위한 융자 사업

 2. 식품위생에 관한 교육·홍보 사업(소비자단체의 교육·홍보 지원을 포함한다)과 소비자식품위생감시원의 교육·활동 지원

 3. 식품위생과 국민 영양에 관한 조사·연구 사업

 4. 제90조에 따른 포상금 지급 지원

 5. 식품위생에 관한 교육·연구 기관의 육성 및 지원

 6. 음식문화의 개선과 좋은 식단 실천을 위한 사업 지원

 7. 집단급식소(위탁에 의하여 운영되는 집단급식소만 해당한다)의 급식시설 개수·보수를 위한 융자 사업

8. 그 밖에 대통령령으로 정하는 식품위생, 국민영양, 식품산업 진흥 및 건강기능 식품에 관한 사업

④ 기금은 시·도지사 및 시장·군수·구청장이 관리·운용하되, 그에 필요한 사항은 대통령령으로 정한다.

제90조(포상금 지급)

① 식품의약품안전청장, 시·도지사 또는 시장·군수·구청장은 이 법에 위반되는 행위를 신고한 자에게 신고 내용별로 1천만 원까지 포상금을 줄 수 있다.

② 제1항에 따른 포상금 지급의 기준·방법 및 절차 등에 관하여 필요한 사항은 대통령령으로 정한다.

제91조(권한의 위임) 이 법에 따른 보건복지부 장관 또는 식품의약품안전청장의 권한은 대통령령으로 정하는 바에 따라 그 일부를 시·도지사 또는 지방식품의약품안전청장에게, 시·도지사의 권한은 그 일부를 시장·군수·구청장 또는 보건소장에게 각각 위임할 수 있다. 〈개정 2010. 1. 18〉

제92조(수수료) 다음 각 호의 어느 하나에 해당하는 자는 보건복지부령으로 정하는 수수료를 내야 한다. 〈개정 2010. 1. 18〉

1. 제18조에 따른 안전성 평가를 받는 자
2. 제19조 제2항에 따른 검사를 받거나 같은 조 제3항 제1호에 따른 수입식품 등 사전확인등록을 신청하는 자
3. 제24조에 따른 식품위생검사기관 지정을 신청하는 자
4. 제37조에 따른 허가를 받거나 신고를 하는 자
5. 제48조 제3항(제88조에서 준용하는 경우를 포함한다)에 따른 위해요소 중점관리 기준 적용업소 지정을 신청하는 자
6. 제49조 제1항에 따른 식품이력추적관리를 위한 등록을 신청하는 자
7. 제53조에 따른 조리사 면허를 받는 자
8. 제88조에 따른 집단급식소의 설치·운영을 신고하는 자

제13장 벌칙

제93조(벌칙)

① 다음 각 호의 어느 하나에 해당하는 질병에 걸린 동물을 사용하여 판매할 목적으로 식품 또는 식품첨가물을 제조·가공 또는 조리한 자는 3년 이상의 징역에 처한다.

1. 소해면상뇌증(광우병)

2. 탄저병

3. 가금 인플루엔자

② 다음 각 호의 어느 하나에 해당하는 원료 또는 성분 등을 사용하여 판매할 목적으로 식품 또는 식품첨가물을 제조·가공 또는 조리한 자는 1년 이상의 징역에 처한다.

1. 마황(麻黃)

2. 부자(附子)

3. 천오(川烏)

4. 초오(草烏)

5. 백부자(白附子)

6. 섬수

7. 백선피(白鮮皮)

8. 사리풀

③ 제1항 및 제2항의 경우 제조·가공·조리한 식품 또는 식품첨가물을 판매하였을 때에는 그 소매가격의 2배 이상 5배 이하에 해당하는 벌금을 병과(倂科)한다.

제94조(벌칙) 다음 각 호의 어느 하나에 해당하는 자는 7년 이하의 징역 또는 1억원 이하의 벌금에 처하거나 이를 병과할 수 있다.

1. 제4조부터 제6조까지(제88조에서 준용하는 경우를 포함하고, 제93조 제1항 및 제3항에 해당하는 경우는 제외한다)를 위반한 자

2. 제8조(제88조에서 준용하는 경우를 포함한다)를 위반한 자

3. 제37조 제1항을 위반한 자

제95조(벌칙) 다음 각 호의 어느 하나에 해당하는 자는 5년 이하의 징역 또는 5천만 원 이하의 벌금에 처하거나 이를 병과할 수 있다.

1. 제7조 제4항(제88조에서 준용하는 경우를 포함한다), 제9조 제4항(제88조에서 준용하는 경우를 포함한다) 또는 제19조 제1항을 위반한 자

2. 제27조 제1호부터 제3호까지에 해당하는 위반행위를 한 자

3. 제43조에 따른 영업 제한을 위반한 자

4. 제72조 제1항·제3항(제88조에서 준용하는 경우를 포함한다) 또는 제73조 제1항에 따른 명령을 위반한 자

5. 제75조 제1항에 따른 영업정지 명령을 위반하여 영업을 계속한 자(제37조 제1항에 따른 영업허가를 받은 자만 해당한다)

제96조(벌칙) 제51조 또는 제52조를 위반한 자는 3년 이하의 징역 또는 3천만 원 이하의 벌금에 처하거나 이를 병과할 수 있다.

제97조(벌칙) 다음 각 호의 어느 하나에 해당하는 자는 3년 이하의 징역 또는 3천만 원 이하의 벌금에 처한다. 〈개정 2010. 1. 18〉

1. 제10조 제2항(제88조에서 준용하는 경우를 포함한다), 제13조 제1항, 제17조 제4항, 제31조 제1항, 제34조 제4항, 제37조 제3항·제4항, 제39조 제3항, 제48조 제2항·제10항 또는 제55조를 위반한 자
2. 제19조 제2항, 제22조 제1항(제88조에서 준용하는 경우를 포함한다) 또는 제72조 제1항·제2항(제88조에서 준용하는 경우를 포함한다)에 따른 검사·출입·수거·압류·폐기를 거부·방해 또는 기피한 자
3. 제20조 제4항 제1호부터 제3호까지에 해당하는 위반행위를 한 자
4. 제36조에 따른 시설 기준을 갖추지 못한 영업자
5. 제37조 제2항에 따른 조건을 갖추지 못한 영업자
6. 제42조 제1항 또는 제44조 제1항에 따라 영업자가 지켜야 할 사항을 지키지 아니한 자. 다만, 보건복지부령으로 정하는 경미한 사항을 위반한 자는 제외한다.
7. 제75조 제1항에 따른 영업정지 명령을 위반하여 계속 영업한 자(제37조 제4항에 따라 영업신고를 한 자만 해당한다) 또는 같은 조 제1항 및 제2항에 따른 영업소 폐쇄명령을 위반하여 영업을 계속한 자
8. 제76조 제1항에 따른 제조정지 명령을 위반한 자
9. 제79조 제1항에 따라 관계 공무원이 부착한 봉인 또는 게시문 등을 함부로 제거하거나 손상시킨 자

제98조(벌칙) 다음 각 호의 어느 하나에 해당하는 자는 1년 이하의 징역 또는 300만 원 이하의 벌금에 처한다.

1. 제44조 제3항을 위반하여 접객행위를 하거나 다른 사람에게 그 행위를 알선한 자
2. 제46조 제1항을 위반하여 소비자로부터 이물 발견의 신고를 접수하고 이를 거짓으로 보고한 자
3. 이물의 발견을 거짓으로 신고한 자

제99조(벌칙 적용에서의 공무원 의제) 제24조 제2항에 따라 지정된 식품위생검사기관의 임직원은 「형법」 제129조부터 제132조까지의 규정에 따른 벌칙의 적용에서는 공무원으로 본다.

제100조(양벌규정) 법인의 대표자나 법인 또는 개인의 대리인, 사용인, 그 밖의 종업원이 그 법인 또는 개인의 업무에 관하여 제93조 제3항 또는 제94조부터 제97조까지의 어느 하나에 해당하는 위반행위를 하면 그 행위자를 벌하는 외에 그 법인 또는 개인에게도 해당 조문의 벌금형을 과(科)하고, 제93조 제1항의 위반행위를 하면 그 법인 또는 개인에 대하여도 1억5천만 원 이하의 벌금에 처하며, 제93조 제2항의 위반행위를 하면 그 법인 또는 개인에 대하여도 5천만 원 이하의 벌금에 처한다. 다

만, 법인 또는 개인이 그 위반행위를 방지하기 위하여 해당 업무에 관하여 상당한 주의와 감독을 게을리 하지 아니한 경우에는 그러하지 아니하다.

제101조(과태료)

① 다음 각 호의 어느 하나에 해당하는 자에게는 1천만 원 이하의 과태료를 부과한다.

    1. 제11조 제2항을 위반하여 영양표시 기준을 준수하지 아니한 자

    2. 삭제 〈2010. 2. 4〉

② 다음 각 호의 어느 하나에 해당하는 자에게는 500만 원 이하의 과태료를 부과한다.

    1. 제3조·제40조 제1항 및 제3항(제88조에서 준용하는 경우를 포함한다), 제41조 제1항 및 제5항(제88조에서 준용하는 경우를 포함한다) 또는 제86조 제1항을 위반한 자

    2. 제34조 제5항을 위반하여 보고를 하지 아니하거나 허위의 보고를 한 자

    3. 제37조 제5항을 위반하여 보고를 하지 아니하거나 허위의 보고를 한 자

    4. 제42조 제2항을 위반하여 보고를 하지 아니하거나 허위의 보고를 한 자

    5. 제45조 제1항 후단을 위반하여 보고를 하지 아니하거나 허위의 보고를 한 자

    6. 제48조 제9항(제88조에서 준용하는 경우를 포함한다)을 위반한 자

    7. 제56조 제1항을 위반하여 교육을 받지 아니한 자

    8. 제74조 제1항(제88조에서 준용하는 경우를 포함한다)에 따른 명령에 위반한 자

    9. 제88조 제1항을 위반하여 신고를 하지 아니하거나 허위의 신고를 한 자

    10. 제88조 제2항을 위반한 자

③ 다음 각 호의 어느 하나에 해당하는 자에게는 300만 원 이하의 과태료를 부과한다. 〈개정 2010. 1. 18〉

    1. 제29조 제3항을 위반하여 검사기관 운영자의 지위를 승계하고 1개월 이내에 지위승계를 신고하지 아니한 자

    2. 제42조 제1항 또는 제44조 제1항에 따라 영업자가 지켜야 할 사항 중 보건복지부령으로 정하는 경미한 사항을 지키지 아니한 자

    3. 제46조 제1항을 위반하여 소비자로부터 이물 발견 신고를 받고 보고하지 아니한 자

    4. 제49조 제3항을 위반하여 식품이력추적관리 등록사항이 변경된 경우 변경사유가 발생한 날부터 1개월 이내에 신고하지 아니한 자

④ 제1항부터 제3항까지의 규정에 따른 과태료는 대통령령으로 정하는 바에 따라 식품의약품안전청장, 시·도지사 또는 시장·군수·구청장이 부과·징수한다.

제102조(과태료에 관한 규정 적용의 특례) 제101조의 과태료에 관한 규정을 적용하는 경우 제82조에 따라 과징금을 부과한 행위에 대하여는 과태료를 부과할 수 없다. 다만, 제82조 제4항 본문에 따라 과징금 부과처분을 취소하고 영업정지 또는 제조정지 처분을 한 경우에는 그러하지 아니하다.